10대 형제 언스쿨러 비니하니가 삶으로 기록한

초격차
인지영
性 性 性

초격차 인성 지性 영性

초판 1쇄 발행 2023년 10월 10일

지은이 비니하니
펴낸이 장길수
펴낸곳 지식과감성#
출판등록 제2012-000081호

교정 주경민
디자인 정한나
편집 정한나
검수 정은솔, 이현
마케팅 김윤길

주소 서울시 금천구 벛꽃로298 대륭포스트타워6차 1212호
전화 070-4651-3730~4
팩스 070-4325-7006
이메일 ksbookup@naver.com
홈페이지 www.knsbookup.com

ISBN 979-11-392-1344-7(03190)
값 17,000원

- 이 책의 판권은 지은이에게 있습니다.
- 이 책 내용의 전부 또는 일부를 재사용하려면 반드시 지은이의 서면 동의를 받아야 합니다.
- 잘못된 책은 구입하신 곳에서 바꾸어 드립니다.

지식과감성#
홈페이지 바로가기

10대 형제 언스쿨러 비니하니가 삶으로 기록한

초격차
인지영
性 性 性

'삶을 자기주도하는 10대 형제가 함께 책을 쓴다면 어떤 모습일까?'
'어떤 내용이, 어떤 의견이 나올까?'
'만약 그게 영성에 관한 내용이라면 어떨까?'

"4차 산업혁명시대 진짜 자녀교육의 답을 이 형제에게서 찾았다!"

비니하니 지음

프롤로그

형제, 그리고 영성

'삶을 자기주도하는 10대 형제가 함께 책을 쓴다면 어떤 모습일까? 어떤 내용이, 어떤 의견이 나올까?'
'만약 그게 영성에 관한 내용이라면 어떨까?'

저희가 어릴 때부터 부모님께서 종종 이런 질문을 던지셨습니다. 10대 작가는 찾아보면 있지만 끈끈한 유대를 바탕으로 자기주도하는 신앙적 삶을 살며 함께 책을 쓴 10대 '형제' 작가는 없는 것으로 알고 있기 때문이죠. "꿈은 명사가 아니라 동사"라는 말이 있듯이 저희는 이 질문에 답을 던지고자 함께 이 책을 쓰게 되었습니다.

최근 반년간 어떤 주제로 책을 써야 할지 정말 많이 고민했습니다. 막상 책을 쓰겠다고 주변에 선포했지만, 어떤 내용을 책에 담아야 할지 막막한 상태였죠. 그때 딱 떠오른 것이 있었습니다. 바로 '형제'와 '영성'에 관련된 내용이었습니다.

많은 실패와 경험을 하며 저희는 세상에서 가장 좋다고 자신할 수 있는 형제 관계를 맺게 되었고, 그 '형제'라는 관계성 속에서 제대로 된 '영성'을 찾아가고 있었기 때문입니다. 그리고 그 영성을 바탕으로 점점 인생을 제대로 '자기주도'할 수 있게 되었습니다.

저희가 찾은 '진정한 자기주도적 삶의 비밀'은 '영성'에 있었습니다. 그리고 '진짜 영성'의 답은 '삶'이고 '행동'이었습니다.

현대의 크리스천 대부분은 영적인 원인에는 굉장히 민감하게 반응하지만 정작 눈앞에 있는 물리적인 원인을 보지 못하는 것 같습니다.

시간, 재정, 건강, 자신 등의 원인이 이에 해당하죠. 세상을 주관하시는 하나님을 믿는다 말하며 세상에 휩쓸리는 삶을 산다면 그것이 진정 영성 있는 삶이라고 할 수 있을까요? 하나님께서 진정 원하시는 모습은 세상에서도 성공함으로써 그분의 이름을 영화롭게 하는 모습일 것입니다.

'진짜 영성'을 가졌다면 시간을 효과적으로 경영할 수 있을 것입니다. 최고의 경영자이신 하나님께서 우리와 함께하시기 때문입니다.
'진짜 영성'을 가졌다면 재정적으로 온유하고 풍족한 삶을 살아갈 것입니다. 성경에는 최고의 재정 원리가 담겨 있기 때문입니다.
'진짜 영성'을 가졌다면 건강한 육체를 유지하며 오랜 시간 동안 비전의 일을 행할 수 있을 것입니다. 성경에는 건강과 장수의 원리가 모두 담겨 있기 때문입니다.
'진짜 영성'을 가졌다면 끊임없이 자신을 고무시키며 성장하는 삶을 살 수 있을 것입니다. 인간적으로 가장 온전해지는 길은 하나님적인 인생을 살아가는 것이기 때문입니다.

위의 모습들은 모두 우리가 능동적으로 행동할 때 이루어집니다.
저희 형제는 믿고 행동했기에, 삶으로 살아 냈기에 위 네 가지의 열매들을 맺을 수 있었습니다.

    저희 형제는 매일 비전과 정체성, 사명과 경영을 연결하여 시간을 관리하고, 습관을 관리하고 있습니다. 그리고 1H4B 비저너리 저널이라는 영적 피드백 자원을 활용하여 매일의 삶을 돌아보고 성장하는 시간을 가집니다.
    또한 10대 때부터 재정적 온유를 준비하며 투자하고, 파이프라인을 구축하고 있습니다. 그 덕분에 10대 평균을 뛰어넘는 재정적 자산을 갖추고 있죠.
    육체적 건강을 갖추기 위해 매일 운동을 하며 몸과 마음을 단련하고, 진짜 영양소를 섭취하며 하나님께서 주신 우리 몸의 원리를 찾아가고 있습니다.
    마지막으로 이러한 과정들을 통해 매일 성장을 거듭하며 인간적으로, 또 하나님의 형상으로 완성돼 가고 있습니다.

    이찬수 목사님께서는 당신의 저서를 통해 말씀하십니다. "아는 것보다 삶으로 살아 내는 것이 중요하다."라고 말이죠. 저희는 삶으로 살아 냈기에 위와 같은 성취를 이뤄 낼 수 있었습니다.

    또한 진짜 영성을 결정하는 요소인 '행동'에는 우리의 궁극적인 목적인 비전을 찾고 우리가 누구인지에 대한 본질적 정체성을 찾는 것이 포함됩니다.

    성경에는 형통과 성공에 대한 대표적인 두 가지 구절이 있습니다.

첫째는 잠언 16장 3절입니다.

"모든 행사를 여호와께 맡기라 그리하면 네가 경영하는 것이 이루어지리라"

잠 16:3

이는 모든 것을 하나님께 맡기고 아무것도 하지 말라는 것이 아닙니다. 하나님께서 우리에게 주신 비전을 알고 그 비전에 부합하는 삶을 살아 냄으로써 진정 하나님의 비전 안에 있는 자가 될 때 우리가 경영하는 모든 것을 하나님께서 이루어 주신다는 말씀이죠.

둘째는 마태복음 6장 33절입니다.

"그런즉 너희는 먼저 그의 나라와 그의 의를 구하라 그리하면 이 모든 것을 너희에게 더하시리라"

마 6:33

여기서 그의 나라는 하나님의 자녀 된, 그리고 예수님을 위한 일꾼 된 우리의 정체성을 뜻하고, 그의 의는 성령님에 의해 거룩한 의인 된 우리의 정체성을 뜻합니다. 결국 우리가 하나님께서 우리에게 주신 정체성을 명확히 알고 삶으로 이를 증명하는 것이 그의 나라와 그의 의를 구하는 것이고, 그렇게 행할 때 하나님께서는 모든 것을 우리에게 더해 주십니다.

저희 형제는 이러한 비전과 정체성의 중요성을 알고 비전 멘토링을 통해 하나님께서 저희에게 주신 궁극적인 비전과 하나님의 자녀, 예수님을 위한 일꾼, 성령님에 의한 의인 된 저희의 정체성을 명확히 알 수 있었습니다.

하나님께서 주신 명확한 비전과 정체성을 알게 되니 저희의 삶은 더욱 형통하게 되었고, 이전과는 비교할 수 없을 정도의 많은 삶의 열매들을 누릴 수 있었습니다.

물론 저희의 힘으로 이룬 것은 아무것도 없습니다. 저희가 이뤄 낸 모든 성취에 저희 능력의 지분을 따지자면 1%도 되지 않습니다. 많은 분들의 도움과 결정적으로 하나님의 도우심이 있었기 때문에 이러한 비전의 삶을 살아 낼 수 있었습니다. 그러나 이 모든 더하심과 도우심도 저희가 '행동'했기 때문에 받을 수 있었습니다. 저희가 아무런 행동도 하지 않았다면 이러한 역사는 일어나지 않았을 것입니다. 사탕은 손을 뻗어 '달라는 제스처'를 취하는 이에게 주어지는 법입니다.

이렇듯 행동하는 것이, 삶으로 살아 내는 것이 진짜 영성에 있어서 중요하기에 저희 형제는 이 책에 저희가 행한 것을 담아내었습니다. 이 책의 목차만 보아도 저희 형제가 함께하고, 가치를 창조하고, 이해하고, 소통하고, 경영하며 '행동'했다는 것을 알 수 있습니다.

영성과 믿음에 관한 탁월한 책들은 수없이 많습니다. 너무나 뛰어난 성경적 해석, 신학적 견해가 담긴 그러한 책들에 비해 이 책은 매우 부족하기에 그들 이상의 성경적, 신학적 깨달음을 줄 수 있으리라고는 장담하지 못합니다. 하지만 당당히 선포하며 장담할 수 있는 것이 하나 있습니다. 이 책에 담긴 내용들은 모두 저희 형제가 '삶'으로 살아 낸 것이며, 믿음과 영성을 바탕으로 '행동'한 사례들이라는 것이죠.

각각 18년, 16년 짧은 인생을 살아오며 부모님의 멘토링을 통해, 많은 멘토님을 통해, 형제간의 관계성을 통해, 비전과 정체성을 통해, 결정적으로 하나님을 통해 깨닫고, 경험하고, 삶으로 살아 냄으로써 맺은 '영적 열매들'을 이 책에 담았습니다.

그러므로 부디 이 책을 통해 '자기주도적 삶'과 '영성'에 대해 고민하셨던 분들, 특히 저희 형제와 같은 다음 세대 자녀들이 '자기주도 학습'의 영역을 넘어 '자기주도적 삶'과 '영성'에 대한 해답의 실마리를 찾으시길 소망합니다. 믿고 행한 저희 형제, 그리고 저희 가정의 사례를 보며 용기를 얻으셨으면 합니다.

또한 '영성' 안에서 열매 맺는 아름다운 '형제'의 모습을 보시면 좋겠습니다. 세상에서 가장 어려운 두 가지 관계가 부모/자녀 관계, 그리고 형제/자매 관계라고 합니다. 그렇지만 어려운 만큼 그 관계성이 온전한 방향으로 이루어진다면 부모님은, 형제는 최고의 동역자이자 최고의 멘토가 되어 줄 것입니다.

'형제 관계', 그리고 '영성'. 저희가 이 책을 쓴 이유입니다.

'10대 형제가 무슨 자격으로 영성을 운운하는가?'라고 반문하실 수도 있다고 생각합니다. 그러나 저희는 여전히 연약하지만, 이 땅에 역사하시는 하나님께서는 완벽하시기에 저희 형제의 삶을 통해, 비니하니라는 형제가 쓴 이 책을 통해 '그 한 사람'의 변화를 계획하셨다고 굳게 믿습니다.

그렇기에 이 책을 읽으시는 분들이 위 두 가지, '형제 관계'와 '영성'에 대한 답을 찾아 작지만 큰 삶의 변화를 이루시길 간절히 원하고, 바라고, 기도합니다.

심규빈, 심규한

추천서

비니하니를 통해 주도될 새로운 미래!!

전 세계 0.2%의 인구인데 노벨상 수상자의 20%인 나라, 유대인이다. 세계의 경제, 정치, 문화, 교육, 과학, 예술 등 그들이 장악하지 않은 영역은 없다. 그들의 이런 약진의 이유가 무엇일까?

그 이유를 어린 시절 아빠와의 무릎 대화, 금요일 저녁 안식일 식탁의 대화, 토론식 토라 교육인 하브루타, 성인이 되면 자동 이체되는 100만 불 적금 등을 꼽는다. 그런데 이 모든 것은 다 조각들이고 이 모든 것을 다 통칭하는 개념이 있는데 그것이 비전 멘토링이다.

비전 멘토링의 개념을 그간 나의 책들, 《비전의 서》, 《나의 비전의 서》, 《God the CEO 최고 경영의 신》, 《생명의 서》 등을 통하여 발표하였지만 아직 많은 이들이 모르고 있다. 그러나 이 개념을 일찍 배우고 실현하며 그 축복을 누리는 사람들이 이 책의 위대한 저자들인 비니하니이고 그의 아빠인 심현진 비전 멘토이다.

비전 멘토링은 하나님께서 주신 비전을 알아차리고, 그 비전을 이미 이룬 전문가 멘토에게 지도를 받아 앞서 나가도록 하는 하나님의 인간에 대한 교육 원리이다. 유대인들은 비전 멘토링이라는 용어는 모르지만 그 개념을 가장 잘 이해하고 실행하여 세계를 지배하는 민족이 되었다. 그래서 웬만해서는 유대인을 이겨 낼 수 없다.

그런데 이런 유대인들에게 치명적으로 결핍된 것들이 있다. 그것은 그들에게는 예수님과 성령님, 신약성경, 교회가 없다는 것이다. 이 네 가지 요소가 없이도 비전 멘토링 개념으로 살아온 유대인들이 세상을 지배할 수 있었다면 그들이 행한 것에 이 4가지 요소가 가미된다면 그것이 가져올 교육의 열매는 상상을 초월한다.

비니하니는 비전 멘토링의 개념 중에 3S 정체성과 1H4B 비전 자원에 근거하여 인생을 개척해 온 이 시대의 요셉과 다니엘과 같은 사람들이다. 비니하니는 새로운 시대를 주도해 나갈 것이다. 그들이 만들어 낼 시대가 궁금하다면 이 책의 일독을 권한다.

비전 멘토링 인터내셔널 대표
www.visionmentoring.org
샬롬 김 박사

인생 사막의 오아시스같은 영적 인플루언서

저자들은 보편적이지 않은 환경과 특별한 생각을 가진 부모에게 영향을 받은 10대 자녀 비니하니입니다. 그 10대들에게 보여지는 세상과 사람 그리고 자신을 표현하고 있지만 그 정도의 기대치로 볼 책은 절대로 아닙니다. 아직도 남들에게 보이는 대학 입학을 위해 학교와 학원에서 영혼과 시간을 낭비하는 것이 최선이라고 생각하는 부모님들에게 적극 추천합니다. 실제 저는 제 커뮤니티의 부모님들께 강력히 추천할 준비가 되어 있습니다. 또 먹고 살기 위한 생존의 사업으로 지친 영혼을 끌어안으며 방황하는 경영자들에게도 추천하고 싶습니다. "어떻게 살아야 하는가?"라는 질문에 비니와 하니는 답합니다.

"명확한 비전과 정체성을 갖고 하나님 안에서 행복하세요."

저는 제가 하는 사업을 하면서 15년 전부터 수많은 10대들을 만났습니다. 남지 않은 물질적 이윤에서도 이 일은 내가 해야 할 일이며 내가 잘할 수 있는 일이라 여기며 10대들을 돕고 있습니다. 2020년 비니하니도 아버지 심현진 목사님을 통해 역사적인? 만남을 가졌죠. 사실 어떤 대화를 나누었는지 어떤 질문을 했었는지를 책을 보고 알았답니다. 나이에 맞지 않은 제 질문에 당황하기도 했을 것이고 눈물이 났기도 했을 겁니다. 저는 만나는 10대들에게 같은 질문을 합니다. 꿈은 뭔지? 그 꿈의 목적은 무엇인지? 왜 그 꿈을 본인이 꾸어야 하는지? 그래서 그 꿈을 위해 지금 무엇을 하는지? 사실 이 질문에 100% 답을 한다면 이미 10대가 아닐 것입니다. 하지만 제 교육과정을 통해 만나는 40대 50대도

답 못하기는 마찬가지입니다. 어쩌면 이 질문은 평생을 통해 찾아야 하는 인생 사막의 오아시스라는 점입니다. 비니하니는 저와 만났던 그 날을 아직도 기억하고 있더군요.

 그 말은 자신의 인생사막의 갈증을 가슴에 품으며 불편한 일상을 살아왔다는 점에 저는 뭉클한 마음을 숨길 수 없습니다. 우리는 또 한 번 이들의 미래를 꿈꿉니다. 아니 이들이 만들고 짊어질 세상의 변화를 꿈꾸게 됩니다. 이들로 인해 축복받고 이들로 인해 성공하며 이들로 인해 천국 가는 수많은 영혼들에게 영적인 인플루언서가 되리라 믿으며 방황하고 허비하는 패역한 세대에서 연명하는 그들에게 이 오아시스 같은 책을 진심 추천합니다.

스타트경영캠퍼스 대표
교수 김형환

한 책의 사람이 되다.

한 책의 주인공이 되어 책에 소개가 된다는 것은 그리 쉬운 일이 아닐 뿐더러 고민스러운 것이다. 이유는 그 책을 통하여 소개된 사람이 모양이나 생각들이 고스란히 투영되어 드러나기 때문이다. 한 책을 만든다는 것이 참으로 어려운 일은 막연한 픽션 형태의 모양이 더욱 아니기에 그러하며, 한 사람이 써 내려가는 것도 어려운 판에 한 사람이 아니라 두 사람이 함께 책의 내용을 자신들의 삶을 바탕으로 공저를 한다는 것은 책을 집필하는 전문가들일지라도 여간 힘든 작업이 아니다. 한편에선 전혀 다른 공간이나 환경 속에 속한 이들이라면 한 공동 목적을 향하되 때론 여러 번의 시행착오를 겪으면서 훌륭한 책의 결과를 가져올 수 있을 것이다.

그런데 이 책의 주인공들은 우리의 상상을 초월한 전혀 다른 모양의 사람들이다. 그들은 형제이다. 그들이 써 내려간 책의 글들은 분명히 허구적 소설은 아니다. 때문에 이 책을 읽고, 목적한 방향으로의 나아감에 오늘날의 현실에서 그들의 연령대의 젊은이들에게 가장 좋은 것들을 제공하며 많은 경험을 갖게 할 것이 분명하다고 믿어본다.

이 두 형제의 비전적 호감과 개인적 기호를 선택하여 형(규빈)은 미래를 하나님의 방식으로 경영하는 세계 최고의 CEO가 되어 세상에 선한 영향력을 끼치려는, 또한 동생(규한)은 하나님의 관점으로 세상을 보고 그 안에서 세상의 지식들을 모아 하나님의 지혜로 재해석하고 지성을 쌓아 세계적인 석학의 자리에서 사회의 문제들을 해결해 나가려는 한 하나님의 사람으로의 역할로 영향력을 드러내는 비전을 꿈꾸고 있다.

이 땅의 거룩한 하나님의 마음을 닮기를 원하는 존재론적 삶을 추구하려는 이들이라면 이 두 형제의 논픽션의 글을 돌아보고, 책을 통하여 전해지는 그 두 형제의 마음을 그리스도의 심장으로 함께 공유하려 한다면 이 책을 통하여 큰 도전을 얻을 것이 분명하다.

그런데 오늘 우리는 책을 여는 순간부터 당혹한 한 면 한 면들을 쓰다듬으면서 읽어 나가게 될 것이다. 그것은 우리의 보편적 가치로 여겨지는 이 시대의 학생들에게서 얻어 낼 수 있는 것들을 책을 통하여 읽는 것이 아니라 어느 기성세대의 책의 사람이 전해 주는 것으로 착각을 하며 당황스러워할 것이다. 그러나 이 책을 읽어 가면서 우리는 이 시대의 우리의 자녀들에게 '어떻게 다양한 영역들에서 분출되고 요구되는 것들을 답할 것인가?'라는 것보다는 '이렇게 해도 되는구나!'라는 질문의 답을 이 한 책을 통하여, 그리고 두 형제의 다양한 지식을 통하여 얻게 될 것이다. 그리고 그것들은 어느 날 우연히 습득되어진 것이 아닌 신앙적 삶의 용광로에서 우러나오는 것들임을 인식하게 될 것이다.

'비니하니'를 본 것은 그리 오래되지 않았다. 용인에서 이사 온 한 신앙인의 자녀라는 것과 일반 학교의 자리에서 교육받는 학생들이 아니라 부모가 그들을 가르치고 양육하는 홈스쿨링 모양의 교육체계의 자리를 만들어서 커 가고 있다는 것밖에는 잘 알지 못하였다. 거기에다가 3년의 코로나 기간 동안은 거의 만나지 못할 만큼의 여정들이었는데 그들이 불쑥 전해 주는 형제들의 이야기를 써 내려간 초고를 받아 들고 의아했고 염려스러웠다. 이유는 치열한 중고등학교의 교육 현 상황인데 홈스쿨링으로 얼마나 이 환경들을 이겨 나가고 견디어 나갔나? 하는 일찍이 만들어 놓은 염려의 두려움이 앞섰다. 그러나 코로나 기간 동안 써 내려간 원고를 받고 나서는 적지 않게 당황하였다. 그것은 학습을 돕는 참고도서쯤 되는 것이 아니라 현 시대의 부모들에게는 상상도 안 되는 현상들이 글로 쓰여져 한 책의 사람들로 나왔기에 그렇다.

이 두 형제의 다섯 영역으로 나누어진 글들은 공교육의 학습 교과서를 통하여서 만들어져 나온 것이 아니다. 우주적인 하나님을 향한 신앙을 바탕으로 시작된 글은 기성세대가 읽어도 괜찮을 다양한 영역들을 넘나들고 있다.

성경적 가치관과 그 성경을 통하여 전달되는 깊은 영성은 여러 영역들과, 신앙, 시간, 재정, 관계, 그리고 이런 것들을 통하여 하나님의 나라와 의를 이루어 갈 수 있는 분명한 크리스쳔으로서의 역할을 감당케 되는, 명확한 정체성은 결국 영성이라는 영역을 떠나서는 일시적 충족은 이룰 수 있어도 솟아오르는 샘물로 오랫동안 적셔지고 채워져서 결국은 여러 사람들을 충족시키는 중요한 동기가 된다는 것을 밝히 보여 주고 있다.

한 장씩 엮어지는 그들은 우리의 자녀들이 겪는 평범한 일상들이 결국은 신앙이라는 영성의 테두리 안에서 결국은 가장 아름다운 미래적 가치를 만들어 낼 수 있음을 보여 주고 있기에 보다 많은 부모들이, 그리고 자녀들이 하나님의 섭리와 계획 안에서 도전을 받고 세상 도처에서 가을의 아름다운 모든 열매들처럼 곳곳에서 하나님을 드러내는 이 시대의 건강한 자녀들로 세워지기 원하는 마음에서 두 형제가 모은 이 글들을 강추하고 싶다.

인천 하나비전감리교회
담임목사 김종복

규빈, 규한 형제의
첫 번째 책(문열이)을 추천하면서

두 형제의 부모님이신 심현진 목사님과 이지혜 사모님은 하나님의 자상하시고 배려 깊으신 인도하심을 따라서 백향목교회에서 담임목사와 부목사로 만났다.

관계와 교재 그리고 사귐을 나누었던 좋은 추억과 아름다운 섬김의 기억들이 석류 알처럼 알알이 가슴에 새겨져 있다.

심현진 목사님과 이지혜 사모님의 하나님과의 관계, 담임목사를 비롯한 여러 성도들과의 관계, 가정사를 통해 쓴물이 단물이 되어 가는 과정을 지켜보았다.

부목사로 부임할 때도 오직 믿음으로 부목사를 이임해야 되는 아픈 과정 속에서도 오직 믿음과 오직 비전으로 평안과 순리를 따라서 아브라함이 본토 친척 아비 집을 떠난 것처럼 떠나는 아름다운 부목사의 뒷모습을 보았다.

앞서 이러한 이야기를 먼저 기록하는 것은 규빈이와 규한이가 처음 만났을 때는 예의는 바르지만 경직되어 있고, 두려움에 군기 잡힌 어린 군인 같았던 모습들이 부모님의 변화와 치유를 통하여 맑고 밝은 모습으로 변화가 되며 주님의 진리와 공의 안에 반듯하게 살아가고 주님의 은혜와 긍휼함 속에서 넉넉하게 자라가는 모습을 지켜보았기 때문이다.

대한민국 역사 가운데 10대 형제가 의기투합하여 인성과 지성 영성에 관해 책을 쓴 적이 있었던가? 그런 의미에서 비니하니 형제의 첫 번째 책은 마치 문열이 같게 느껴질 수 있다. (돼지나 소가 새끼를 낳을 때 첫 번째 새끼를 문열이라 하는데 사이즈도 작고 못나 보이고 못 갖춘 모습이 대부분이다. 첫 번째 문을 열기가 이렇게 힘이 든다는 뜻으로 문열이라 표현하는 것이다.)

 이론이 아니라 비니하니 형제가 삶으로 직접 써 내려간 첫 번째 도서 (문열이)가 영적으로나 지적으로 감성적으로나 현실적으로나 모든 가정과 모든 형제 자매에게 - 나가서 교회와 모든 인간관계 속에서도 - 사회생활에도 적용이 되고 현실적인 변화가 일어날 수 있는 간증의 책이요, 실제적인 책이라는 것을 주님의 마음을 가지고 주님의 이름으로 간곡히 추천하는 바입니다.

백향목교회 원로목사 & 동백 전인치유센터 대표
목사 박상완

시간, 재정, 건강, 자신을 다스리는 청지기 형제

비니하니는 중고등학생 또래입니다. 대한민국에서 가장 바쁜 시절이지요. 정규과정의 학교를 다니고 있지 않은 비니하니도 부지런히 공부를 합니다. 세상을 배우고 서로를 배우고 자신을 배웁니다. 이 책을 통해 이 형제가 무엇을 배우고, 어떻게 익히며, 어디로 향하는지를 엿볼 수 있습니다. 그리고 그것은 같은 또래 친구들에게서는 쉽게 발견할 수 없는 놀랍도록 참신한 삶이라는 것을 알게 됩니다.

비니하니의 오늘은 갑자기 생겨난 것이 아닙니다. 첫 초등학교에 입학했을 때의 두근거림을 기억합니다. 이 형제들에게는 초등학생 시절이 있었고, 저는 그 시절에 이들과 함께 하였습니다. 비니하니와 함께했던 당시 유치원생이었던 제 아들에게 형들을 기억하는지 물었습니다. 벌써 6년이 흘렀으니 어린 아이의 기억이 가물가물할 만도 하였을 것입니다. 그런데 아들이 이렇게 답하였습니다.
"기억나요! 축구를 잘하는 형이었어요. 눈빛이 멋졌어요. 그리고 무슨 일이든지 도전하는 형이었어요."
그렇습니다. 비니하니의 오늘은 갑자기 찾아오지 않았습니다. 이 형제는 도전하는 형제였습니다. 형제의 도전을 지지하고 응원하는 아빠, 엄마는 형제의 성장의 토양이 되었습니다.
어느덧 훌쩍 자라 버린 비니하니를 봅니다. 이 멋진 형제들이 만들어 가고 있는 흥미로운 삶은 작지만 지속적인 도전으로 인해 꿈이 아닌 현실이 되었습니다. 이 현실이 다른 또래들에게는 꿈과 같이 여겨질지도 모릅니다. 하지만 안심하십시오. 여러분들도 얼마든지 가능합니다. 왜냐하면 이 모든 것들은 작은 도전들로부터 시작되었기 때문입니다. '도전'은 모든 이들에게 주어진 실천 가능한 선물이라는 것을 기억하시기 바랍니다.

  이 책을 읽으시면서 비니하니가 시간, 재정, 건강, 자신에 얽매인 종이 되지 않고 어떻게 이것들을 다스리는 청지기가 되었는지를 살펴보십시오. 그리고 현재의 삶을 어떻게 영성으로 연결하는지, 그리고 그 영성이 어떻게 다시 현재의 삶에 선한 영향력으로 작용하는지를 발견하시기 바랍니다. 마지막으로, 비니하니가 지금 누리고 있는 맑은 기쁨과 뜨거운 열정을 여러분들도 소유하게 되시기를 기대합니다.

대전 새누리교회
담임목사 이 응

새로운 시대가 왔다.
창의력이 더욱 필요한 시대이다.

우리 교육은 아직도 암기 위주와 시험에 매달리고 명문대 진학이 최고 우선순위로 있다. 학교와 가정은 이 현실 앞에 기존의 질서를 따르고 있다. 새로운 변화의 필요성은 인정을 하지만 어떻게 변화해야 할지 무엇을 해야 할지 모르는 상태이다.

이러한 때, 새로운 변화에 대한 대안을 제시하며 교육하는 가정과 그 자녀들이 있다. 이 책은 그런 교육의 산물로 두 명의 자녀가 스스로 생각하고 공부하는 방법을 터득하여 정리한 청소년들이 쓴 책이다.

또한 신앙 안에서 교육을 받으며 깨닫게 된 영적인 교훈들도 함께 적은 책이다.

신앙과 세상 지식에 대해 청소년인 저자들의 관점으로 써 내려간 책의 내용은 여러 가지를 생각하게 한다.

지금은 청소년이지만 이 아이들이 자라서 이루어 갈 그 역사를 기대해 본다.

㈜ 블레싱 컨설팅, ㈜가디우스(커스벤) 대표
대표 경진건

목차

프롤로그

형제, 그리고 영성 4

추천서 11

1장

가치 없는 형제? 같이 하는 형제!

† 가치는 같이 창조하는 것 비니, 하니 30

† '함께'와 '데리고'의 차이 비니 37

† 천 명보다 강한 한 사람 비니 41

† 불로 미래 소득 하니 47

† 관계를 이루는 시간 60년 관계를 망가트리는 시간 60초 하니 52

† 어떻게 원수를 사랑할까? 하니 56

† 형제 관계 성공 공식 하니 61

† 함께할 때 수천만 배 강해지는 형제 비니 66

† 하나님을 진정으로 사랑하는 삶 비니, 하니 72

† 초격차 인性·지性·영性 <실천과 사색, 토론을 위한 질문> 75

2장

오해하는 형제? 이해하는 형제!

† 닫힌 이해의 마음을 여는 비밀 열쇠 비니, 하니 … 78
† 내 마음 속 지킬과 하이드 비니 … 82
† 내가 살인을 하고 있었다니? 하니 … 88
† 토니 로빈스의 감정코칭 하니 … 92
† 예수님이라면…… 비니 … 96
† 一초 생각이 一生을 바꾼다! … 100
  (세계 최초 1H4B 비저너리 저널 탄생 배경) 하니
† 답 없는 문제, 형제 관계 하니 … 106
† 힘이 없어도 힘 있는 자 하니 … 110
† 66일 착한 척하기 프로젝트! 하니 … 114
† 그대를 바라보는 창가 비니 … 117
† 초격차 인性.지性.영性 <실천과 사색, 토론을 위한 질문> … 122

3장

불통하는 형제? 소통하는 형제!

† 생사를 결정하는 말과 혀 비니 … 126
† 사이좋은 형제는 타임머신을 타지 않는다! 하니 … 132
† 마음을 읽는 초능력은 없다! 하니 … 136

† 독과 약이 모두 있는 그곳, '광야' 하니　　　　　　　140
† 내가 짐승이 아닌 이유 하니　　　　　　　　　　　143
† 자존심이라는 카오스 하니　　　　　　　　　　　　147
† 내 입에서 가장 가까운 귀 하니　　　　　　　　　　152
† '경청'은 결코 '경'하지 아니하다 하니　　　　　　　158
† 초격차 인性.지性.영性 <실천과 사색, 토론을 위한 질문>　　165

4장

경쟁하는 형제? 경영하는 형제!

† 어떻게 하면 맛있는 햄버거를 사 먹을 수 있을까? 비니　　168
† 꽃 피우는 삶이 아닌 열매 맺는 삶 비니　　　　　　　174
† 무엇이 옳은가? 비니　　　　　　　　　　　　　　　182
† 경영하는 모든 것을 100% 이루는 방법이 있다?! 비니　　189
† 1퍼센트의 사람이 되는 비결 비니　　　　　　　　　197
† 집착남이 되기로 결심했습니다 비니　　　　　　　　205
† 은혜의 강, 비전의 바다 비니, 하니　　　　　　　　　212
† 고난과 결핍 = 최고의 선물 비니　　　　　　　　　217
† 메모하는 습관의 힘 하니　　　　　　　　　　　　222
† 지극히 성경적인 돈?! 비니　　　　　　　　　　　226
† 왜 10대인가, 왜 지금인가? 하니　　　　　　　　　233
† 초격차 인性.지性.영性 <실천과 사색, 토론을 위한 질문>　　240

5장

혈투하는 가족? 형통하는 가족!

† 세상에서 가장 귀중한 거울 하니 242
† 부모의 권위가 자녀 교육의 성패를 가른다! 하니 248
† Today a Reader, Tomorrow a Leader! 비니 253
† 사랑의 방향성 비니 258
† 이 땅에서 성공하고 장수할 수 있는 최고의 비결 비니 263
† 256조짜리 관점의 재해석 하니 270
† 감사 회로 공사를 시작합니다! 하니 275
† 궁극적 비저너리 = 궁극적 사명자 하니 280
† 한 번 더의 복리효과 하니 286
† 형통하기 위한 최고의 원리, '비전 멘토링' 비니, 하니 291
† 초격차 인性.지性.영性 <실천과 사색, 토론을 위한 질문> 302

에필로그
'IDOL' 영성이란? 304

참고문헌 308

1장

가치 없는 형제?
같이 하는 형제!

가치는 같이 창조하는 것

비니, 하니

"도대체 어떻게 형제가 한 방에서 같이 생활할 수 있어요?"

비니하니의 방 사진

우리 집에 방문한 분들의 단골 멘트입니다. 작다면 작은 한 방에 침대가 두 개 있는 것도 신기한데, 그 침대의 주인이 낭랑 18세와 16세의 나이를 가진 형제이기에 남녀노소 불문하고 놀라움을 금치 못하며 이러한 질문을 하시는 것 같습니다.

위와 같은 질문을 하는 분들은 형제가 함께하는 이 공간이 전쟁터가 되어 있는 것이 정상이라고 생각하시는 듯합니다. 하지만 저희는 오히려 이 작은 공간을 현재 세상을 선도하는 기업들이 시작된 차고 같은 공간이라고 생각하며 활용하고 있습니다.

매일 밤, 형제가 같이 침대에 누워 비전을 나눔하고, 더 나은 인생을 살 수 있도록 피드백과 다짐을 하고, 구체적인 계획을 수립하며 아이디어를 나눕니다. 가치를 같이 창조해 나가는 공간이라고 할 수 있지요.

가치를 창조하는 것이 왜 중요할까요? 우리가 사업이든, 세일즈든, 성공을 위한 모종의 일을 하면서 가치를 창조하지 못한다면 절대 성공할 수 없기 때문입니다. 세상에서 성공한 많은 부자, 기업가들도 항상 가치 창조의 중요성에 대해 강조합니다.

또한 하나님께서 세상을 창조하신 원리도 '가치 창조'였습니다. 빛의 가치, 우주의 가치, 지구의 가치, 해와 달 그리고 별의 가치, 하늘과 땅의 가치, 산과 바다의 가치, 식물과 동물의 가치, 마지막으로 하나님의 형상을 따라 빚어진 인간의 가치. 하나님께서는 태초에 이들 '가치'를 창조하셨습니다. 하나님의 창조는 그 무엇과도 비교할 수 없는 가장 완벽한 경영이자 성공이었고, 그렇기에 이 땅에서 성공하고 하늘의 상급 또한 받는 온전한 경영자의 모습으로 나아가야 하는 우리는 모두 하나님의 '가치 창조' 원리를 따라야 하는 것입니다.

이러한 가치를 창조하기 위해서는 먼저 가치를 제대로 알 필요가 있습니다. 가치(價値)라는 단어는 한자어로, 값 '가(價)'라는 한자와 값 '치(値)'라는 한자로 구성되어 있습니다. 한자어에서 같은 뜻을 가진 한자가 반복된다는 것은 그 의미를 강조하는 것이라고 합니다. 결국 가치라는 단어는 '사물이나 사람의 본질적인 값, 쓸모, 의미'를 뜻한다고 정의할 수 있겠습니다.

가치의 정의를 알아보았으니, 이제는 가치를 어떻게 창조할 수 있을지에 대해 고민해 보아야 합니다. 가치를 창조하는 방법은 그 종류가 다양하고, 사람마다 느끼는 바가 다를 수 있겠지만, 여기에서는 본질적인 부분을 다뤄 보도록 하겠습니다. 가치 창조의 본질은 《The Go Giver》라는 책에서 다섯 가지로 나눠 소개해 주고 있습니다. 그 가치 창조의 다섯 가지 본질은 다음과 같습니다.

탁월함
일관성
배려
공감
감사

어딘가 익숙한 친구들이지요? 맞습니다. 이들은 우리가 잘 알고 있는 인간관계의 가장 중요한 부분들입니다. 그러나 너무나 잘 알고 있기에 간과하기 쉬운 인간관계의 본질적 요소들이지요.

그나마 탁월함이 인간관계에서 가장 멀게 느껴지지만 여기서 말하는 탁월함은 '전화 받는 예절', '편지나 이메일 관리법', '깔끔한 옷차림', '상대방의 이름을 정확히 부르는 것' 등의 모든 기본적인 일들에 충실히 하는 것을 의미합니다. 위의 예시들처럼 모든 일에 탁월해지기 위해 노력하면 다른 사람들을 위해 가치를 창조하기가 훨씬 수월해질 수 있습니다.

또한 불확실성이 넘쳐 나는 세상에서 항상 변치 않는 일관적인 사람이 된다면 그것만으로도 가치를 창조할 수 있습니다.

그리고 정말 사소한 것들까지 꼼꼼히 챙겨 주는 세심한 배려, 이 작은 행동 또한 엄청난 가치를 창조해 냅니다.

다른 사람의 입장에 서서 공감해 주는 것, 이 또한 가치를 창조해 내는 최고의 방법이라고 할 수 있습니다.

마지막으로 감사입니다. 진심으로 감사를 전한다면, 우리는 거의 혹은 전혀 경제적인 부담 없이 사람들의 삶에 가치를 더해 줄 수 있습니다. 아무리 사소한 것일지라도 긍정적인 변화를 일으킨 사람에게 그 사실을 정확히 언급하며 감사함을 표현한다면 엄청난 가치를 창조할 수 있다는 것이죠.

감사를 뜻하는 단어 'appreciate'의 어원은 '가격을 정하다'라는 의미를 지닌 라틴어 'appretiare'입니다. 세월이 흐르는 동안 이 단어는 '호의에 감사하다'와 '가치가 제고되다' 이렇게 크게 두 의미로 사용되었습니다.

감사라는 단어의 영어 어원을 곱씹어 보면 우리는 재미있는 사실을 발견할 수 있습니다. 우리가 사람들에게 감사할 때는 우리의 가치가 절상(切上)되고, 우리가 감사를 모를 때에는 우리의 가치가 절하(切下)된다는 사실 말이죠. 그러므로 우리의 가치를 절상시키고 싶다면 감사해야 합니다.

위에서 언급했듯이, 이 다섯 가지 가치 창조의 본질은 모두 인간관계의 본질이기도 합니다.

결국 가치를 창조해서 그 가치를 선물하는 대상은 사람이고, 가치 창조든 성공이든 모두 사람과의 관계를 통해서 만들어지기 때문입니다. 또한 가치는 나 혼자 창조할 수 있는 것이 아닙니다. 다른 사람들과 함께 유기적으로 상호작용할 때 가치가 만들어지기에 인간관계의 본질이 가치 창조의 본질이라고 할 수 있는 것입니다.

인간관계의 기본이자 형제 관계의 기본인 이 다섯 가지 본질을 삶 속에서 지켜 나가다 보니, 저희 형제는 수많은 가치를 같이 창조해 낼 수 있었습니다. 그 가치 창조 리스트는 다음과 같습니다.

- 명확한 비전과 정체성
- 매일 비저너리 저널 작성하며 하루를 비전적으로 피드백하기
- 기업 경영과 재정적 자유를 10대 때부터 준비하기
- 최고의 투자처인 자신에게 투자하고, 다른 투자 자산에도 주도적으로 투자하기
- 아이들 독서 코칭 프로젝트 진행
- 함께하는 공동체의 아이들 금융 지능 멘토링
- 다양한 수익 모델 통해 매월 고정 수입 창출

- 형 200개, 동생 100개 블로그 작성하기
- 만나는 아이마다 창의적으로 신나게 놀아 주기
- 포브스 선정(되면 좋겠는) 다시 오고 싶은 집 1위
- 섬겨 주신 분들께 감사 영상 편지 보내기
- 매일 독서하고 가족들과 생각 나누기
- 매일 산책하며 아이디어 나누기
- 형제가 함께 매일 운동하며 몸과 마음 단련하기
- 자랑스러운 아들들이자 부모님의 동역자로서 함께하기
- 매월 부모님 용돈 드리기
- 세계에서 가장 행복한 가정 만들기
- 세계 최고의 형제 관계 만들기

이 외에도 많은 열매들이 있었지만, 그 열매들은 이 책 후반부에서 다양한 메시지들과 함께 소개하도록 하겠습니다.

위와 같이 지금은 이렇게 가치를 같이 창조해 나가는 형제이지만, 저희도 처음에는 많은 의견 충돌과 시행착오가 있었습니다. 저희 형제의 현재 모습을 보시는 많은 부모님께서는 저희가 일평생 싸우지도 않고 서로 화합하며 비전적인 삶을 살아왔다고 생각하시지만, 이는 크나큰 오산입니다. 저희는 그 누구보다 많은 상황을 경험하며 실패하고, 실수하는 시행착오를 겪어 왔죠. 하지만 그 경험을 흘려보내지 않고 피드백하고 나눔하며 조금씩 성장했기에 지금의 모습을 갖출 수 있었습니다.

그러한 시간들의 고통과, 가치를 같이 창조해 나가는 기쁨을 온몸과 마음으로 체감했기에, 저희 형제의 실패와 실수, 성공과 성취를 담아낸 이번 장을 통해서 어떻게 형제가 가치를 같이 창조해 나갈 수 있는지, 그 가이드라인을 제시하고자 합니다. 정답이라고 할 수는 없지만, 본질이라고는 자신 있게 말씀드릴 수 있습니다.

'함께'와 '데리고'의 차이

비니

　가치를 같이 창조하기 위해서는, 특히 형제가 그러기 위해서는 '함께' 하는 자세가 중요합니다.
　왜냐하면, 인간은 그 어떤 일도 혼자서는 절대 할 수 없는 연약한 존재이기 때문입니다.

　저는 이 함께하는 삶의 중요성을 작은 실패를 통해 깨닫고, 변화할 수 있게 되었습니다.
　그 실패의 모습을, 또 변화의 과정을 나누고자 합니다.

　저는 송도에서 살게 된 이후로 동생과 함께 매일 자전거를 타고 센트럴파크 등 수많은 공원으로 산책하러 나갑니다. 그런데 처음 몇 달간의 저의 모습을 돌아보니 저는 동생과 '함께' 산책하러 가는 것이 아닌, 동생을 '데리고' 산책하러 가고 있었습니다. 나보다는 길을 잘 모르는 동생을 앞에서 끌어 줘야 한다는 생각에 항상 동생을 앞질러 갔고, 동생은 언제나 제 뒤를 따라왔죠. 그러다 보니 형제간의 소통하는 모습은 많이 없었고, 길을 모르고 잘 따라오지 못하는 동생에 대한 약간의 불만(?)도 생기게 되었습니다.

　하지만 이러한 저의 모습은 어떤 계기로 인해서 완전히 달라지게 됩니다. 그 계기는 바로 아빠의 멘토링이었습니다. 어째서인지 아빠께서는 산책을 같이 가지 않으시는데도 동생을 '데리고' 가는 저의 모습을 모두 알고 계셨습니다. 아빠께서는 그러한 저의 모습을 허물없이 피드백해 주시면서 제가 자신을 직면할 수 있도록 도와주셨고, 또한 저에게 강조하셨습니다.

"형으로서의 권위는 함께 갈 때 자연스럽게 생기기 마련이란다."

아빠께서도 형제의 관계성 속에서 형의 자리를 경험하셨기에 더욱 이 사랑의 메시지가 귀에 쏙쏙 들어왔습니다. 그리고 그 자리에서 '함께'와 '데리고'의 사전적 정의를 찾아보았습니다.

함께: 한꺼번에 같이. 또는 서로 더불어.
데리고: '데리다'의 활용형, 아랫사람이나 동물 따위를 자기 몸 가 까이 있게 하다.

아빠와 함께 '함께'와 '데리고'의 사전적 정의를 찾아보면서 저는 '데리고'가 한 사람의 능동적 드라이브로 인해 다른 사람이 수동적인 행동을 하게 되는 권위적인 리더의 기질이고, '함께'는 두 사람 이상의 능동적인 생각과 소통으로 인하여 서로 더불어 행동하는 서번트 리더의 기질이라는 점을 깨달았습니다.

이 짧지만 굵은 멘토링의 시간을 보내고 나니, 저는 관점의 전환을 할 수 있게 되었습니다. 이제는 동생을 데리고 가는 형이 아니라 동생과 함께 가는 형이 된 것이죠. 앞질러 가던 이전과는 달리 동생과 나란히 달리고, 잘 따라오지 못하는 동생에 대한 불만이 함께 산책할 수 있는 형제가 있다는 것에 대한 감사로 변화하게 되었습니다.

함께함으로 인해서 시작된 놀라운 변화는 이뿐만이 아닙니다. 매일 산책을 하며 동생과 비전을 나누고, 하나님께서 창조하신 자연을 묵상하며 그 안에서 하나님의 경영 원리를 느끼고, 사람들의 모습들을 보며 사업적으로 적용할 수 있는 아이디어들을 함께 구체화할 수 있게 되었습니다.
'데리고'에서 '함께'라는 작은 변화가 이렇게 크나큰 열매를 저희 형제에게 가져다준 것이죠.

어떤 인간관계든 기존의 관계를 넘어 더욱 심도 있고 밀도 있는 관계로 발전하려면 관점의 전환이 필요합니다. 그중에서도 형제 관계에 있어서, 가족 관계에 있어서 가장 필요한 관점의 전환은 바로 '데리고'에서 '함께'로의 변화입니다.

'데리고'에서 '함께'로 가는 관점의 전환, 그 어떤 것보다 작은 것 같지만 관계에 있어서 그 어떤 것보다 큰 힘을 발휘하는 기본 중의 기본이라고 저는 생각합니다.

그러므로 이 글을 통해 우리 모두 자신에게 질문을 던지며 피드백해 보는 시간을 가졌으면 좋겠습니다. 만약 이 글을 읽는 분이 부모님이시라면, 가족들 특히 아이들을 대할 때 함께하는 것이 아니라 데리고 가고 있지는 않았는지, 만약 이 글을 읽는 분이 형제라는 관계성 속에 소속된 분이라면, 그 형제들을 대할 때 서번트 리더로서 함께하는 것이 아니라 군림하는 리더로서 데리고 가고 있지는 않았는지 말이죠.

함께하는 여러분 되시길 진심으로 축복합니다.

천 명보다 강한 한 사람

비니

위의 제목을 읽으신 분들이라면 한 번쯤은 이렇게 질문해 보셨으리라 생각합니다.

'어떻게 천 명보다 한 사람이 강할 수 있지?'
'만약 그런 사람이 있다면 어떤 사람일까?'

이 글의 제목은 일반적인 상식에 반하는 문장이기에 누구든지 의문이 들 수 있다고 생각합니다. 실제로도 우리는 용맹한 전사에게 주어지는 '일당십(一當十)', '일당백(一當百)'이라는 칭호는 익히 들어 왔지만 '일당천(一當千)'이라는 말은 거의 들어 본 적이 없습니다. 육체적인 인간의 한계는 아무리 강한 사람이라도 100명 정도라는 것을 방증해 주는 것이 아닐까요?

하지만 이런 말이 있습니다.

"한 사람의 진실한 벗은 천 명의 적이 우리를 불행하게 만드는 그 힘 이상으로 우리를 행복하게 만든다."

독일의 시인이었던 에셴바흐가 남긴 말이라고 합니다.

저는 이 문장을 자신만의 문장으로 '재정의'하였습니다.

"천 명보다 강한 한 사람…."

인간이 육체적으로 감당할 수 있는 적의 수는 100명 정도가 한계이지만, 한 사람이 주는 긍정적인 영향은 1,000명의 부정적 영향을 능가한다는 것이죠.

저 또한 1,000명까지는 아니지만 한 사람을 통해, 한 가정을 통해 육체적, 정신적 피로를 뛰어넘는 행복과 위로를 느낀 일이 있었습니다.

저와 동생 규한이, 그리고 제 친구인 준호는 작년 11월쯤에 〈여기가 제주인가 송도인가〉라는 고깃집을 운영하시는 이모부께서 이틀 동안 자리를 비우신 관계로 첫 요식업 경영을 해 보게 되었습니다. 나름대로 직분도 정해 보고 재미있게 일하려고 노력했지만 역시나 나이가 어린지라 은연중에 받는 무시는 피할 수 없었죠.

그렇게 흔히 말하는 진상(眞祥, 참으로 상서로운?) 손님을 만나며 육체적, 정신적으로 힘든 상황에 있었지만, 한 가정으로 인하여 그 부정적 감정이 싹 사라지게 되었습니다.

때는 오후 8시경…. 무척 사이가 좋아 보이는 한 가정이 가게 안으로 들어왔습니다. 부모님과 아들 둘, 우리 가족의 구성원과 같아서 묘한 친밀감이 느껴졌던 가정이었습니다. 마침 잠시 여유가 있던 터라 카운터

앞에 서서 우연찮게 그 가정이 식당에 방문한 계기를 듣게 되었습니다. 그 이유는 바로 아이 둘이 서로 트러블이 있었는데, 다음부턴 가족끼리 그런 일이 생기지 않도록 서로 노력하자는 의미에서 함께 외식을 나온 것이었습니다! 그런 생각을 하시는 부모님이 참 대단하다고 생각했는데 놀라움은 거기서 끝나지 않았습니다. 두 아이는 웃음을 잃지 않으면서 '애비다잊어' 타임이 아닌 가족끼리 대화와 나눔을 하며 진정한 애피타이저 타임을 보내고 있었고 스마트폰을 일절 꺼내지도 않았죠. 그리고는 반소매를 입고 있는 저에게 다가와 춥지 않은지, 괜찮은지 물어봐 주기까지 했습니다. 반찬과 음식을 가져다줄 때마다 감사 인사를 잊지 않았고, 주변 환경에 호기심을 가지며 그것에 관해 가족과 이야기하는 것을 멈추지 않는 밝은 아이들이었습니다. 송도에 우리 가족을 제외하고 그런 가정이 있을 줄은 생각지도 못했는데 드디어 정말 좋은 가정을 만나게 되어서 기분이 정말 좋았고, 그 모습이 귀하게 느껴져서 바로 뒤에 있는 편의점에 뛰어간 뒤 사탕 두 개를 사 와서 감사와 함께 아이들에게 전해 주었습니다.

* '애비다잊어' 타임이 궁금하시다면 아래 글을 읽어 보세요!

애비다잊어 타임

비록 짧은 만남이었지만 저는 큰 위로와 행복을 선물 받았습니다. 그동안의 피로와 힘들었던 모든 것, 부정적인 감정들은 싹 사라지고 긍정적인 마음만이 남게 되었죠. 덕분에 저는 마무리까지 기분 좋게 하고 집으로 돌아올 수 있었습니다.

이렇듯 한 사람의 긍정적인 영향은 다수의 부정적인 영향도 상쇄시킬 만큼 큰 힘을 발휘합니다. 제가 천 명을 상대해 본 것은 아니고, 한 명의 긍정적 영향만을 받은 것은 아니지만 만약 1,000명을 상대했더라도, 제대로 된 인성을 갖춘 한 명의 손님만 만났더라면 저의 긍정적인 마음은 쭉 유지되었을 것이라고 확신합니다.

이 글을 읽는 분들께서도 그런 경험을 해 본 적이 있으리라 생각합니다.

주변 환경에 치여 너무나 힘들고 외로울 때 힘이 되어 준 그 한 사람.
곁에 있으면 존재만으로도 행복을 주는 그 한 사람.
그 한 사람의 존재는 우리에게 엄청난 힘이 되어 준다는 것을 우리는 이미 느끼고 있지요.

하지만 그 한 사람이 내 가족, 내 형제라면? 그 효과는 배가 됩니다.

저에겐 천 명보다 강한 한 사람이 있습니다. 무려 세 명이나 말이죠.
바로 아빠, 엄마, 그리고 동생인 하니입니다.

특히 동생인 하니에게서 저는 1,000명, 그 이상의 선한 영향력과 동기부여를 받습니다. 저의 주변에는 만나라면 만날 수 있는 사람들이 3,000명 정도 되지만, 그들이 저에게 주는 영향력은 동생인 하니가 주는 비전적이고 영적인 영향력에 절대 미치지 못합니다.

이 장 첫 글에서 언급했듯이, 저희는 매일 침대에 누워 비전을 나누고, 영성을 다지고, 피드백하며 다음 날을 계획하는 시간을 가지는데요, 그 시간 속에서 저는 동생의 사명적인 관점을 통해 배우고 자신을 고무시킬 계기를 얻고, 규한이는 저의 비전적인 관점을 통해 동기부여를 얻으며 함께 성장하고 있습니다.

이렇듯, 형제와 가족이 천 명보다 강한 한 사람이 될 수 있다면, 그것은 다른 사람이 그 위치에 가 있는 것과는 비교도 할 수 없을 만큼의 선한 영향력을 미친다고 생각합니다.

그러나 자신의 주변에 천 명보다 강한 한 사람이 안 보일 수도 있습니다. 그럴 때는 먼저 천 명보다 강한 한 사람이 되어서 선하고 긍정적인 영향력을 상대에게 주면 됩니다.

저희 가정의 첫 시작은 아빠이셨습니다. 아빠가 먼저 믿음으로써 천 명보다 강한 한 사람의 모습을 가지셨고, 다음은 엄마가, 마지막으로 저희 비니하니가 서로에게 천 명보다 강한 한 사람이 되어 준 것입니다.

또한 마태복음 7장 12절에서 예수님께서도 이렇게 말씀하시죠.

"그러므로 무엇이든지 남에게 대접을 받고자 하는 대로 너희도 남을 대접하라

마 7:12

　천 명보다 강한 한 사람이 안 보인다면 먼저 천 명보다 강한 한 사람으로 거듭나면 됩니다. 그러면 그에 반응하여 공명하듯이 주변에 천 명보다 강한 한 사람들이 나타날 것이라고 저는 확신합니다. 이는 예수님 진리의 말씀이고, 하나님의 위대한 경영 원리이기 때문입니다.

불로 미래 소득

하니

지금도 많이 쓰이는지는 모르겠습니다만 몇 년 전까지는 수저론이 유행이었습니다. 금수저, 은수저, 흙수저, 다이아몬드 수저 등 사람들을 재산에 따라 등급별로 나누는 것인데요. 저는 이러한 잣대로 사람을 판단하는 것을 무척이나 싫어했습니다. 모두 다 존귀한 존재인데 재산만 고려하여 사람을 판단하는 것이기 때문입니다. 그래서 저는 수저론이 유행일 때도 남을 수저에 빗대는 행동은 하지 않았습니다.

또한 제가 수저론을 좋아하지 않는 결정적인 이유는 치명적인 오류가 두 가지나 있기 때문입니다. 첫 번째 오류는 무형의 자산을 포함하지 않는다는 점이고, 두 번째 오류는 미래의 자산 가치를 반영하지 않는다는 점입니다. 수저론은 무형의 자산, 즉 재능과 특별한 은사, 인맥 등을 자산에 포함하지 않으며, 성장해서 얻어 낼 미래 자산의 가치를 반영하지 않습니다. 사람을 판단하는 행위가 좋은 것은 아니지만 판단하려면 최소한 이 정도는 고려해서 판단해야 한다고 생각합니다.

저와 형은 세상의 잣대로 봤을 때 흙수저로 태어났습니다. 그런데 저희 주변에 계신 많은 분들은 저희에게 금수저를 뛰어넘은 '다이아몬드 수저'라고 말씀해 주십니다. 왜 그럴까요? 저는 그런 분들이 저희 곁에 계시기에 저희가 다이아몬드 수저라고 생각합니다. 현재의 자산만으로,

유형의 자산만으로 사람을 판단하지 않는 많은 멋진 분들이 저희 곁에 계시기에 저희가 다이아몬드 수저가 될 수 있는 것이죠. 즉 다이아몬드보다 귀한 인간관계 덕분에 다이아몬드 수저라는 것입니다.

어느 날 저희는 아빠와 이런 대화를 나누었습니다.

"너희들은 인맥이 어느 정도 된다고 생각하니?"
"음… 아빠 엄마 덕분에 전국에 1,000명 정도 되는 것 같아요."
"그럼, 그분들 중에서 너희가 어려움에 처했을 때 기꺼이 밥 한 끼 먹여 주고 하룻밤 재워 줄 수 있는 분들은 몇 명 정도라고 생각해?"
"한 200명 정도 될 것 같아요."
"그래서 너희들이 진정한 다이아몬드 수저라고 하는 거야. 너희를 기뻐함으로 품어 줄 수 있는 분들이 1,000명이 된다면 너희는 뭘 해도 성공할 수 있어, 그 황금 인맥을 소중히 여기고 감사하자. 그리고 온유와 겸손함으로 더 많은 사람을 섬기는 인성을 갖추는 비니하니가 되자!"

벌써 몇 년이 지난 대화입니다. 대화에서 말했던 것처럼 인맥을 하나님이 주신 자원으로 여기고 감사하다 보니 지금은 좋은 분들을 훨씬 많이 만나게 되었고, 전국뿐만이 아니라 전 세계에도 진출하고 있습니다. 세계 최고의 인재들이 모이는 골드만삭스, 맥킨지, 하버드 비즈니스 스쿨, 실리콘밸리에서는 인간관계를 가장 중요하게 생각합니다. 마이크로소프트의 창업자인 빌 게이츠와 페이스북(現 메타)의 창업자인 마크 저커버그가 하버드에서 얻은 것도 다름 아닌 인맥이었습니다. 이처럼 성공적인 인생을 살기 위해서는 그에 걸맞은 인간관계를 갖는 것이 중요합니다.

인간관계는 불로 미래 소득의 역할을 하기 때문입니다. 불로 미래 소득이라니 생소하실 것입니다. 제가 의미 있는 메시지를 전하기 위해 만든 단어이기 때문이죠. 이 '불로 미래 소득'이라는 단어를 보면 어떤 생각이 드시나요? 듣기만 해도 설레는 단어 아닌가요? 제가 만들어 낸 단어이기 때문에 뜻을 확실하게 정의하도록 하겠습니다. 불로 미래 소득은 '일하지 않아도 들어오는 미래의 소득'이라는 뜻을 가지고 있습니다. 그런데 저는 위에서 인간관계가 불로 미래 소득의 역할을 한다고 말한 바에 있습니다. 왜 그런 말을 했을까요? 인맥은 경제적이지 않은 이익을 주는 경우가 대부분이지만 경제적으로도 도움을 주기 때문입니다. 물론 직접 돈을 빌려주거나 한다는 것은 아닙니다. 비전을 향해 나아갈 때, 사업을 진행할 때 성장할 수 있게 도와주고, 다른 사람을 연결해 주는 행위들을 해 줌으로써 경제적 이익을 극대화해 주는 역할을 한다는 말입니다.

이것은 이론이 아닙니다. 제 주변에서도 이런 일이 일어나고 있기에 확신할 수 있습니다.

간단한 사례를 말씀드리자면 최근 〈허밍마마〉라는 베이커리를 운영하시는 제과제빵 명장 안정은 대표님을 만나게 되었습니다. 대표님은 전국으로 매장을 확장하실 생각은 있으시지만, 매장을 운영할 만한, 비전적이고 기본이 되어 있는 인재를 찾을 수 없었기에 매장 확장이라는 목표는 잠시 보류하신 상태였습니다. 그런데 비전 멘토이신 저희 아빠를 만나시고 다시 전국 매장 확장이라는 목표 엔진에 시동을 걸고 계십니다. 아빠의 주변에는 비전 멘토링을 받고 있는 청년들과 청소년들이 있기 때문입니다. 우연의 일치인지 허밍마마 대표님을 만나고 얼마 지나지 않은 비전 멘토링 모임 때 윤서라는 친구가 자신의 비전이 '세계 탑

프랜차이즈 카페 CEO가 되는 것'이라고 선포했습니다. 그 선포를 들으신 아빠는 허밍마마 대표님과의 미팅에서 윤서라는 친구의 존재를 알려주셨습니다. 아직 만남은 성사되지 않았지만, 용인시에 사는 제과제빵 명장과 천안시에 사는 태권 소녀가 서로의 존재를 알게 된 것은 놀라운 일입니다. 앞으로는 만남도 이루어져 서로의 비전 실현에 도움이 되는 인적 자원이 되어 더 놀라운 일들이 일어날 것입니다.

하지만 모든 사람에게, 모든 인간관계가 불로 미래 소득이 되는 것은 아닙니다. 비전이 있고 자신이 누구인지 명확한 정체성을 소유하고 있는 사람에게만 인간관계가 불로 미래 소득이 되어 줄 것입니다. '운 = 준비 + 기회'라는 공식이 있습니다. 즉 운이 좋은 사람은 잘 준비된 사람이라고 할 수 있습니다. 사람들은 "저 사람 운이 좋았네."라고 말하지만 정작 준비를 잘하지 못한 자신을 합리화하는 말인 것이죠.

또한 불로 미래 소득이 될 인맥을 얻기 위해서는 꼭 갖추야 할 마인드가 있습니다. 그것은 바로 '내가 먼저 남의 불로 미래 소득이 되어 주겠다!'라는 마인드입니다. 마태복음 7장 12절에는 이런 말씀이 있습니다.

"그러므로 무엇이든지 남에게 대접을 받고자 하는 대로 너희도 남을 대접하라 이것이 율법이요 선지자니라"

마 7:12

먼저 다른 사람의 다이아몬드 인맥이 되어 불로 미래 소득을 만들어 주겠다고 생각하며 살아간다면 자신에게도 다이아몬드 인맥이 생길 수

밖에 없을 것입니다. 위의 말씀을 자주 강조할 텐데, 그 이유는 이 말씀이 하나님께서 주신 인생, 인간관계 성공 법칙이기 때문입니다. 진리의 말씀을 기억하며 불로 미래 소득을 얻는 기쁨을 누리시길 축복합니다.

관계를 이루는 시간 60년
관계를 망가트리는 시간 60초

하니

　제가 투자나 인생에 있어서 존경하는 롤 모델이 있는데요. 바로 세계 최고의 투자가이자 오마하의 현인이라고 불리는 워런 버핏입니다. 저는 2022년 한 해 동안 금융과 투자에 대해 울트라 러닝을 하였습니다. 그 과정에서 많은 투자가들의 책을 읽고 강의 영상도 찾아봤습니다. 그러다 보니 투자에 대한 인사이트도 얻었지만, 근본적인 부의 원리와 덤으로 인생의 원리들까지 알 수 있었습니다.

　그렇게 열심히 금융 공부를 하던 중, 굉장한 깨달음을 주는 워런 버핏의 명언을 발견하게 되었습니다. "평판을 쌓는 데는 20년이 걸리지만 망가지는 데 5분밖에 안 걸린다."라는 말이었습니다. 그때 저는 투자자의 관점으로 해석했기 때문에 '부를 이루는 데 걸리는 시간 60년, 부를 망가트리는 시간 60초'로 재정의했습니다. 부를 이루는 시간을 60년으로 바꾼 이유는 워런 버핏이 자신의 부의 99%는 60세 이후에 얻은 것이라고 말했기 때문입니다. 60년이라는 긴 시간 동안 인내했기 때문에 세계적인 부를 얻을 수 있었다는 것이죠. 얻는 것은 힘들다고 했지만, 잃는 것은 너무나 쉽습니다. 잘못된 판단을 하면 60초 안에도 부를 망가트릴 수 있기 때문이죠.

저는 짧지만 긴 16년의 인생을 살아오며 인간관계도 똑같다는 것을 깨닫게 되었습니다. 한 사람과 끈끈한 인간관계를 가지려면 워런 버핏이 60년 동안 인내한 것처럼 많은 노력과 인내심이 필요합니다. 그러나 비극적인 소식은 그렇게 끈끈한 인간관계를 맺었어도 그 관계를 망가트리는 것은 60초도 채 되지 않는 시간에 가능하다는 것입니다. 왜냐하면 사람은 열 번 잘해 주다가도 한 번이라도 잘해 주지 않으면 실망하는 특성이 있기 때문입니다. 그렇기 때문에 인간관계가 이 세상에서 가장 힘들다는 말이 있는 것 같습니다.

세상에서 가장 어려운 인간관계 문제를 잘 해결하기 위해 가장 중요한 것은 충동적인 감정을 통제하는 것입니다. 하지만 이 사실은 전 국민을 넘어 전 세계 사람들이 아는 사실입니다. 중요한 것은 '어떻게 감정을 통제할 것인가?'입니다. 감정 통제 마스터 패키지 같은 것이 있으면 100만 원을 들여서라도 사겠지만 아쉽게도 그런 것은 이 세상에 존재하지 않습니다. 즉 완벽히 감정을 통제할 수 있는 것은 인간으로서 불가능하다는 것이죠. 인간의 몸으로 오신 예수님이라면 모르겠지만요. 하지만 확실히 개선은 할 수 있습니다.

이렇게 확신할 수 있는 이유는, 충동적 행동의 대명사였던 제가 변화했기 때문입니다. 많은 충동적인 행동을 했지만, 아직도 기억에 남는 충동적인 행동들이 있는데, 간단히 말해 보자면 형과 싸우다가 형에게 오렌지 주스를 부어서 손님들의 신발에 피해를 입힌 적도 있고, 김치 통에 있던 김치를 날려 집안을 엉망으로 만든 적도 있습니다. 이렇게 남다른 충동적 행동 스펙(?)을 자랑하는 저는 가끔 현자라고 불릴 정도로 충동적인 감정을 잘 통제할 수 있게 되었습니다. 그렇기에 감정을 통제하기 위해 제가 사용했던 방법을 공유하고자 합니다.

제가 사용한 충동적 감정 통제 방법은 많은 사람이 알고 있는 관점의 전환입니다. 서울대 심리학과 교수님이신 최인철 교수님의 책《프레임》에 따르면 '프레임을 리프레임 하는 것'이라고 할 수 있지요. 많은 사람들이 관점의 전환이 중요하다는 것은 알지만 어떠한 관점을 가져야 하는지에 대해서는 감을 잘 잡지 못하는 것 같습니다. 저는 크게 3가지 관점을 가지고 인간관계를 맺었습니다.

첫 번째 관점은 '당연한 것? 감사한 것!'이라는 관점입니다.
가장 기본적이고 중요한 인간관계인 가족을 예로 들어 말하겠습니다. 많은 사람들이 가족이라는 것은 당연히 있는 것으로 여깁니다. 어떤 사람들은 평생 가족이 없는 것이 한(恨)인데 말이죠. 가족은 하나님이 만드신 가장 작지만 가장 큰 세상입니다. 하나님의 선물과 같은 가족 관계가 나빠지는 것은 환경 파괴로 인한 지구온난화와 다를 바가 없습니다. 지구온난화에 관심을 갖는 것도 중요하지만 가족이라는 세상의 환경 파괴에도 관심을 가져야 한다는 것입니다. 대부분의 인간은 미련하게 가족이 세상을 떠나면 그 소중함을 알게 됩니다. 그리고 너무 늦게 알았다는 사실에 눈물을 흘리죠. 하지만 당연한 것이 아닌 감사한 것이라는 관점을 가지게 된다면 그런 눈물은 흘리지 않을 것입니다.

두 번째 관점은 '모든 인간은 하나님의 형상'이라는 관점입니다.
창세기 1장 27절에는 "하나님이 자기 형상 곧 하나님의 형상대로 사람을 창조하시되 남자와 여자를 창조하시고"라는 말씀이 있습니다. 말씀을 보면 하나님은 하나님의 형상대로 사람을 창조하셨다고 기록되어 있습니다. 즉 모든 인간은 한 사람 한 사람이 모두 하나님의 형상을 가진 귀한 존재라는 것입니다. 이런 관점을 가지게 된다면 가족은 물론이며 이 세상에 있는 모든 사람에게 함부로 대할 수 없어집니다. 하나님께 함부로 대할 수 있는 사람은 없는 것처럼 하나님의 형상인 사람에게도 함부로 대할 수 없어지는 것입니다.

마지막 세 번째 관점은 '지금의 모습이 아닌 비전적 모습으로'라는 관점입니다.

많은 사람들이 어떤 사람을 판단할 때 지금의 모습을 보고 판단합니다. 시각을 통해 정보를 받아들이기 때문에 어찌 보면 당연하지만, 남들과 다른 사람이 되려면 당연한 것을 받아들이는 것보다 새로운 것을 시도하는 것이 좋습니다. 그 새로운 것은 어떤 사람을 판단하거나 바라볼 때 지금의 모습이 아닌 그 사람의 비전적인 모습으로 바라보는 관점입니다. 예를 들어 형이 저에게 장난을 칠 때 '나에게 장난치는 형'이 아닌 형의 비전적 모습인 '하나님을 사랑하는, 믿음 좋고 온전한 세계 최고의 CEO'로 바라보는 것이죠.

이렇게 3가지 관점을 모두 장착하게 된다면 오마하의 현인인 워런 버핏처럼 각자의 지역에서 현인 또는 현자로 소문날 정도로 충동적인 감정을 잘 통제할 수 있게 될 것입니다. 물론 이 3가지 관점을 알게 되었다고 모두 자신에게 적용되는 것은 아닙니다. 제가 항상 하는 말이 있는데요, 우리는 이 말을 기억해야 합니다.

"노력이 전부는 아니지만, 노력이 없으면 전부도 없다."

어떻게 원수를 사랑할까?

하니

마태복음 5장 44절에 "나는 너희에게 이르노니 너희 원수를 사랑하며 너희를 박해하는 자를 위하여 기도하라"라는 유명한 말씀이 있습니다. 이 구절은 모르더라도 원수를 사랑하라는 말은 한 번쯤 들어 보셨으리라 생각합니다. 하지만 원수를 사랑하라는 말씀은 지키기 가장 어려운 말씀으로 여겨지고 있습니다.

원수를 사랑하는 것은 둘째 치고, 원수처럼 지내는 형제들도 많은 것이 사실입니다. 제 주변에도 서로를 원수처럼 생각하는 형제가 적지 않게 보입니다. 지금의 저는 이런 말을 하지만 저도 어릴 때는 형을 원수처럼 생각한 적이 있었습니다. 하지만 많은 경험을 하고 사랑에 대해 깨달은 후에는 서로를 사랑하는 형제가 되었습니다. 중고등학생 형제 둘이 서로를 사랑한다니 어쩌면 당연한 것이지만 익숙하지 않을 것입니다.

하나님의 관점에서는 형제는 물론이며 원수까지 사랑을 해야 합니다. 그런데 대부분의 사람은 자기 형제도 사랑하지 못합니다. 자기 형제도 사랑하지 못하는데 원수는 어떻게 사랑할까요? 사랑에 대한 관점의 전환을 하지 않으면 절대로 원수를 사랑할 수 없을 것입니다. 그래서 제가 형을 사랑할 수 있게 만든 관점을 하나 나누고자 합니다.

그 관점을 제시하기 전에 이 관점이 나오게 된 계기를 알려 드리고자 합니다. 때는 2022년 어느 날이었습니다. 이모부가 집 주변에 가게를 오픈하셨는데 아르바이트생이 구해지지 않아 도움을 드리고 있었습니다. 손님이 많아서 힘들기는 했지만 아무 탈 없이 순조롭게 일을 하고 있었는데, 갑자기 포스가 엄청난 두 남자 손님이 오셨습니다. 흔히 말하는 '진상손님'이었습니다. 계속해서 불편하게 했지만 손님이기 때문에 어쩔 수 없이 친절히 대응했습니다. 그렇게 인생에서 가장 길게 느껴진 시간을 보내고 집에 돌아와서 1H4B 비저너리 저널을 작성했습니다. 1H4B 비저너리 저널은 샬롬 김 박사님이 만드신 1H4B(Being, Having, Belonging, Becoming, Behaving)라는 개념을 저희 형제가 저널에 응용해 하루를 피드백할 수 있게 만든 것입니다. 1H4B 비저너리 저널을 쓰다 보니 그 진상손님은 원수가 아니라 원수를 사랑하는 방법에 대해 깨닫게 해 주신 선생님과 같은 존재라는 것을 알게 되었습니다.

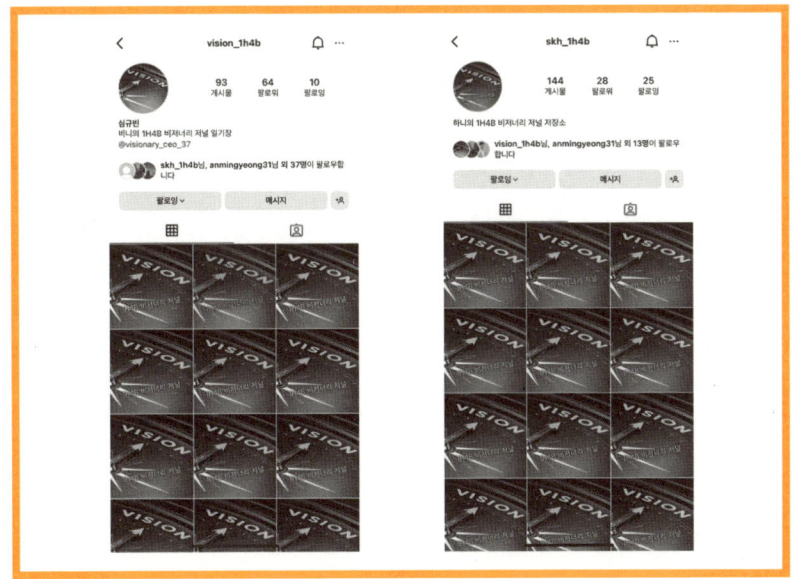

비니하니의 비저너리 저널

저널을 쓰며 저는 절대로 그 손님을 감정적으로 사랑할 수 없다는 것을 깨달았습니다. 그래서 저는 계속해서 이렇게 자문했습니다. '그 손님 같이 원수 같은 사람을 어떻게 사랑할 수 있을까?' 이 생각에 생각을 거듭한 끝에 얻은 답은 사랑에 대한 고정관념을 깨야 한다는 것이었습니다. 저는 그때까지 사랑은 꼭 감정이어야 한다는 생각에 사로잡혀 있었습니다. 하지만 사랑은 감정이 전부가 아니었습니다. 사랑은 행동으로도 표현을 할 수 있었고, 심지어 감정은 사랑이 아니더라도 행동은 사랑으로 할 수 있다는 것을 깨달았습니다. 저는 이러한 관점을 얻은 이후부터 형을 포함해 만나는 모든 사람, 원수 같은 사람들까지도 사랑할 수 있게 되었습니다.

하나님은 감정까지도 사랑하실 수 있으시지만, 인간은 원수를 감정적으로 사랑한다는 것이 불가능에 가까운 것 같습니다. 하지만 행동적 사랑은 어떤 사람이라도 충분히 할 수 있습니다.

요한일서 3장 18절에도 이런 말씀이 있죠.

"자녀들아 우리가 말과 혀로만 사랑하지 말고 행함과 진실함으로 하자"

요일 3:18

이처럼 행함과 진실함으로 사랑을 하다 보면 감정적으로도 사랑할 수 있는 경지에 도달할 수 있을지도 모르겠습니다. 하나 확실한 것은 행동적 사랑만 실천해도 인간관계에 있어서 크나큰 변화를 느낄 수 있다는 것입니다.

고린도전서 13장에 따르면 사랑은 아래와 같은 '행동'으로 이루어져 있다고 합니다.

- 오래 참음
- 온유함
- 시기하지 않음
- 겸손함
- 교만하지 않음
- 무례하지 않음
- 자기 유익을 구하지 않음
- 성내지 않음
- 악한 생각 하지 않음
- 불의를 기뻐하지 않음
- 진리를 함께 기뻐함
- 모든 것을 참고, 믿고, 바라며 견딤

이들은 모두 성공적인 삶, 성공적인 경영의 기본적인 요소들입니다.

결국 진정한 사랑의 실천으로 인하여 얻는 삶의 변화는 위와 같은 엄청난 은사들을 삶에 장착하게 되는 것이라고 할 수 있죠.

그럼에도 우리는 여전히 행동적 사랑마저 실천하기 힘든 연약한 존재입니다. 사랑의 초석은 이타적인 마음인데, 에덴동산에서의 역사적 사건을 보면 인간 죄의 시작은 자기중심성에서 비롯되었기 때문이고, 그 DNA가 여전히 내 안에 꿈틀꿈틀하고 있기 때문입니다. 그 연약함마저 미리 아시고 하나님께서 독생자 예수님을 이 땅에 보내 주셨고, 예수님께서는 십자가에 달려 피 흘려 죽으시고 부활하심으로 우리의 죄를 대속해 주시는 궁극의 이타심을 우리에게 보여 주셨습니다. 그 은혜와 사랑을 알기에 그나마 삶에서 행동적 사랑을 시도하는 저희 형제가 될 수 있지 않았나 생각해 봅니다.

 이 글을 읽는 순간에도 여전히 힘들겠지만 행동적 사랑을 실천해 보고, 그래도 힘들다면 십자가 사랑과 은혜를 생각하며 원수 같은(?) 형제를 사랑하고 더 나아가 원수까지 사랑할 수 있는 진정한 사랑의 실천으로 하나님께서 주시는 엄청난 은사들과 삶의 변화를 맞이하는 우리 모두가 되기를 소망합니다.

형제 관계 성공 공식

하니

십몇 년 전 대한민국에서 100년에 한 번 생길까 말까 하는 미스터리한 사건이 일어났습니다. 그 사건은 바로 '도둑 전도 사건'인데요. 그 사건의 내용은 이러합니다.

남양주에 사는 평범하지만 비범한 젊은 전도사가 있었는데 어느 날 그 전도사의 어린 아들이 넘어져 얼굴을 다치게 됩니다. 그래서 병원에서 치료하고 집에 돌아왔는데 집 문이 열려 있었고, 들어가 보니 집이 엉망진창이 되어 있었습니다. 또한 10개월 할부로 결제한 노트북이 사라져 있었습니다. 집에 도둑이 든 것이었죠. 전도사는 112에 신고했고, 얼마 되지 않아 형사들이 와서 경위서를 작성하도록 했습니다. 그 과정에서 한 형사는 이런 사건은 빠르게 장물을 처리하기 때문에 찾기 힘들다고 말했지만, 전도사는 꼭 찾을 것이라고 말했습니다. 다소 현실적이지 않았지만 꼭 찾겠다고 말한 데에는 이유가 있었습니다. 인간의 관점이 아니라 하나님의 관점에서 '왜 도둑을 가난한 전도사의 집에 보내셨을까?'라는 질문을 했기 때문입니다. 카메룬에는 '질문하는 자는 답을 피할 수 없다.'라는 격언이 있는데요. 그 전도사도 답을 피할 수 없었지만, 그 답은 노트북을 찾는 것보다 현실적이지 않았습니다. 도둑을 전도하는 것이었기 때문이죠. 현실과는 거리가 상당히 멀었지만 믿음이 좋은 전도사는 도둑은 범죄 현장에 다시 방문한다는 추리 소설에 나오는 말을 떠올려 도둑에게 편지를 쓰기 시작합니다. 다음은 편지의 내용입니다.

"주의 이름으로 사랑하는 도둑님. 우리 집에는 이제 가져갈 것이 아무것도 없습니다. 다만 무엇을 드릴 수 있을까 생각하던 중, 유일하게 우리 집에서 드릴 수 있는 새 성경책 한 권이 있어 두고 가니, 꼭 가져가셔서 읽고, 예수 믿고 구원받으세요."

그다음 날부터 편지와 성경책을 현관문 앞에 두고 문을 잠그지 않고 외출했다고 하는데요. 결과는 어땠을까요? 도둑님이 현장을 다시 방문하는 일은 없었다고 합니다. 그런데 한 달 후 기적적으로 노트북을 찾았고, 도둑님의 여동생이 찾아와 탄원서를 써 주기를 부탁해서 출소 후에 오라버니 손을 잡고 교회에 다닐 것을 권면하며 정성으로 탄원서를 작성했다고 합니다. 그리고 1년 후 오라버니와 함께 교회에 갔다는 연락이 오면서 100년에 한 번 일어날까 말까 하는 '도둑 전도 사건'이 마무리되었습니다.

읽으며 이미 눈치를 채신 분들도 있으시겠지만, 이 사건의 주인공인 전도사는 저희 형제의 영원한 멘토이신 아빠이십니다. 그리고 얼굴을 다쳐 병원에 간 아기는 지금 이 글을 쓰고 있는 저입니다. 이 사건은 아빠가 저희에게 말씀해 주신 스토리 중에 가장 기억에 남는 이야기입니다. 이 스토리 외에도 많은 이야기가 있지만 저는 이 스토리 속에서 형제 관계 성공 공식을 발견할 수 있었습니다.

저는 틀에 갇혀 있는 것보다는 자유분방한 사고를 추구하기 때문에 공식이라는 말을 별로 좋아하지는 않습니다만, 이번만큼은 공식이라는 말을 사용할 수밖에 없었습니다. 왜냐하면 이 공식을 대입하면 형제 관계는 물론이며 인간관계에서 성공할 수 있기 때문이죠. 그 공식은 다음과 같습니다. '받은 것이 선행이라면 받은 것보다 많이 돌려주고, 받은 것이 악행이라면 받은 것보다 적게 돌려준다.' 이 공식은 세상이 변한다고 낡는 것도 아니며, 변수에 따라 값이 달라지는 것도 아닙니다. 그렇기 때문에 이 공식을 사용하기만 한다면 형제 관계에서 성공할 수 있을 것입니다. 하지만 원수와도 같은 형제에게 이 공식을 알았다고 바로 실천하기는 어려울 것입니다. 결국은 내가 아닌 형제에게 이득이 되는 행동이라고 느껴지기 때문입니다. 하지만 성공한 사람들은 이런 행동이 결국에는 자신에게 이득이 된다는 것을 알고 있습니다.

형이 블로그에 썼던 글 제목 중에 'Sharing, Pairing'이라는 제목이 있었습니다. 한국어로 직역해 보자면 '나누면, 연결된다.' 정도로 번역할 수 있습니다. 많은 사람이 나누는 것을 남에게 나의 것을 빼앗긴다고 생각합니다. 그리고 나누는 것이 자신의 이득과는 전혀 상관이 없다고 생각하며, 오히려 자신에 손해가 된다고 생각하는 사람도 있습니다. 그런데 정작 성공한 부자들은 나누라고 말합니다. 그들이 성공했기에 그런 말을 할 수 있는 것일까요? 세계에서 인정받는 성과 코치이자 자기계발 트레이너, 베스트셀러 작가인 브렌든 버처드는 그의 저서 《백만장자 메신저》를 통해 "경쟁이 치열할수록 더 많이 공유하라."라는 메시지를 전했습니다. 다른 사람들이 성공하지 못하도록 이런 메시지를 전한 것은 아니라고 생각됩니다. 저는 위의 메시지를 조금 다르게 바꿔 "사이가 안 좋을수록 더 많이 나눠라."라는 메시지를 전하고 싶습니다. 나누면 인간관계, 도구, 자원들이 연결되고, 그것을 저희가 경험했기 때문입니다.

 가장 대표적인 예로는 식사 자리에서의 나눔, 양보 또는 배려를 통해 인적, 물적 자원들이 활성화되는 것을 체험했습니다. 어릴 때부터 섬기는 모습을 많이 보며 자라 와서 친구들, 아이들과 식사할 때면 형과 제가 결제를 하는 경우가 많은데 이를 통해 많은 좋은 분들과 연결이 되었고, 식사할 때 많은 사람들이 좋아하는 닭다리 같은 음식을 양보하거나, 마지막으로 남은 음식을 먹지 않는다거나, 과일을 깎았을 때 끝부분부터 먹는 등 양보하고, 배려한 것을 통해 많은 자원이 활성화되는 것을 경험했습니다. 그렇기에 '받은 것이 선행이라면 더 많이 돌려주고, 악행이라면 더 적게 돌려주라.' '사이가 안 좋을수록 더 많이 나눠라.'라는 메시지를 전하는 것입니다.

 성공의 법칙들은 대부분 모두가 알고 있습니다. 하지만 성공한 사람이 소수인 이유는 그 법칙을 꾸준히 실행한 사람이 소수이기 때문입니다. 언제나 본질적인 메시지는 쉽지만 실행하기가 어렵습니다. 하지만 고진감래라는 말이 있듯이 그 어려움을 한 번이라도 이겨 낸다면 성취감을 경험할 것이고 그 성취감이 또 한 번의 시도와 도전으로 이어져 또 한 번의 성취를 가져다주는 선순환이 일어날 것입니다.

 공자는 이런 말을 한 적이 있습니다. "자신에게는 엄격하고, 남에게는 관대한 자세를 가져라." 또한 공자보다 훨씬 위대하신 예수님께도 마태복음 7장 12절을 통해 이렇게 말씀하십니다.

"그러므로 무엇이든지 남에게 대접을 받고자 하는 대로 너희도 남을 대접하라 이것이 율법이요 선지자니라"

마 7:12

쉽지 않겠지만 많은 지혜를 담고 있는 공자의 명언과 진리이자 황금률로 통하는 예수님의 말씀을 기억하며 성취의 선순환 구조를 장착하고, 형제 관계에서의 성공을 이루는 여러분이 되시길 축복합니다.

함께할 때 수천만 배 강해지는 형제

비니

"얘랑 뭔가를 같이 하면 잘하던 것도 안 되는 것 같아요!"

저희가 보게 되는 일반적인 형제의 모습입니다. 물론 그렇지 않은 사람들도 있겠지만, 사촌 동생들, 동네 아이들과 놀아 주다 보면 이러한 피드백과 멘트를 어렵지 않게 들을 수 있습니다.

이 글을 읽고 계시는 여러분, 특별히 형제가 있으신 분들께 이런 질문을 해 보고 싶습니다.
여러분은 여러분의 형제가 자기 능력의 플러스가 되어 준다고 생각하시나요? 아니면 마이너스 요소라고 생각하시나요?

저는 형제가 저의 능력의 플러스 요소도 아니고, 마이너스 요소도 아니라고 생각합니다.
저에게 형제는 제 능력을 수십 배, 수백 배 제곱을 가해 주는 곱하기 요소입니다.

형제만큼 최고의 파트너는 없습니다. 왜냐하면 형제는 원하든, 원하지 않든 서로서로 너무나도 잘 알고 있기 때문이죠.

아빠의 멘토링과 환경설정 덕분에 저희 형제는 함께하고 협동할 만한 일들이 매우 많았는데요, 특히 아빠와 매주 주일 저녁에 플레이스테이션(콘솔)으로 축구게임을 할 때는 항상 저희 형제가 팀을 이루어 아빠께 대항(?)하고 있습니다.

하지만 아빠께서는 십수 년의 플레이스테이션 경력이 있으시기에 초기에 저희 형제는 패배를 거듭하며 좌절하고 있었습니다. 그 연패의 시절에 저희 형제는 항상 서로를 탓하고 공격 전개 시 너무 신중하기만 한 동생에 대한 원망, 수비할 때 요상한 짓들을 벌이는 형에 대해 비판만 하고 있었죠.

그 모습을 가만히 지켜보시던 아빠께서는 하루는 게임을 도중에 멈추시고 형제 멘토링의 시간을 만들어 저희 형제를 일깨워 주셨습니다. 그 시간 이후로 저희 형제는 서로의 플레이스타일의 중간 지점을 잘 찾아 최고의 효율을 낼 수 있는 전술을 완성했고, 가끔 아빠를 압도하는 경기력을 보이며 즐겁게 축구게임을 즐기고 있습니다.

물론 최고 수준의 센스를 가지신 아빠께서는 한 경기 만에 저희를 간파하셔서 그 실력의 격차는 순식간에 다시 줄어들긴 하지만, 그래도 이전과 같은 짜증과 비판의 시간이 아닌 웃음과 협동의 시간을 만들며 주일 오후를 그 어느 때보다 행복하게 보내고 있습니다.

또한 저희는 실제로 축구를 하는 것을 게임만큼, 오히려 게임보다 더 좋아하는데요, 축구 경기를 할 때도 저희 둘이 팀이 된다면 그 경기는 이

겼다고 확신할 정도로 최고의 콤비를 자랑합니다.(물론 동네축구나 조기축구 수준이어서 그렇지만요.)

말하지 않아도 어디로 뛸지 알고, 특별히 신경 쓰지 않아도 어디로 패스를 줄지 알고 있기에, 저희 형제는 가히 손케듀오(잉글랜드 프리미어리그 토트넘 팀의 손흥민 선수와 해리 케인 선수)에 맞먹는(?) 엄청난 플레이를 보이죠.

그러나 함께하는 형제의 힘은 이러한 단기적인 아웃풋에 그치지 않습니다. 함께하는 형제는 장기적인 성장을 추구할 때 엄청난 힘을 발휘합니다.

저와 동생 하니는 몇 년 전부터 글을 쓰기 시작했는데요, 동생보다 제가 1년 정도 먼저 글쓰기를 시작하여 꾸준하게 지속해 왔기에 실력으로만 보면 하니와 저의 차이는 꽤 많이 나는 것처럼 보였습니다. 그러나 아빠께서는 항상 말씀하셨죠.

"수준 높은 형이 있기에 너는 더욱 크게 성장할 거야. 그리고 애초에 너는 형이 갔던 길을 2년 먼저 가고 있는 것이란다."

지극히 맞는 말씀이었습니다. 아빠는 규한이가 더욱 잠재력이 크다는 말씀을 제가 상처받을까 봐 규한이에게 몰래 말씀하셨지만, 저도 그 부분에 대해서는 어느 정도 알고 있었기에 우연찮게 이 말씀을 들었을 때도 상처받지 않을 수 있었습니다. 아니, 오히려 기뻐했죠.

내가 보고 배울 수 있는 동생이라니, 나를 보고 배운 동생이 이제는 나를 이끌어 준다니 감회가 새롭고 내심 뿌듯했던 것입니다.

또한 저는 하나님 안에서의 내 정체성과 비전, 강점과 약점들을 명확하게 파악하고 있기에 한 단계 더 나가서 생각했습니다.

'나는 상대가 강해지면 그에 맞게 더욱 강해지는 특성이 있는데, 규한이가 나를 뛰어넘는 성장을 했다는 것은 내가 또 엄청나게 성장할 수 있는 기회라고 볼 수 있네?!'

이렇게 생각하니, 저의 글쓰기 실력은 즉각적으로 성장하여 이전보다 더욱 수준 높은 모습을 보일 수 있었고, 그에 맞게 규한이도 또 한 단계 성장한 모습을 보여 주었습니다. 이러한 지속적 성장이 지금 이 책을 쓸 수 있게 만들어 준 것이라고도 생각할 수 있겠네요.

그나저나 이 모습을 가만히 묵상해 보니 떠오르는 것이 있었습니다. 바로 만화 《드래곤볼》의 주인공인 손오공과 베지터였죠. 사실 우리 세대의 만화는 아니지만, 저희는 이 만화를 부모님과 함께 보며 그 안에서 하나님의 경영 원리를 찾고, 배우는 시간을 가지는 하나의 '자원'으로 활용하고 있습니다.

그런 관점으로 손오공과 베지터라는 두 사람을 보았을 때, 이 두 명은 서로 엄청난 경쟁의식을 가지고 있는 라이벌이지만 둘도 없는 친구이자 최고의 파트너라는 점을 알 수 있었습니다. 한 명이 성장하면 그에 따라 다른 한 명도 성장하고, 다른 한 명이 역전하면 또 다른 사람이 함께 성장하는 선순환 구조를 만들며 엄청나게 강해지고 있죠.

형제는 바로 이러한 존재라고 생각합니다. 서로가 서로에게 동기를 부여해 줄 수 있고, 한 명이 성장하면 다른 사람도 따라 성장해서 결국 수천만 배 강해지는, 그러한 존재입니다.

둘도 없는 친구이자 최고의 파트너 형제

형제가 나의 마이너스 요소가 아니라 플러스 요소라는, 곱하기 요소라는 관점의 전환을 실행할 때, 우리의 태도와 행동, 말투가 바뀝니다. 그리고 그러한 변화는 형제가 함께할 수 있게 만들고, 그 함께하는 관계성 속에서 형제는 수천만 배 강해지는 것이죠.

저희 형제의 실패와 시행착오, 성취와 성공을 발판으로 탄생한 이 원리를 통해 많은 분들이 '함께할 때 수천만 배 강해지는 형제의 관계성'을 온전히 이루어 가길 소망합니다.

하나님을 진정으로 사랑하는 삶

비니, 하니

많은 크리스천들은 이런 고민을 합니다.

'어떻게 하면 진정으로 사랑하는 삶을 살 수 있을까?'
'어떤 삶이 정말 영적인 삶일까?'

하지만 이런 질문들에도 불구하고, 그들 대부분은 명확한 답을 찾지 못합니다.
그 이유는 무엇일까요?

그 이유에 대해 조심스럽게 통찰해 보자면, 대부분 크리스천들은 '하나님'이라는 단어에 상당히 고착된 모습을 보이기 때문에 그 프레임에 갇혀서 윤형 방황하고 답을 찾지 못하는 삶을 살아간다고 생각합니다.

하나님을 진정으로 사랑하는 삶, 진정 영적인 삶이란 예배, 기도, 찬양이라는 형식에 집착하는 것이 아닌, 명확한 비전과 정체성을 가지고, 매일 주어지는 시간 속에서 작지만 큰 행동을 취하며 열매 맺는 삶을 살아내는 것입니다. 분당우리교회 이찬수 담임목사님의 저서 《아는 것보다 사는 것이 중요하다》의 핵심도 이러한 내용이지요. 일주일이라는 시간 중 100분의 1도 안 되는 시간에만 하나님께 예배하고, 찬양하고, 기도

드린 후 다시 일상으로 돌아가서 리셋되는 삶은 진정으로 하나님을 사랑하는 삶이라고 말할 수 없는 것입니다.

예배를 드릴 때는 깨달음을 얻지만, 현실로 돌아오면 말씀과 전혀 다른 행동을 하는 것이 가장 드러나는 곳이 바로 인간관계와 가족 관계, 형제 관계입니다. 요한일서 4장 20절에는 이러한 말씀이 나옵니다.

"누구든지 하나님을 사랑하지 아니하면 자기 형제를 사랑할 수 없나니 이것이 우리가 하나님으로부터 받은 계명이니라."

요일 4:20

그런데 이 말씀을 역설적으로 생각해 보면 충격적인 결론이 나옵니다. '자기 형제를 사랑하지 않는 삶은 하나님을 사랑하지 않는 삶과 같다.' 라는 것이죠.

결국 하나님을 진정으로 사랑하는 삶, 진정 영적인 삶은 형제를 사랑하는 것, 그리고 더 나아가 부모님을 공경하는 것에서부터 시작됩니다. 하나님께서 주신 가장 기본적인 공동체, 가장 작은 단위의 천국인 가정에서 먼저 성령의 열매를 맺어 가야 하는 것입니다.

저희가 서로 사랑하지 않았다면, 그리고 부모님을 공경하지 않았다면 부모님의 멘토링을 받을 수 없었을 것이고, 명확한 비전과 정체성을 가지고 살아가며 인생 로드맵을 기획하고 매일 비저너리 저널을 통해 영적으로 삶을 피드백하는 지금의 모습은 없었을 것입니다.

다시 한번 다짐해 봅니다. 진정으로 하나님 안에서 성공하는 삶, 하나님을 진정으로 사랑하며 예배드리는 삶의 시작점은 형제를 사랑하고, 부모님을 공경하는 것임을…….

아울러 이 글을 읽는 모든 분들이 지금까지 소홀했다면 소홀했던 가족과의 관계, 형제간의 관계를 회복하시고, 그들을 진정 사랑함으로써 하나님을 진정으로 사랑하는 삶, 가치를 같이 창조하는 삶까지 살아 내시길 원하고, 바라고, 기도합니다.

초격차 인性.지性.영性
<실천과 사색, 토론을 위한 질문>

1. 현재 나의 인간관계는 어떤 상태인가? 관계를 개선하기 위해 실천할 수 있는 단 한 가지 일은 무엇인가?

2. 내 주변에는 천 명보다 강한 한 사람이 있는가? 없다면 나는 누군가에게 천 명보다 강한 한 사람이 되어 주고 있는가?

3. 불로 미래 소득을 얻어 후천적 다이아몬드 수저가 되기 위해 내가 타인에게 제공할 수 있는 가치는 무엇인가?

4. 오랜 시간 동안 공들여 쌓은 인간관계라는 탑을 한순간에 무너뜨리지 않기 위해서는 어떤 관점을 가져야 할까?

5. 원수를 사랑할 자신이 있는가? 삶 속에서 어떻게 행동적 사랑을 실천할 수 있을까?

6. 일주일이라는 시간 중 100분의 1도 안 되는 시간 동안만 예배드리는 인생에서 100분의 100, 즉 삶 자체가 예배가 되는 인생으로 변화하기 위해서는 무엇에 초점을 맞춰야 하는가?

2장

오해하는 형제?
이해하는 형제!

닫힌 이해의 마음을 여는 비밀 열쇠

비니, 하니

대부분 사람들의 이해하는 마음은 굳게 닫혀 있습니다. 인간의 본성은 자기중심적 사고를 하게 만들기 때문이죠. 그래서 이해하지 못하고 오해하며, 다름을 인정하기보다는 틀렸다는 것을 강조하는 사회적 분위기가 조성되었습니다. 창의적인 생각과 의견을 편견으로 치부해 버리거나 비판적 사고에서 끝나지 않고 그 비판을 밖으로 드러내는 사람들이 많아지고 있는 것이 현실이죠.

이렇게 굳게 닫힌 이해의 마음, 시원하게 열어젖힐 방법은 없을까요? 분명히 있습니다. 저희가 아주 생생하게 그 이해의 마음이 열리는 경험을 했기 때문입니다.

몇 년 전까지 저희 형제는 서로 다름을 인정하지 못하고 '이게 왜 안 되지?'라는 마음을 계속 품고 살았었습니다. 또한 형제라는 관계성을 너무나도 당연하게 생각했기에 더욱 감사하지 못했었죠.

하지만 부모님의 멘토링을 통해, 그리고 〈비전 멘토링〉을 통해 굳게 닫힌 이해의 마음을 여는 두 가지 비밀 열쇠를 찾아내었고, 서로 이해하고 합력하며 선을 이루는 동역자의 관계로 발전하게 되었습니다.

그 두 가지 비밀 열쇠는 이러합니다.

1. 하나님의 형상성
2. 유니크한 비저너리

지금부터 이 두 가지가 왜 닫힌 이해의 마음을 여는 비밀 열쇠인지, 그 이유를 말씀드리겠습니다.

먼저 첫 번째 비밀 열쇠, '하나님의 형상성'입니다.
우리는 모두 하나님의 형상대로 지어진 존재입니다. 창세기 1장 27절에도 이러한 말씀이 나오죠.

"하나님이 자기 형상 곧 하나님의 형상대로 사람을 창조하시되 남자와 여자를 창조하시고"

창 1:27

이처럼 하나님께서는 우리를 하나님의 형상대로 창조하셨고, 그렇기에 우리 인간 모두는 하나님의 형상입니다. 그런데 우리가 하나님의 형상을 함부로 대한다면, 이해하지 못하고 사랑하지 않는다면 그것은 하나님을 함부로 대하며 이해하지 못하고 사랑하지 않는 것과 다름이 없습니다. 그러므로 하나님의 형상성을 인식하고, 나의 형제와 가족이 하나님의 형상이라는 것을 See the Unseen 할 수 있다면 그들을 이해하지 않을 수 없고, 사랑하지 않을 수 없다는 것입니다.

저희는 이 부분을 아빠의 멘토링을 통해서 깨닫게 되었는데요, 이 진리를 깨닫게 되자 서로에게 더욱 사랑과 배려, 이해의 언행을 하게 되었고, 이러한 인식의 개선은 관계의 개선을 낳게 되었습니다.

그렇기에 이러한 순기능을 가지고 있는 '하나님의 형상성'을 이해를 위한 첫 번째 비밀 열쇠로 선정해 보았습니다.

그리고 두 번째 비밀 열쇠, 바로 '유니크한 비저너리'입니다.
우리 모두는 하나님께서 주신 각자만의 '유니크한' 비전을 받은 존재들입니다. 그렇기 때문에 하나님께서는 개개인에게 모두 각기 다른 은사, 기질, 자원들을 선물해 주셨고, 이러한 유니크함으로 인해서 각각의 사람은 모두 차이가 나게 됩니다. 하지만 대부분의 사람은 이러한 생각을 하지 못하기 때문에 '다름'을 인정하지 못하고 '틀렸다'고 생각하게 됩니다. 그렇기에 모든 사람이 유니크한 하나님의 비저너리라는 사실을 인식하는 것은 굉장히 중요합니다. 각기 다른 것에 대해 '이해'할 수 있기 때문이죠.

저희 형제는 거의 정반대라고 할 수 있는 기질을 가지고 있었습니다. 한 명은 비전적인 기질, 한 명은 사명자적인 기질을 가지고 있었지요. 그런데 몇 년 전 저희의 모습은 서로 부족한 부분들을 이해하고 보완하며 채워 주기보다는 상대를 가르치고 내 방향으로 드라이브하려는 모습만 가득했습니다. 그러나 이러한 부분마저도 아빠의 멘토링을 통해, 그리고 비전 멘토링을 통해 서로의 은사와 기질, 자원의 차이를 알게 되었고, 그때부터는 서로 부족한 부분들을 이해하고 보완하며 공저로 책마저 써 내려가는 최고의 파트너로 성장할 수 있게 되었습니다.

이러한 경험들을 했기에 '하나님의 형상성'과 '유니크한 비저너리'의 개념을 인식하고 삶에 적용하는 것이 닫힌 이해의 마음을 여는 비밀의 열쇠라고 저희는 확신합니다.

하지만 이는 쉽지 않을 것입니다. 기존의 인식에서 발상의 전환을 해야 하고, 또 실행까지 해야 하기 때문입니다. 분명히 어렵고 힘든 시간이겠지만, 그 시간을 이겨 낼 수만 있다면 우리의 형제는 합력하여 선을 이루는 최고의 동역자가 되어 줄 것입니다.

이 두 가지 열쇠를 통해 닫힌 이해의 마음 문을 활짝 열어젖히는 모두가 되길 소망합니다.

내 마음 속 지킬과 하이드

비니

2022년 초, 저는 동생 하니, 그리고 이영광 멘토님과 함께 〈지킬 앤 하이드〉라는 뮤지컬을 보러 갔었습니다. 이 뮤지컬 관람의 목적은 마냥 즐기면서 보는 것뿐만 아니라 뮤지컬을 보고 어떤 부분을 느꼈는지, 그리고 그 부분을 삶의 어떤 부분에 어떻게 구체적으로 적용할 것인지를 나누는 것이었죠. 그때 들었던 생각들, 나눴던 내용들이 저에게 영감을 주어서 이렇게 글로써 나누어 보고자 합니다.

일단 〈지킬 앤 하이드〉의 줄거리는 이러합니다.

유능한 의사이자 과학자인 헨리 지킬은 정신병을 앓고 있는 아버지 때문에 인간의 정신을 분리하여 정신병 환자를 치료하는 연구를 시작한다. 사람을 대상으로 임상실험에 들어가야 하는 단계에 이르렀으나, 세인트 주드 병원 이사회 의결에서 전원 반대로 무산된다. 그러나 지킬 박사는 자신의 연구에 대한 미련을 버리지 못하고 급기야 자신을 대상으로 임상실험을 진행하게 된다.
실험을 통해 지킬 박사는 자신과 정반대 성질을 지니고 무서운 범죄를 저지르는 하이드로 변신하는 데에 성공(?)하고, 이사회 의결에서 자신의 실험을 반대했던 임원들을 차례차례 죽이게 된다. 결국 계속되는 실험으로 인해 자기 약혼녀까지 죽이려는 통제할 수 없는 단계까지 이르게 되어 스스로 목숨을 끊는 비참한 최후를 맞는다.

지킬 박사는 정말 인성도 좋고 선한 사람이었습니다. 남들이 보기에 흠 하나 없을 정도로 인격적으로 완벽에 가까운 사람이었지요. 그러나 그가 잘못한 것이 하나 있었습니다. 바로 신의 뜻을 거스르려 한 것입니다.

신께서는 인간에게 본질적으로 두 가지 모습을 주셨습니다. 선한 모습과 악한 모습이죠. 원래의 인간은 악함이 없는, 하나님의 형상을 따라 지음받은 선한 존재였지만 죄를 지음으로써 악한 모습이 생기게 되었다는 것은 많은 분들께서 알고 계시리라 생각됩니다. 그렇다면 신께서는 인간에게 선한 모습만 주셨고, 악한 모습은 인간이 만들어 낸 것이기에 신께서 주신 모습이 아니라고 생각하실 수도 있지만, 그 악함마저도, 죄 지음마저도 하나님의 초월적 계획 속에 있는 것이기 때문에 하나님께서는 인간에게 본질적으로 선함과 악함, 두 모습을 주셨다고 할 수 있는 것입니다.

그리고 지킬 박사는 이 둘을 분리하려 했기에 실패한 것이죠. 선함과 악함은 인간에게서 분리할 수 없는 존재들이기 때문입니다. 어느 한쪽을 키움으로써 다른 한쪽을 약화할 수는 있지만, 영원히 분리할 수는 없습니다.

하나님의 섭리, 신의 뜻을 거스르려던 지킬 박사는 결국 하이드라는 존재를 만들어 내는 끔찍한 실패를 하고 맙니다. 물론 하이드라는 존재가 '만들어진 것'처럼 표현되긴 했지만 제 생각에 하이드는 지킬 박사 안에 있던 악한 모습이지 않을까 싶습니다.

우리 마음속에도 선한 모습의 지킬 박사와 악한 모습의 하이드가 있습니다. 누구에게 힘을 주느냐에 따라서 어떤 모습이 나올지가 결정되지요. 요즘 헬스인들의 입장으로 보면 '누구에게 덤벨과 프로틴을 쥐어 줄 것인가?' 정도가 되겠습니다. 여러분은 누구에게 힘을 줄 것인가요?

대부분 사람들은 선한 모습으로 살아가고 싶을 것입니다. 그러려면 자신 안에 있는 지킬 박사에게 힘을 주고, 하이드는 집어넣어야 합니다. 그러기 위한 방법은 여러 가지가 있지만, 저는 가장 심플하고 명확한 솔루션을 제시하려고 합니다.

저와 우리 가족을 알고 있고, 블로그를 통해 제 글을 많이 보신 분들은 예상하셨겠지만, 답은 역시 명확한 비전과 정체성입니다. 하나님 안에서의 유니크한 비전, 그리고 3S정체성과 1H4B정체성이 우리에겐 필요하다는 것이죠.

이 3S정체성과 1H4B정체성에 대해서 간단히 설명하자면, 3S는 Son, Servant, Saint 즉 하나님의 자녀, 예수님을 위한 일꾼, 성령님에 의한 의인 됨의 정체성을 의미합니다. 또한 1H4B는 우리가 성경이 말하는 대로 존재(BEING)하고, 소유(HAVING)하고, 소속(BELONGING)되고, 성장(BECOMING)하고, 행동(BEHAVING)한다는 우리의 사명적 정체성을 의미합니다.

이는 샬롬 김 박사님의 비전 멘토링에 근거한 원리로, 하나님의 비저너리 모두에게 공통적으로 주어진 정체성이라고 할 수 있습니다. 우리의 가장 본질적인 존재 목적인 이 두 가지 정체성을 모르고 살아간다면,

그 삶은 허망할 수밖에 없는 것입니다.

아무튼 다시 본론으로 돌아와서, 만약 지킬 박사가 명확한 비전과 정체성을 가지고 질문하는 사람이었다면 상황은 어떻게 되었을까요? 정신을 분리하려는 시도조차 하지 않고, 도리어 정신병 환자들을 멘토링하는 비전 멘토가 되었을 것입니다. 정신을 분리하려는 시도는 하나님의 자녀로서 섭리와 진리에 어긋난 행동을 하는 것이기 때문이죠. 우리들도 똑같습니다. 명확한 비전이 있고, 정체성이 있으면 선택의 기로에서 어떻게 행동해야 할지 답이 보입니다.

'나의 비전을 위해 이 상황에서는 어떻게 반응해야 하지?'
'나의 정체성은 이건데, 그럼 나는 ~된 자로서 어떻게 행동해야 할까?'

이런 질문 정도면 충분합니다. 그리고 이 질문들은 비전과 정체성이 명확할 때 비로소 효과를 발휘합니다.

저는 가끔 운동경기를 하거나 게임을 할 때 승부욕이 과해지면 하이드가 튀어나오는 것 같습니다. 하지만 그 상황에서 제 비전과 정체성을 떠올리며 질문 몇 번만 해 보면 바로 지킬 박사를 불러올 수 있었을 것입니다. 아직 부족하지만, 명확한 비전과 정체성, 그리고 올바른 질문으로 인해 저희 형제는 하이드를 누르고 지킬 박사를 불러오는 데 점점 능숙해지고 있습니다.

몇 달 전에는 이런 일도 있었는데요, 평화로운 주일 오후, 저는 규한

이와 '함께' 교보문고에 들러 책을 사고 집에 돌아오는 길이었습니다. 그때, 아파트 엘리베이터에서 사건(?)이 생겼습니다. 두 명 다 자전거를 타고 다녀왔기에 사람이 거의 없어야지만 탈 수 있는 상황에서 사람들과 짐이 너무 많아 엘리베이터를 타지 못하고 10분 정도를 서서 기다린 것이었죠. 그 전에 사촌동생들이랑 엄청나게 뛰어놀아 줬던 상황이라 체력적으로도 힘들었고, 10분이라는 시간이 짧은 시간도 아니었기에 무심코 불평할 뻔했지만, 한 번 더 생각하고, 동생과 함께 발상의 전환을 하였습니다.

"어? 얘기하고 비전을 나누는 시간으로 쓰니까 10분이 굉장히 빨리 가네?"
"10분이라는 시간이 어찌 보면 상당히 짧은 시간이구나. 시간 관리 정말 잘해야겠네!"

또한 짜증 낼 수 있는 상황에서 비전과 연결하여 사업 아이디어로 활용할 수 있는 부분들을 눈에 불을 켜고 찾았고, 이런 성장의 기회를 주신 하나님께 감사하는 시간을 가졌습니다. 그렇게 영성으로, 심력으로 하이드를 K.O 시킨 것이죠.

작지만 강력한 저희 형제의 사례에서 볼 수 있듯이 명확한 비전과 정체성이 선택의 기로에서 지킬 박사와 하이드의 모습을 결정하는 데 가장 중요한 역할을 합니다. 그러므로 이 글을 읽으시는 모든 분들이 명확한 비전과 정체성을 바탕으로 하이드를 K.O 시킬 수 있는 최고의 파이터가 되시길 바랍니다.

이 글을 정리하는 언어유희로 마치겠습니다.

"내 안의 '하이드'를 'Hide'하고(숨기고) '지킬 박사'를 '지킬' 방법은 명확한 비전과 정체성을 찾는 것이다!"

내가 살인을 하고 있었다니?

하니

살인은 세상적인 해석으로도 굉장한 죄에 속하기 때문에 법적으로 무거운 벌을 받게 됩니다. 그런데 성경적으로, 하나님적으로 살인을 해석하면 하나님이 창조하신 가장 존귀한 피조물인 인간을 죽인 것이기 때문에 그 죄의 무게를 헤아릴 수 없으며, 살인을 한 사람은 결국 지옥에서 그 죗값을 평생 치르게 됩니다. 이렇게 큰 죄인 살인을 지금 이 책을 읽고 있는 여러분이 저지르고 있다면 믿을 수 있으신가요? 아마 믿지 못하실 것입니다. 저도 마찬가지로 얼마 전까지 살인을 저지르고 있었고 처음에는 이 사실을 받아들이기 힘들고, 또 받아들이기 싫었습니다.

'왜 내가 살인을 저지르고 있는 거지?'라는 의문이 드실 분들이 있으실 텐데요. 그 의문은 요한일서 3장 15절 말씀을 통해 해소할 수 있습니다.

"그 형제를 미워하는 자마다 살인하는 자니 살인하는 자마다 영생이 그 속에 거하지 아니하는 것을 너희가 아는 바라"

요일 3:15

이 말씀을 보면 형제를 미워하는 자는 살인하는 자라고 정의합니다. 또한 그에 덧붙여서 살인하는 자마다 영생이 그 속에 거하지 아니한다고 말씀하십니다. 즉 살인하는 자는 천국에 가서 영생을 누리지 못한다는 것입니다. 한 문장으로 정리해 보면 형제를 미워하는 자는 살인자이며 살인자는 영생을 누릴 수 없다는 말씀입니다.

저는 이 말씀을 처음 보고 충격을 받지 아니할 수 없었습니다. 가장 무거운 죄인 살인만은 절대로 저지르지 않겠다고 다짐한 제가 매일 같이 살인을 저지르고 있었기 때문입니다. 더 나아가 그런 상황에서 저는 제가 천국을 가서 영생을 누릴 수 있다고 생각하고 있었습니다. 하지만 이 말씀을 접한 후에는 형제를 미워한다면 아무리 남들 앞에서 선한 행동들을 한들 구원의 확신, 그리고 믿음과 행함의 상관관계 차원에서 천국에 가지 못한다는 것을 깨달았습니다.

이 사실을 깨닫고 저는 형제를 미워하는, 살인을 저지르지 않기로 결심했습니다. 하지만 아시다시피 형제를 미워하지 않는 것은 인간의 힘으로 불가능할 정도로 어렵습니다. 아니 확실히 인간의 힘만으로는 불가능합니다. 제가 어떤 존재인지, 무엇을 위해 이 세상에 창조되었는지도 모르는데 원수 같았던 형제를 미워하지 않는 것은 불가능했죠.

하지만 지금은 가능해졌습니다. 비전 멘토링을 통해 제가 어떤 존재인지에 대한 정체성과 왜 내가 이 세상에 이런 모습으로 창조되었는가에 대한 비전을 알게 되니 왜, 그리고 어떻게 형제를 미워하지 말아야 하는가에 대한 답도 함께 찾을 수 있었습니다.

비전 멘토링에 의하면 하나님의 비저너리인 저는 3S 정체성(Son, Servant, Saint)을 가지고 있습니다. 하나님의 자녀이자, 예수님의 일꾼,

성령님에 의한 의인으로서 존재한다는 것입니다. 이 정체성을 소유하기만 해도 형제를 미워하지 않을 이유는 명확합니다. 하나님의 자녀이기 때문에 형제를 미워하지 말고 사랑하라는 말씀에 순종해야 하며, 또한 성령님에 의한 의인의 정체성이 있기 때문에 형제와 이웃을 사랑하는 의로운 삶을 살아야 하는 것입니다. 이렇게 명확한 정체성만 있어도 형제를 미워하지 않고 사랑할 이유가 명확해 지지만 하나님이 주신 비전까지 있다면 형제를 사랑할 수밖에 없을 것입니다.

여기서 말하는 비전은 개인의 유니크한 비전을 뜻하는데 이 개인들의 실현된 비전이 모이면 하나님 나라의 비전인 유니버셜한 비전이 실현되는 것입니다. 즉 하나님 나라의 비전을 이루기 위해서는 개인의 비전이 먼저 실현이 되어야 합니다. 개인의 비전을 실현하는 것이 하나님께 영광을 돌리는 일이라고 할 수 있는 것입니다. 그리고 비전 실현의 길을 가기 위해서는 사명(mission)을 감당해야 합니다. 사명을 감당하는 것은 비전을 실현하기 위한 길을 갈 때 성취해야 하고, 해결해야 할 것들에 사력을 다하는 것을 뜻합니다. 이렇게 사명을 감당할 때 하나님은 자원을 활성화시켜 주시는데 자원은 크게 인적 자원과 물적 자원으로 구분할 수 있습니다. 그리고 이 인적 자원 중 가장 가까이 있으며, 가장 소중한 것이 형제인 것이죠. 다소 복잡할 수 있다고 생각하지만, 핵심은 하나님이 주신 비전을 안다면 형제를 사랑할 수밖에 없다는 것입니다.

정체성과 비전을 혼자서 깨닫는 것은 힘들며 어쩌면 위험할 수도 있습니다. 하지만 비전과 정체성을 모르고 살아가는 것은 사막 한가운데서 나침반 없는 모험을 하는 것보다 위험한 인생을 사는 것과 다름이 없습니다. 그렇기 때문에 비전 멘토링이 중요한 것입니다.

비전 멘토링을 받아 하나님이 주신 명확한 비전과 정체성을 찾는다면 형제를 미워하는 살인을 저지르지 않을 수 있는 것은 물론이며 방황하지 않고 많은 것들을 성취하고 주변 사람들 모두가 함께 행복해지는 성공적인 인생을 살아갈 수 있음을 확신합니다.

비전 멘토링의 창시자이신 샬롬 김 박사님은 저서 《비전의 서》에 이런 문장을 쓰셨습니다. "비전은 별과도 같아서 지금은 작아 보이지만 그것을 향하여 갈수록 그대는 엄청난 크기에 놀라고 기뻐할 것이다."

지금은 아직 비전이라는 별의 크기와 아름다움을 잘 모를 수 있지만, 이 책을 넘겨 가며 또 비전 멘토링을 받으며 하나님이 예비하신 비전이 얼마나 아름답고, 그 규모가 얼마나 큰지 깨닫고 감탄하고 행복해하는 복된 삶을 살아가시길 원하고 바라고 기도합니다.

토니 로빈스의 감정코칭

하니

   감정 컨트롤 능력은 성취, 인간관계, 형제 관계 등 인생 전반에서 성공하기 위한 필수 요소입니다. 사람의 행동은 인생에 가장 큰 영향을 미치지만, 그 행동은 생각에서부터 시작되고, 그 생각의 키를 조종하는 것은 감정이기에 감정이 한 사람의 인생의 방향성을 좌우한다고 말할 수 있을 정도로 감정은 중요한 요소입니다.

   저는 가끔 이런 질문을 합니다.

"사람들이 가장 추구하는 궁극적인 감정은 무엇일까?"
"하나님이 감정이라는 것을 창조하신 이유는 무엇일까?"

   개인적으로 사람들이 가장 추구하는 감정이 사랑과 행복이라고 생각합니다. 그리고 이 두 감정에서 하나님이 감정을 창조하신 이유를 조금이나마 이해할 수 있습니다. 우리는 온전한 사랑과 행복이라는 두 감정을 얻기 위해 살아가고 있습니다. 즉 감정은 삶의 방향키이자 삶의 이유 중 하나라고 할 수 있죠.

   저는 남들보다 감정이 예민한 편에 속하기 때문에 감사하게도 감정이 삶의 방향키이자 삶의 이유 중 하나라는 사실을 빨리 깨달을 수 있었습니다. 깨닫는 것이 중요하긴 하지만 깨닫는다고 삶이 바뀌는 것은 아닙니다. 그렇기에 저는 선장들이 키를 다루는 방법을 공부하듯 제 인생의 방향키인 감정을 다루는 방법들을 공부하기 시작했습니다.

대게 중요도와 난이도는 비례하는데요. 감정도 한 사람의 인생을 좌우할 만큼 중요하고, 또한 답이 정해져 있는 것이 아니기 때문에 감정을 컨트롤하는 방법을 공부하는 것이 쉽지만은 않았습니다. 연구하는 과정에서 감정이 복받칠 때 잠을 자거나, 소위 스트레스 이팅(Stress eating)이 감정을 컨트롤하는 방법이라고 착각하기도 했는데요. 감정이 복받칠 때마다 잠을 자거나 스트레스 이팅을 하는 것은 감정을 컨트롤하는 방법이 아니라 오히려 감정에 굴복당하는 것이었습니다.

감정이 복받칠 때마다 잠을 자면 하나님이 주신 가장 귀한 자원 중 하나인 시간을 낭비하는 것이고, 스트레스 이팅을 하는 것 또한 하나님이 주신 귀한 건강을 망치는 행동이기 때문에 비전적이지 않다고 말할 수 있습니다. 그렇게 시행착오를 거치는 도중 한 영상을 보게 되었습니다. 세계적인 동기부여가, 사업가, 베스트셀러 저자인 토니 로빈스의 감정코칭 영상이었는데요. 영상에서 토니 로빈스는 이런 말을 했습니다.

"인간이 할 수 있는 일은 정말 대단한데도 대부분 사람들은 형편없는 행동만 한다. 능력이 부족해서가 아니라 새로운 행동을 하지 않기 때문이다. 그 이유는 우리의 감정 상태 때문이다."

토니 로빈스의 말대로 인간은 하나님의 자녀, 하나님의 형상이기에 정말 대단한 일들을 할 수 있습니다. 인간관계도 성공적으로 할 능력이 있습니다. 인간관계의 끝판왕 예수님의 자녀이기 때문이죠. 그런데 우리는 감정을 컨트롤하지 못하기 때문에 이 모든 대단한 일을 하지 못하고 있습니다. 감정 컨트롤을 통해 하나님이 원하시는 위대한 일들을 할 수 있다면 감정 컨트볼을 하는 것이 영성입니다.

이와 같은 맥락에서 토니 로빈스는 "인생을 바꾸는 가장 중요한 방법은 결과를 바꾸는 것인데, 결과를 바꾸려면 행동을 바꿔야 하고, 행동을 바꾸려면 감정 상태부터 바꿔야 한다."라고 말했습니다. 그리고 감정 상태를 바꾸는 방법을 제시했는데요. 그 방법은 몸을 이용해 생리학적으로 변화를 주는 것입니다.

토니 로빈스는 감정에 압도당하고 굴복당할 것 같을 때 몸을 움직이는 템포를 바꾸고, 어깨를 펴고, 숨을 고르게 쉬라고 말합니다. 그렇게 한다면 몸에서 화학작용이 일어나고 새로운 감정 상태에 접어든다고 설명합니다. 이것이 가장 효과적인 감정 컨트롤 방법입니다. 많은 영상에서는 긍정적인 감정을 떠올리고, 행복한 상상을 하라는 등의 솔루션을 제시하지만 그 방법들은 대부분 통하지 않습니다. 우리의 뇌가 긍정하는 것이 거짓이라는 것을 구별하지 못할 정도로 멍청하지 않기 때문이죠. 그렇기 때문에 몸에 근본적인 변화를 주어야 하는 것입니다.

물론 비전과 정체성이 우선되지 않으면 이 방법도 무용지물일 수 있습니다. 아니 정확히 말하면 이 방법이 무용지물인 것이 아니라 그 어떤 솔루션도 효과가 없을 것입니다. 하지만 명확한 비전과 정체성이 있고,

토니 로빈스가 제시한 감정 컨트롤 솔루션을 실행한다면 감정 상태가 바뀜으로서 행동이 바뀌고, 행동이 바뀜으로서 결과가 바뀌는 것을 경험할 수 있을 것이라고 확신합니다. 그 결과는 형제 관계를 포함한 탁월한 인간관계, 그리고 무기력하지 않고 활력이 넘치는 삶이 될 수 있겠죠.

우리는 영성이 예배, 기도, 찬양에만 국한되지 않는다는 새로운 패러다임을 받아들일 필요가 있습니다. 물론 예배와 기도, 찬양이 없는 영성은 상상도 할 수 없지만 그것만이 영성은 아니라는 것입니다. 하나님이 주신 비전을 실현하기 위해 감정을 컨트롤하는 방법을 연구하는 것도 영성이며, 인간의 신체가 작동하는 원리를 공부해 보는 것도 영성일 수 있습니다. 그 행위 자체가 영적이라고 말할 수는 없지만 하나님이 주신 비전을 실현하는 것에 도움이 되는 것이라면 그것 또한 영성이라고 말할 수 있습니다.

잠언 29장 22절에 "노하는 자는 다툼을 일으키고 성내는 자는 범죄함이 많으니라"라는 말씀이 있는 것처럼 감정을 컨트롤하지 못하고 노하는 사람은 다툼을 일으키고, 많은 죄를 지을 것입니다. 그런 사람은 영성이 좋은 사람이라고 할 수 없습니다. 여러분이 감정을 잘 컨트롤하고, 말씀을 삶으로 살아 내는 영성을 소유한 진정한 크리스천이자, 비저너리가 되시기를 축복합니다.

예수님이라면……

비니

'웃는 얼굴에 침 뱉지는 않는다고 하는데, 반대로 침 뱉는 사람에게 웃는 얼굴로 반응할 수 있을까?'

최근 제가 스스로에게 지속적으로 던지고 있는 질문입니다. 우리가 흔히 알고 있는 속담을 역발상하여 자신에게 던지는 질문으로 바꾼 것이죠.

이 질문을 묵상하며 정말 많은 생각이 들었습니다. 왜냐하면 인간은 지극히 감정적이고 자기중심적이기에 침 뱉는 사람에게 웃는 얼굴로 반응하기는 불가능에 가깝기 때문입니다.

특히 최근 SNS에서 보게 된 한 영상도 이러한 결론을 내는 것에 한몫을 단단히 했습니다. 그 영상은 서울 한복판에서 어떤 두 남자가 싸우는 영상이었는데요, 한 남자가 먼저 침을 뱉고, 다른 남자가 보복성으로 침을 뱉은 것이 주먹다짐까지 번진 상황을 담아낸 영상이었습니다. 이처럼 사람이라면 침을 뱉는 사람에게 웃는 얼굴로 반응하기는 정말 어려운 일입니다.

현재의 저도, 이 질문에 대해서는 당당하게 'Yes'라고 답하기는 힘들 것입니다. 아니, 실제로 그 상황에 놓인다면 감정적으로 반응할 가능성이 높다고 생각합니다. 결국 저 또한 아직 위의 질문에 대한 답은 'No'라고 할 수 있는 것이죠.

저는 살면서 감정적으로 반응한 경험이 많습니다. 침을 뱉는 사람은 아니었지만 말이죠.

저는 승부욕이 굉장히 강합니다. 그래서 특히 운동경기를 할 때 감정을 통제하지 못하는 경우가 많았습니다. 특히 제가 속한 팀이 지고 있을 때 더욱 그랬습니다. 또한 뭔가 부당한 일을 당하거나, 심한 파울을 당하거나, 누가 나의 심기를 건드리면 폭발해서 그대로 맞받아치는 경우가 다반사였죠. 그 맞받아치는 행동이 심한 행동은 아니었지만, 그래도 감정적으로 반응했다는 점에서는 감정 컨트롤에 실패했다고 볼 수 있겠습니다. 물론 승부욕은 꼭 필요한 것이지만 그 승부욕이 나의 감정을 망친다면 그것은 과한 승부욕이자 교만이 되는 것이죠. 그렇게 저는 침을 맞지 않는 일반적인 상황에서도 자신의 감정을 컨트롤하지 못한 것입니다.

그러나 진정한 부자이자 경영자, 비저너리가 되려면 침 뱉는 사람들에게 웃는 얼굴로 반응할 수 있는 영성, 인격을 갖춰야 합니다. 예수님께서 그러셨기 때문이죠.

예수님께서는 영적으로 악한 자들을 꾸짖으셨지, 자신을 비방하고 깎아내리고, 침을 뱉고, 심지어 십자가에 못 박은 자들을 오히려 긍휼히 여기시고 용서해 달라고 하나님께 부르짖으셨습니다.

그렇기에 저도 예수님을 닮아 가고 교만했던 이전의 모습을 바꾸려고 부단히 노력했는데요. 아빠의 멘토링을 통해, 동생과의 숙론(熟論)을 통해 저는 하나의 결론을 내리게 되었습니다.

바로 '예수님이라면 어떻게 반응하셨을까?'라는 질문을 던지는 것입니다.

확실히 그 누구도 예수님과 같은 수준의 영성을 갖출 수는 없습니다. 그러나 선택의 순간에 예수님이라면 어떻게 하셨을지 항상 생각하며 의롭고 선한 선택을 할 수 있다면 침 뱉는 사람에게 웃는 얼굴로 반응할 수 있다고 생각합니다. 또한 침 뱉는 사람에게 깨달음을 줘서 고맙다고 따뜻한 밥 한 끼 대접할 수 있을 것이죠.

우리는 불완전한 존재이기 때문에 선택의 순간에서 겸손하고 신중해야 합니다. 그러나 그 바탕에 영성이 있어야 겸손과 신중함이 온전하게 갖춰질 수 있습니다. 그리고 그 영성을 끌어올리는 가장 쉽고 빠른 방법은 항상 '예수님이라면 어떻게 하셨을까?'라는 질문을 던지는 것입니다.

또한 영성을 기르고 선택의 순간에서 의롭고 선한 선택을 할 수 있으려면 찬양을 묵상하는 것도 중요합니다. 저는 요즘 매일 시간이 날 때마다 찬양을 묵상하는데요, 원래는 BTS와 세상의 노래(?)에 관심이 더 많았지만, 아빠의 멘토링을 통해 삶 속에서의 말씀 묵상이 중요하다는 것을 깨닫고 찬양을 매일 묵상하게 되었습니다. 그랬더니 머릿속에서 찬양의 가사와 하나님의 말씀이 계속 맴도는 경험을 하고 있습니다. 찬양을 듣지 않고 있어도 찬양의 멜로디가 머릿속에서 울려 퍼지고 입으로 흥얼거리게 됩니다. 이렇게 계속 입 밖으로 내뱉어지는 찬양이, 머릿속에서 맴도는 말씀이 선택의 순간을 마주한 저를 붙잡아 주는 것 같습니다.

이렇듯 매 순간 '예수님이라면 어떻게 하셨을까?'라고 질문을 던지고, 찬양과 말씀을 묵상하는 삶을 살아가다 보니 저는 사람을 대할 때 감정적, 충동적으로 반응하는 일이 많이 줄어들었고, 한 번 더 생각하며 겸손하고 신중한 삶을 살아갈 수 있게 되었습니다.

이러한 성장이 가장 빠르게 수면 위로 드러난 부분이 있었습니다. 저희 이모부께서는 송도에서 〈여기가 제주인가 송도인가〉라는 고깃집을 운영하시는데요, 저희는 가끔 일손이 부족할 때마다 일을 도와드리러 출동합니다. 고깃집이라 일도 쉽지 않고 음주의 영향으로 과도하게 반응하시는 손님들을 만날 때면 저희의 인내심과 멘탈은 바닥을 보이고 육체적, 정신적 부담을 모두 떠안게 됩니다. 그러나 이러한 성장을 경험하고 나니 이제는 그 어떤 손님이 오더라도, 그 어떤 말과 행동을 저에게 하셔도 웃는 얼굴로 감사함의 반응을 할 수 있게 되었습니다.

그랬더니 친절하다고, 고맙다고 팁이라는 것을 받아 보기도 하고, 길 가다가 친절한 학생이라고 알아보는 분들도 생기고, 감사하다며 아이스크림 하나를 선물해 주시는 분들도 만나는, 이전에는 경험하지 못했던 아주 신기한 경험들을 하고 있습니다. 인생 자체가 바뀐 것이죠.

동생 하니가 이전 글에서 인생을 바꾸기 위해서는 감정을 먼저 바꿔야 한다고 하며 인생을 바꾸는 솔루션을 제시한 바 있는데요, 저는 그 인생을 바꾸는 감정을 바꿀 수 있는 세계 최고이자 세계 유일의 질문을 제시하며 글을 마치겠습니다.

"예수님이라면……."

一초 생각이 一生을 바꾼다!
(세계 최초 1H4B 비저너리 저널 탄생 배경)

하니

여러분들은 지금 어떤 생각을 하고 계시나요? 엄청나게 깊은 생각에 잠긴 분도 계실 것이고, 아무 생각도 하지 않는 분도 있을 겁니다. 생각에 잠긴 분들은 아마 제목을 곱씹으며 사색하고 계실 것이죠. 그중에 어떤 분은 이런 질문을 하지 않을까 싶네요. '1초 생각이 중요하다는 것은 당연히 아는 사실인데 왜 일생이 바뀌지는 않았을까?' 아마 일생이 바뀌지 않은 분이라면 그 이유는 1초 생각을 실행하지 않고 있거나, 꾸준히 실행하지 않아서일 것입니다.

인간은 좋은 것을 안다고 꾸준히 실행하는 지혜로운 존재는 아닌가 봅니다. 그 이유에 대해서 역사학자들은 간단히 이렇게 설명합니다. 우리의 조상인 선사시대 사람들이 살던 환경에서는 적극적으로 활동해야 했으며 본능적으로 행동해야 했습니다. 그런 특성 덕분에 인류가 오래 살아남은 것이고, 이러한 본능적 행동이 지금까지 흘러 내려온 것이라는 의견입니다. 100%는 아니지만 설득력이 있는 의견입니다.

이러한 이유로 학교에 가지 않아도 생존할 수 있다는 것을 머리로는 알지만 불안감에 계속 학교를 보내고, 단기 주가 등락에 연연하지 않고 우량주에 장기투자를 하면 세계적인 부자는 아니더라도 어느 정도 부를 얻을 수 있다는 것을 알면서도 주가가 조금만 내리면 팔아 버리는 것입니다. 손실 회피성이라고도 하죠.

인간은 이렇게 본능적인 존재입니다. 이런 본능적인 방식 덕분에 야생에서 생존했고, 문명의 진보도 일어났지만, 지금은 시대가 바뀌었습니다. 야생보다 더 야생 같은 환경이지만 본능적으로만 행동해서는 절대 살아남을 수 없는 시대가 되었다는 것이죠. 정보화 시대가 되었기 때문에 본능적으로 잘못된 행동 하나만 한다면 전 세계에서 비판받는 악당이 될 수도 있습니다.

이런 상황을 만들지 않기 위해 중요한 것이 1초 생각입니다.

그럼 여기서 잠깐, 우리 모두 1초 생각의 가치를 1초만 생각해 봅시다.

우리가 그냥 흘려보내는 1초에는 벌이 230번 날갯짓을 합니다.
빛은 30만km를 이동하고, 50~100개의 번개가 지표면에 떨어집니다.
또한 전 세계 사람들이 숨 쉬며 29억 톤의 이산화탄소를 뿜어내죠.

이처럼 1초는 작지만 아주 큰 가치를 가진 시간입니다.
1초 생각도 이와 같습니다.

하찮게 느껴질 수 있는 1초 생각은
한 사람의 기분을 변화시킬 수 있고,

누군가의 귀중한 목숨을 살릴 수도 있고,
자신의 인간관계를 변화시킬 수 있고,
결정적으로 인생을 역전시킬 수 있습니다.

하루는 24시간, 1,440분, 86,400초입니다. 인생의 중대한 영향을 미치는 결정은 대부분 1초 안에 일어납니다. 1분도 아닌 단 1초에 말이죠. 하루의 86,400분의 1에 해당하는 상당히 하찮아 보이는 시간입니다. 누군가는 이 1초에 1조 원이라는 돈이 걸린 중대한 결정을 하고 있습니다.

우리라고 그런 위대한 일을 하지 못하리라는 법은 없습니다. 선택의 기로에 놓이는 매 순간마다 1초만 더 생각하면 됩니다. 독설을 하기 전 나는 어떤 존재인지 1초만 더 생각하고, 핸드폰을 꺼내기 전 나는 무엇을 위해 태어났는지 1초만 더 생각하는 등 1초 생각을 장착한다면 여러분도 위대한 일들을 해낼 수 있으리라 믿습니다.

하지만 처음부터 항상 '1초 생각하고 행동해야지.'라는 생각으로 살아가는 것은 불가능에 가깝습니다. 생각이라는 것에는 한계가 분명히 존재하기 때문이죠. 기억력처럼 말이죠. 그렇기 때문에 하루 만에 1초 생각을 장착하는 것은 힘듭니다. 습관이 형성되는 시간의 최소 단위는 66일이라고 알려져 있습니다. 대략 2달이죠. 2달 동안 1초 생각을 지속한다면 영원히 지속할 수 있는 습관이 형성된다는 것입니다.

가장 중요한 것은 방법입니다. 그냥 생각하는 것은 불가능하다는 것을 잘 아실 것이라고 생각됩니다. 저는 1초 생각을 장착하기 위해 많은 시도를 해 봤습니다. 모두가 해 본 것처럼 그냥 다짐도 해 보았고, 시각화 되면 효과가 있기 때문에 화이트보드에도 써 놨지만, 집 밖에서는 효과가 없었습니다. 그래서 제가 가지고 다니는 작은 노트 맨 앞 장에도 써 놓고 생활했는데요. 진전은 있었지만 바람이 새는 느낌이 들었습니다. 그 이유는 이전 나의 행동을 피드백해 볼 수 없었기 때문입니다. 내가 어떤 상황에서 왜 본능적으로 행동했는지 피드백한다면 1초 생각을 장착할 수 있을 것 같았습니다.

저에게는 비전 멘토링이라는 자원이 있었고, 아빠께서 1H4B를 녹여낸 저널을 만들면 좋겠다고 하셔서 디자인하여 종이로 뽑으려고 했지만, 기다리는 것이 힘들어 형이 인스타그램에 비저너리 저널 계정을 만들고, 템플릿을 만들어 저에게 선물해 줬습니다. 성경, 하나님의 관점에서 나는 어떤 존재이고, 무엇을 소유하고 있고, 어떤 곳에 소속되어 있으며, 어떻게 성장하고 있고, 어떻게 행동하는지 매일매일 피드백을 했습니다. 그리고 이 글을 쓰고 있는 지금을 기준으로 127개의 글을 작성했습니다. 127일을 쓴 것이니 66일을 훌쩍 넘어 4달 이상 자신을 피드백하는 시간을 가진 것입니다. 그것도 하나님의 관점에서 피드백을 했으니 변하지 않으려야 변하지 않을 수 없었습니다.

결론적으로 저는 1초 생각이라는 습관을 장착했으며, 저의 일생은 변화하고 있습니다. 당장 이 책을 쓰고 있는 것만 해도 저의 일생이 바뀌고 있다는 것을 설명할 수 있을 것 같습니다. 자신을 되돌아보고, 피드백할 수 있는 도구를 소유하는 것은 중요합니다. 누군가는 감사 일기를, 누군가는 분노 일기를 씁니다. 그 일기들도 안 쓰는 것보다 훨씬 좋지만, 맹

목적인 감사만 하려고 하다 보면 쉽게 질릴 수 있고, 분노를 기록하다 보면 털어 내려던 분노에 다시 지배당할 수 있다는 단점이 있습니다. 하지만 하나님의 관점에서 자신을 피드백한다면? 단점이 존재할 리 없습니다. 하나님은 완벽하시기 때문이죠. 그렇기 때문에 하나님 기준에서 잘못한 것은 반성하고 회개하며, 감사한 것에는 감사하는 1H4B 비저너리 저널을 쓴다면 점점 더 하나님의 형상에 가까워지는 하나님의 자녀가 될 수 있을 것입니다.

   인간이 불완전한 행동을 0으로 만드는 것은 불가능하지만, 소수점을 점점 늘려가는 것은 가능하다고 생각합니다. 골로새서 3장 17절에는 "또 무엇을 하든지 말에나 일에나 다 주 예수의 이름으로 하고 그를 힘입어 하나님 아버지께 감사하라"라는 말씀이 있습니다. 지금 우리가 하는 말들이 예수님의 이름으로 할 수 있는 말인지 1초 생각해 보는 삶을 살아가길 원하고 바라고 기도합니다.

♡ 💬 ↗   🔖
😊 sonchansik01님 외 12명이 좋아합니다
vision_1h4b 2023.7.3

<BEING - 나는 성경이 말하는 대로 존재한다.>
나는 같은 실수를 반복하고 말았지만, 굽은 것을 바로 펴시는 하나님의 은혜로 다시 제자리로 돌아오게 하나님의 자녀이다!
최고의 자원임을 알면서도, 안 쓰는 것이 오히려 손해임을 알면서도 또다시 반 달 가까이 이 1H4B 하나님나라 저널을 쓰지 못한 것을 깨닫는다.
김승호 회장님께서 말씀하셨다. '실수가 실패로 부끄러운 것이 아니지만, 그 실수를 반복하거나 숨긴다면 그것은 부끄러운 것이다.'라고. 하나님 앞에 부끄러움을 느꼈다. 그리고 최송하다. 최고의 자원을 주셨음에도 온전히 활용하지 못하며 계속 같은 실수를 반복하니 말이다. 하지만 감사하다. 실수를 숨기지 않았음에 감사한다. 다시 제자리로 돌아올 수 있는 회복탄력성이 있음에 감사한다.
또 다시 집 나갔던 걸어온 탕자인 나를 사랑으로 품어주시는 하나님께 감사드린다. 조건 없는 사랑 이면에 있는 엄청난 대가를 기꺼이 치르시고 돌아온 동생인 우리를 다시 구원의 잔치에 들어갈 수 있도록 은혜 베풀어 주신 우리의 진정한 형, 예수님께 감사드린다!

<HAVING - 나는 성경이 말하는 대로 소유한다.>
나는 세상 모든 요소를 자원으로 선물받은 존재이다!

<BELONGING - 나는 성경이 말하는 대로 소속된다.>
정말 많은 것을 깨닫고 배울 수 있는 공동체에 소속됨에 감사한다.

<BECOMING - 나는 성경이 말하는 대로 성장한다.>
나는 실패와 실수를 통해, 그리고 독서와 질문을 통해 성장한다!
어제까지만 해도 나는 초격차 공동체를 여기서 마무리해야 한다고 생각했다. 교회성장과 유기적으로 상호작용하는 우주적 공동체의 가치가 손실되었다고 생각했기 때문이다. 반 년 전에 비해 아이들의 참여는 현저히 줄었고, 풍성한 나눔은 찾아볼 수 없었다. 이런 상황에서는 그냥 규모와 독서하고 나누며 성장하는 것이 낫다고 생각했을 정도였으며, 오히려 내 성장의 마이너스 요소라고 생각했다.
그러나 오늘 팀 켈러 목사님의 '탕부 하나님'이라는 책을 읽으며 그런 이기적 생각을 철저히 회개하고 돌이키게 되었다. 내가 그들을 비판하고 정죄하며, 내 방식이 옳다고 여기는 것은 바리새인, 사두개인들과 다를 바 없이다. 예수님이 '잃어버린 두 아들 비유(흔히 돌아온 탕자 비유라고 불리는)'에 등장하는, 아버지에게 자신의 선함을 어필하며 과시하며 동생을 깎아내린 형과 다를 바 없었다. 이 책을 읽으며 큰 충격을 얻었다. 그리고 나 자신에게 질문을 던졌다.
"나는 초격차 공동체 안에서 어떤 존재지?"
답은 명확했다. 멘티이기도 하지만 아이들의 비전멘토이기도 한 존재가 되었다. 그렇기에 아이들을 포기하면 안 된다. 궁극의 비전멘토 되시는 예수님처럼, 현재의 내 자신을 조금 희생하더라도 아이들을 이끌어줘야 하는 '진정한 형'과 같은 존재였던 것이다.
예수님은 자신의 존재들을 위하여 죽으셨다. 자신을 몽박은 존재들을 구원하셨다. 그에 비해 내가 현재 감당해야 하는 사명은 너무나 쉽고 가벼운 것이었다. 그러나 이 기본적인 사명을 감당하지 않고 버리려 했던 나 자신이 부끄럽다. 그러므로 회개하고 돌이키려 한다.
이 실패와 실수, 독서와 질문을 통해 또 한번 성장할 수 있음에 정말 감사한다!

<BEHAVING - 나는 성경이 말하는 대로 행동한다.>
잘못된 것 뿐만 아니라 의로운 일 마저도 회개할 수 있는 영성을 가지자.
크리스천인 우리에게 있어 가장 큰 리스크는 나쁜 행실이 아니다. 선한 행실에 대한 교만이다. 또 있는 의를 의롭게 여기는 태도이다. 삶에 숙적한 태도를 가지게 되면, 우리는 도덕적 이력을 내세우며 하나님과 사람을 별쥐기고 된다. 구주이신 하나님과 동역자이신 사람들을 통제하려 자신이 원하는 대로 행동하려 하는 존재로 치부해버린다.
결국 우리와 하나님의 사이를 벌어지게 하는 것은 우리의 죄가 아니라 오히려 우리의 선행일 수 있다.
그렇다면 어떻게 해야 할까? 물론 하나님을 영접하려면 잘못된 일을 회개해야 한다. 하지만 거기서 그치면 안 된다. 참된 크리스천이 되려면 의의 루리까지 회개할 수 있어야 한다. 우리가 행한 외와 선이 정말 하나님이 주신 마음에 것인지, 아니면 우리를 드러내고 대가를 받기 위함인지 예민히 돌아보면서 말이다.
이것을 절대 잊지 말고 삶 속에서, 기도 속에서 체하자. 또한 이 비저너리 저널도 남에게 드러내기 위함 혹은, 내 의로움과 영적임을 과시하기 위한 용도로 사용하지 않도록 늘 점검하며 자신을 고무시키자. (feat. 팀 켈러의 탕부 하나님)

비니의 비저너리 저널

♡ 💬 ↗   🔖
😊 youthkwang님 외 3명이 좋아합니다
skh_1h4b 2023/7/24

<BEING - 나는 성경이 말하는 대로 존재한다.>
저는 이 비전 혁신가로서 존재한다. 21일 만에 비저너리 저널을 다시 작성하게 되었으며, 돌아오지 않을 수도, 못찾을 수도 있지만 중요성을 깨닫고 다시 돌아왔다고 감사드린다. 지금 <에너지 버스>라는 책을 읽고 있는데, 그 책에서는 감사하는 것만으로도 부정된 에너지를 긍정적 에너지로 전환시킬 수 있다고 한다. 에너지는 세상을 구성하고, 설명하는 힘이자 세상에서 가장 강력한 힘이다. 이런 에너지의 성질을 '감사'라는 행위를 통해 변화시킬 수 있다면, 감사 수소를 에너지로 변환시키는 것보다 혁신적이라고 할 수 있다. 그런 의수에서 넘들보다 많이 감사하는 나는 감사 혁신가라고 할 수 있다. 앞으로 더욱 혁신적인 감사자가 되도록 하겠다.

<HAVING - 나는 성경이 말하는 대로 소유한다.>
나는 진정한 고통에 대해 생각할 수 있는 고통을 소유한다. 최근 십 며칠 동안 입술에 상처가 나고, 붓고, 간지러운 증상이 계속되고 있다. 어떨 때는 괜찮지만 어떤 때에는 거슬리고, 의욕을 떨어뜨린다. 심지어는 모든 것을 내려놓고 쉬게 만들기도 한다. 이를 통해 나의 연약함과 하나님을 의지해야 하는 이유를 느끼기도 한다. 또한 이런 약한 고통을 통해 진정한 고통은 얼마나 더 신체적 고통, 존재 이유와 목적을 모르는 삶, 지옥에서의 고통 등 진정한 고통에 비해 나의 고통은 아무것도 아니다. 이 고통을 통한 묵상으로 진정한 고통에서 자유할 수 있다면 이 고통을 감사히 여기도록 하겠다. 또한 어린 나이부터 거짓 관리도 영성의 일부라는 사실을 상기시켜 주심에 감사드린다.

<BELONGING - 나는 성경이 말하는 대로 소속된다.>
나는 나에 대한 기준이 높은 편이다. 그래서 예전에는 자존감이 낮기도 했고 지금은 자존감은 매우 높지만, 아직도 나에 대한 기준은 높은 편이다. 그리고 이 기준은 앞으로도 적용할 것이다. 그런데 높은 내 기준에 조금씩 충족하고 있는 분야가 있다. 바로 글쓰기. 자랑해서도 안 되고, 100% 만족하지도 맞지만 예전에는 남이 칭찬해도 내가 만족하지 않았다면, 이제는 만족해 좋은 편이다. 이렇게 성장할 수 있는 데에는 여러가지 이유가 있지만, 큰 비중을 차지하는 것이 좋은 공동체, 즉 초격차다. 초격차가 없었으면 지속적으로 글을 쓰지도 못했을 것이다. 유일하게 나 자신을 만족시킨 분야를 탄생시킨 초격차에 소속된 것, 소속될 수 있음에 감사한다.

<BECOMING - 나는 성경이 말하는 대로 성장한다.>
최근 나는 관심사가 너무 많다. 나 또래의 관심사와 대조를 해보면 그리 심각한 문제로는 볼 수 없다. 하지만 선택과 집중, 우선순위를 결정해야 하기에 너무 많은 것이 해가 될 수도 있다. 고민이 별로 없는 편이지만, 요즘 가장 고민이라고 한다면 바로 관심사가 너무 많다는 것이다. 좋다, 혹은 나쁘다고 이분법적으로 의외함 수 없이 계속해서 사색하고 있다. 큰 카테고리로 정리해 보도 금융, 경제, 역사, 문화, 예술, 과학, 수학 등등에 복합적으로 들어가면 많은 것들이 희한하며 작은 점까지 보일 것이다. 예전에는 모든 것이 심사이에 문제였다면, 지금은 거의 모든 것이 좋아 고민이다. 이렇게 된 이유 중 하나는 역설적으로 비전과 정체성인 것 같다. 비전이 있으니 어려운 학문이라도 의가 부여가 되고, 하나님의 자녀로서 정체성이 명확해지니 하나님이 창조하신 많은 것들이 아름답게 다가온다. 어쩌면 비전과 정체성이 명확하지 않아서 많은 것에 관심을 갖는 것일 수도 있다. 하지만 나는 그렇게 생각하지 않는다. 아직 부족하긴 하지만 비전과 정체성이 비전적인 모습이긴 하다. 이제부터 빠르게 변화하는 시대에 적합한 인재가 될 수도 있다. 여러 분야를 넘나들며 연결하는 인재가 필요할 것이다. 그럼에도 우선순위는 중요하다. 그렇지 않으면 과학화시나 시간이라는 자원을 낭비할 수 있다. 그래서 내린 결론은 전문화할 분야와 교양으로서 가져갈 분야를 구분해 보는 것이다. 이 분류를 통해 선택과 집중을 하는 내가 되길 바란다.

<BEHAVING - 나는 성경이 말하는 대로 행동한다.>
2200자나 적고 이 다에서 적을 수 있는 글자가 적다. 나는 삶이 예배가 되기 위해 행동한다. 앞으로도 그럴 것이다~

하니의 비저너리 저널

답 없는 문제, 형제 관계

하니

저는 학교에 다니지는 않지만, 인간관계에 대한 경험을 아주 많이 합니다. 아니, 학교에 다니지 않아서 오히려 더 다양한 사람들을 만나는 경험을 하게 되는 것 같습니다. 학교에 다닌다면 인간관계가 비슷한 나이에, 비슷한 인생 경험치를 가진, 비슷한 교육 과정을 거친 또래로 한정되지만, 저는 홈스쿨링(언스쿨링)을 하기에 백억 원에서 천억 원대의 매출을 내는 기업의 CEO분들과 연봉이 10억이 넘으시는 사장님들, 그리고 각 분야에서 국내, 어쩌면 세계 최고의 명인분들을 만날 수 있었습니다.

또한 아이들도 많이 만나는데요. 1~2살 아기부터 또래 친구들까지 전국 각지에 사는 다양한 연령의 아이들을 만나 함께 시간을 보내는 과정에서 배우는 점도 많으며, 그 아이들을 놀아 주고, 돌봐 주는 나 자신을 피드백하며 성장하고 있기도 합니다.

하지만 제가 지금까지 만난 이렇게 많은 사람들 중에 마음에 드는 사람만 있는 것은 아니었습니다. 몇천 명을, 어쩌면 몇만 명을 만났으니 당연한 결과라고 볼 수 있습니다. 모든 사람을 다 좋아할 수는 없습니다. 그래서 인간관계가 어렵다고 하는 것이지요. 다른 사람의 심리를 파악하여 배려해 줘야 하는데, 나 자신의 심리도 인지하여 컨트롤해야 하기 때문입니다.

그래서 인간관계는 정답이 없습니다. 정확히는 정답이 없다고 느껴집니다. 인류는 이러한 해결할 수 없을 것 같은 어려운 문제를 많이 맞닥뜨려 왔습니다. 그럴 때마다 일류 수학자, 과학자, 경제학자들이 가장 많이 사용한 방법이 바로 역발상입니다. 그래서 저도 답이 없어 보이는 인간관계, 형제 관계에 대해 역발상을 해 보기로 했습니다. 정확히 말하면 역지사지라고 말할 수 있겠지만요.

때는 2022년 10월 8일이었습니다. 정확히 누구와 무엇을 했는지는 기억나지 않지만, 그날 바로 인간관계에 대한 글을 블로그에 작성했기 때문에 어떤 일이 있었는지는 알 수 있습니다. 저는 그날 하루 24시간 중 12시간을 많은 사람들과 함께 있었습니다.

12시간을 많은 사람들과 함께 보내다 보니 당연하게도 제 마음에 들지 않는 사람들도 있었습니다. 제가 싫어하는 행동도 하고, 제가 하는 말을 잘 듣지도 않아서 별로 마음에 들지 않는 사람이 있었습니다. 그런데 글을 쓰며 생각해 보니 '내가 싫어하는 행동을 하는 사람이 있다면 내가 하는 행동을 싫어하는 사람도 있겠구나?'라는 생각을 했습니다. 그 순간 너무나 당연하지만 간과하고 있던 한 가지를 깨달았죠. 누구나 마음에 들지 않는 사람이 있다는 것과 그것이 '나'일 수 있다는 사실입니다.

이 사실을 깨달았을 때 아빠와 3:4:3 법칙에 대해 나눈 이야기가 떠올랐습니다. 지금은 시청하고 있지 않지만 유명한 예능 프로그램인 〈런닝맨〉을 보고 있을 때 나눈 대화였습니다. 아빠가 먼저 저희에게 질문을 하셨습니다.

"애들아. 유재석 삼촌을 싫어하는 사람이 있을까? 유재석 삼촌은 우리나라에서 안티가 없기로 유명한 연예인이잖아."

"다른 사람들보다 선한 영향력도 많이 나누고, 항상 언행일치의 삶을 살려고 노력하시긴 하지만 안티가 조금은 있지 않을까요? 만약 안티가 한 명도 없나면 신이겠죠."

"신이라……. 신도 안티는 벗어날 수 없지. 당장 예수님의 공생애만 봐도 안티들이 존재했다는 사실을 바로 알 수 있지. 그래서 심리학에 3:4:3 법칙이라는 게 있어."

"그게 뭔데요?"

"쉽게 말해, 내가 속해 있는 공동체에 10명이 있다면 3명은 무조건 나를 지지하는 사람, 4명은 뭘 해도 별 관심이 없는 사람, 나머지 3명은 뭘 해도 나를 싫어하는 사람이 있다는 거지."

이런 대화를 하며 아빠는 마지막으로 저희에게 이런 말씀을 해 주셨습니다.

"세상을 바라보는 너희 눈도 3:4:3 법칙이 적용될 수 있으니 See the Unseen(보이지 않는 것을 보려는 노력)해서 사실 너머의 진실을, 진실 너머 진리를 볼 수 있도록 늘 노력하자. 겸손하게."

이 대화를 떠올린 순간 저는 제가 뒤에 있는 3의 관점으로 사람들을 바라보고 있는 실수를 했다는 사실을 깨달았습니다. 실수는 허용할 수 있지만 허용한 채로 방치하는 것은 진정한 실패가 되는 것을 알기에 저는 이런 가치관을 형성했습니다. "나를 바라보는 관점에는 3:4:3 법칙이 적용될 수도 있지만 내가 가지는 관점은 무조건 10:0:0 법칙이다."

"비판을 받지 아니하려거든 비판하지 말라 너희가 비판하는 그 비판으로 너희가 비판을 받을 것이요 너희가 헤아리는 그 헤아림으로 너희가 헤아림을 받을 것이니라"

마 7:1~2

　위의 말씀을 포함한 많은 성경 구절이 인생은 부메랑 같다는 것을 깨닫게 합니다. 비판을 하면 그 비판을 자신이 받을 것이고, 헤아리는 그 헤아림으로 자신이 헤아림받을 것이라는 말씀처럼 남을 무(無)조건 지지하는 관점을 가짐으로써 무(無)조건 남들의 지지를 받는 여러분이 되시길 원하고 바라고 기도합니다.

힘이 없어도 힘 있는 자

하니

"권위는 언제나 권력보다 강하다."

제임스 콜린스

"권위는 권력을 지배한다."

존 레이크

권력과 권위, 단어는 한 끗 차이로 아주 근소하게 다르지만, 현실에서는 아주 큰 차이가 있습니다. 권력은 남을 복종시킬 수 있는 공인된 권리와 힘을 뜻하고, 권위는 남을 지휘하거나 통솔할 수 있는 능력 또는 일정한 분야에서 사회적으로 인정을 받고 영향력을 끼칠 수 있는 위신이라는 뜻을 가지고 있습니다.

단어만 본다면 권력은 힘이 있고, 권위는 힘이 없어 보이거나 상대적으로 약하다는 느낌을 받을 수 있습니다. 하지만 위의 명언들처럼 성공한 많은 사람들은 대부분 권력보다는 권위라는 입장입니다. 그 이유는 단어로 보면 권력이 더 강해 보이지만 실질적으로는 권위가 더 큰 힘을 가지고 있다는 사실을 알고 있기 때문입니다.

권력만을 가진 사람에게서 밖으로 드러나는 힘이 사라지면 그 사람은 아무것도 아닌 존재로 전락하게 될 것입니다. 하지만 권위가 있는 사람은 드러나는 힘이 없더라도 그 사람의 가치는 여전히 높습니다. 역설적으로 권위가 있는 사람은 권력을 얻게 될 확률이 높습니다. 권위 있는 사람은 남을 지휘하거나 통솔할 수 있는 능력을 가진 것이고, 남들에게 인정받는 사람이기 때문에 그런 사람들이 자신을 따르면 공동체가 되고, 그 공동체가 커지면 그 공동체의 리더라는 것이 권력이 될 수 있기 때문이죠. 이외에도 권위를 통해 권력을 얻는 방법은 여러 가지가 있습니다.

신기하게도 권력을 나쁘다고 생각하는 분들이 꽤나 많습니다. 아마 현실에서 권력을 가진 사람이 선행을 하는 것보다 악행을 하는 것을 더 많이 목격했기 때문이라고 생각하는데요. 하지만 그렇다고 권력을 나쁘게 생각한다면 권력도 억울해할 것입니다. 그런 사람들은 권위 없이 권력만 가지고 있는 사람들이기 때문에 그런 평가를 받는 것 같습니다. 권위가 없는 권력은 심이 없는 연필과 같습니다. 그런 연필은 사람들에게 버려지기 마련이죠.

우리는 이런 사례를 반면교사 삼아 버려지지 않고 인정받는 사람이 되는 법을 알 수 있습니다. 바로 권위가 수반된 권력을 얻는 것이죠. 다시 말해 권위를 통한 권력을 얻어야 합니다. 그렇다면 권위를 어떻게 얻을 수 있을지 질문해 봐야 합니다.

> "자신의 지위와 권위를 인정받기 위해서는
> 다른 사람들을 존중해야 한다."
>
> 로버트 그린

"권위는 존경으로부터 나온다.
존경은 인간성으로부터 나온다."

윌리엄 알렉산더 패터슨

"권위는 실제로는 가장 조용한 목소리로
말하는 사람들에게서 온다."

잭 스트로

"권위는 당신이 다른 사람에게
얼마나 도움이 되느냐에 따라 결정된다."

아이작 뉴턴

위의 명언들에서 어떻게 권위를 얻을 수 있는지에 대한 의문을 해결할 수 있다고 생각합니다. 위인들의 권위를 얻는 방법을 정리해 보자면 다른 사람을 존중하고, 인간성을 가지고, 조용한 목소리로 말하고, 다른 사람에게 도움이 되는 것으로 정리할 수 있습니다. 오해하실 분은 거의 없겠지만 짚고 넘어가자면 조용한 목소리로 말한다는 것은 물리적으로 소리가 작다는 것이 아닌 드러내려 하지 않고, 겸손하다는 뜻을 가지고 있습니다.

그런데 가만히 생각해 보면 권위를 얻는 이 모든 방법을 모두 실천하고 있는 위인이 있습니다. 그분은 다름 아닌 예수님이십니다. 예수님은 누구보다 다른 사람을 존중하시고, 드러내려 하지 않으시고, 누구보다 능력 있지만 겸손하시며, 아주 많은 사람에게 도움을 주셨습니다. 또한 예수님께서는 신성을 지니신 인성이시기에 최고의 인성적 모델이시자 인간성 그 자체라고 말할 수 있고, 그렇기에 자연스레 권위가 생길 수밖에 없는 것입니다.

예수님께서 세상에 물리적으로 존재하지 않으심에도 불구하고 이 세상에서 가장 많은 팔로워를 보유하실 수 있었던 이유도 권위 그 자체의 삶을 살아 내셨기 때문이라고 생각합니다.

그와는 반대로 권력을 내세우다가 망하게 된 사례도 존재합니다. 조금은 다른 사례지만 바벨론 도시의 건설자들은 하나님의 명령을 무시하고, 무리하게 권력을 증명하려다가 결국 망하게 되었습니다. 이러한 사례를 통해 우리는 권력보다 겸손과 존중, 배려와 같은 덕목을 추구해야 한다는 사실을 알 수 있습니다.

이는 인간관계, 형제 관계에서도 마찬가지입니다. 힘이 조금 더 세다고, 돈이 조금 더 많다고, 공부를 더 잘한다는 이유로 상대를 억압하는 것은 현명하지 못합니다. 상대가 힘이 더 세지고, 돈이 더 많아지고, 공부를 더 잘하게 되는 등 드러나는 힘을 잃게 만들면 아무것도 할 수 없기 때문입니다. 그런 관계는 절대 오래 유지될 수 없습니다. 인간관계를 잘 유지하려면 권위 있는 사람이 되어야 합니다. 그러려면 존중, 이해, 겸손 등의 가치를 권력보다 우선으로 생각해야 합니다. 그러지 않으면 바벨론과 같은 결말을 맞이하게 될 것입니다.

눈에 보이지 않는데도 전 세계에서 가장 많은 팔로워를 보유하신 권위 그 자체의 예수님과 권력을 드러내려다가 망하게 된 바벨론의 결말을 생각하며 권위 있는 삶을 살아 내서 보이지 않는 힘을 얻어 내는 여러분이 되시길 원하고, 바라고, 기도합니다.

66일 착한 척하기 프로젝트!

하니

여러분은 하나의 습관이 형성되는 데 걸리는 시간이 어느 정도인지 아시나요? 어떤 습관이냐에 따라, 사람에 따라, 환경에 따라 모두 다르기 때문에 단정 지을 수는 없지만 연구에 따르면 하나의 습관이 형성되는 데에 통상적으로 66일이 걸린다고 합니다.

갑자기 습관이 형성되는 기간에 관해 이야기한다니, 뜬금없다고 생각되실 것입니다. 습관에 대한 이야기를 한 이유는 소규모 프로젝트를 제안할 것이기 때문입니다. 일명 '66일 착한 척하기 프로젝트'인데요. 사람은 읽고 깨닫는 것만으로는 크게 변화하기 어렵다는 것을 알기에 이벤트처럼 이 프로젝트를 만들게 되었습니다.

프로젝트의 준비물은 달력과 착한 척하겠다는 마음가짐입니다. 착해지겠다는 준비하기 어려운 준비물까지는 필요 없습니다. 방법은 간단합니다. 이 글을 읽은 날에 표시하고 그날을 기점으로 66일 지난 날에도 표시하고 그날까지 모든 사람에게, 어떤 상황이든 착한 척을 하시면 됩니다.

가식적이라고 생각하실 수도 있지만 상관없습니다. 그리고 실행하던 도중에 실패한다고 해도 회복 탄력성을 가지고, 다시 최대한 열심히 착한 척을 하시면 됩니다. 66일 동안이라도 성인군자, 예수님처럼 되어 보겠다고 다짐하는 것입니다.

"둘째도 그와 같으니 네 이웃을 네 자신 같이 사랑하라 하셨으니"
마 22:39

"사랑은 오래 참고 사랑은 온유하며 시기하지 아니하며 사랑은 자랑하지 아니하며 교만하지 아니하며 무례히 행하지 아니하며 자기의 유익을 구하지 아니하며 성내지 아니하며 악한 것을 생각하지 아니하며 불의를 기뻐하지 아니하며 진리와 함께 기뻐하고 모든 것을 참으며 모든 것을 믿으며 모든 것을 바라며 모든 것을 견디느니라"
고전 13:4~7

"새 계명을 너희에게 주노니 서로 사랑하라 내가 너희를 사랑한 것 같이 너희도 서로 사랑하라"
요 13:34

66일 동안 위와 같은 사랑과 이해에 대한 성경 구절들을 시각화하는 것도 좋은 방법입니다.

그런데 이 프로젝트를 보고 이런 의문이 들 수 있습니다.

"66일 동안 착한 척을 한다고 뭐가 바뀔까?"
"66일 동안 해서 습관이 형성된다고 해도 가식적인 착한 척하는 습관만 생기는 게 아닐까?"

확실한 것은 66일 동안 무언가를 제대로 한다면 변화한다는 것입니다. 그 변화가 착한 척하는 습관이 형성되는 것일 수도 있고요. 하지만 착한 척이 습관이 되어 660일 동안 지속하게 되면 어떤 일이 일어날까요? 착한 척하는 것이 아니라 정말 착한 사람, 착한 마음을 가진 사람이 되어 있을 것입니다.

어려운 소상공인들과 상권을 살리고, 대중에게 저렴한 가격에 음식을 제공하는 백종원 대표님도 이런 말씀을 하신 적이 있습니다. "나는 원래 착한 사람이 아니었는데 계속 착한 척을 하다 보니 착한 사람이 되었다."

백종원 대표님이 어느 정도의 시간을 투자하셨는지는 모르지만, 착한 척을 하다 보니 착한 사람이 되었다고 하십니다. 백종원 대표님이 투자하신 시간을 모른다고 우리도 기간을 정하지 않고 한다면 금방 포기할 것입니다. 그렇기 때문에 우리는 연구 결과가 많은 66일 동안 착한 척을 해 보면 좋겠습니다.

프로젝트를 진행하다 보면 '내가 이 사람을 용서했다고?'와 같은 놀라움을 경험하고 그 희열이 또 다른 선행으로 연결되어 결론적으로 예수님을 닮은 하나님의 자녀가 되어 있으실 것입니다. 이 프로젝트를 성공적으로 완수할 수 있으시길 축복합니다.

그대를 바라보는 창가

비니

> 한 소녀의 강아지가 불의의 사고로 죽었다.
>
> 소녀의 부모는 불쌍한 강아지를 정원에 묻어 주기로 했고, 소녀는 그 모습을 보며 하염없이 울었다. 그러자, 보다 못한 할아버지가 손녀를 다른 창가에 데려가 때마침 꽃망울을 활짝 터뜨리고 있는 5월의 장미화단을 보여 주었다.
>
> 그제야 소녀의 얼굴의 슬픔이 자취를 감추고 금세 명랑해졌다. 할아버지가 손녀의 머리를 쓰다듬으며 말했다.
>
> "애야, 너는 방금 전에 창문을 잘못 연 거야."

많은 의미를 담고 있는 이 이야기는 《당신을 바꿀 138가지 놀라운 이야기》라는 책에 나오는 〈잘못 연 창문〉이라는 이야기입니다.

이 이야기에서는 '창문'을 중심으로 이야기가 펼쳐지는데, 이 창문의 뜻은 각자 해석하기 나름이지만 저는 이 창문의 의미가 사람이 삶을 살아갈 때 매 순간 설정하는 방향성이라는 생각을 하게 되었습니다.

사람의 인생에서 방향성은 굉장히 중요합니다. 왜냐하면 이 방향성이 우리의 생각을 결정하고, 행동을 결정하기 때문이죠. 우리가 설정하는 방향성은 우리의 반응을 결정하고 우리의 인생을 결정합니다. 그렇기에 올바른 방향성을 설정하는 것이 매우 중요한 것입니다.

우리의 인생 전체에서도 방향성은 매우 중요하지만, 인간관계에서 특히 형제 관계에서 방향성은 매우 중요합니다. 저는 이러한 인간관계, 형제 관계에서의 방향성을 '그대를 바라보는 창가'라고 정의했습니다.

우리는 각자 상대를 바라보는 창가가 마음속에 있습니다. 사람은 모두 다르지만, 그 창가는 본질적으로 두 가지로 나뉩니다. 하나는 긍정적인 마음의 창가, 하나는 부정적인 마음의 창가입니다.

아무리 좋은 사람이라도 그 사람을 바라보는 사람이 부정적인 마음의 창가로 바라본다면 그 사람의 단점만 보일 수밖에 없습니다. 하지만 조금 부족하고 온전치 못한 사람처럼 보여도 이 사람을 바라보는 사람이 긍정적인 마음의 창가로 바라본다면 그 사람의 장점과 숨겨져 있던 보석을 찾아낼 수 있게 되고, 결국 모두가 윈윈하는 선순환 구조를 만들 수 있게 됩니다.

그러나 저는 지금까지 동생을 부정적인 마음의 창가까지는 아니지만, 부정과 긍정 그 사이에 있는 '그 어떤 것도 아닌 창가'로 바라보고 있었습니다. 가족이기에 사랑해야 한다는 것을 알고 있으면서도 긍정적인 마음으로 바라보며 사랑하지는 못했던 것이죠.

사랑하지 못했기에, 지금처럼 동생을 최고의 동역자라고 생각할 수도 없었고, 그렇기에 합력하여 선을 이루고 열매를 맺는 삶을 살아 낼 수 없었습니다.

그러나 매번 강조하지만, 가정 안에서의 멘토링을 통해, 아빠의 멘토링을 통해 저희 형제는 항상 상황과 감정을 분리하여 피드백해 볼 수 있게 되었고, 관점을 전환하여 서로를 바라볼 수 있게 되었습니다.

아빠의 일명 '프레임 놀이' 멘토링을 통해서 저희는 서로를 바라보는 창가를 긍정의 창가로 바꾸는 발판을 마련하게 되었습니다. 이 프레임 놀이는 저희가 항상 듣는 찬양을 한 사람에게 들려주고, 그 찬양을 듣는 한 사람은 다른 사람의 팔을 찬양의 멜로디 박자에 따라 두들겨 찬양을 듣지 않는 사람이 어떤 찬양인지 맞추는 게임입니다.

처음에는 제가 노래를 듣고 하니가 정답을 말해야 했는데요, 항상 듣던 찬양이다 보니 저는 망설임 없이 하니의 팔을 두들겼지만(?) 하니는 좀처럼 답을 맞추지 못했습니다. 그러자 저는 '이렇게 쉬운 걸 왜 못 맞추지?'라고 생각하며 제 차례를 맞이했지만, 이러한 교만의 생각은 10초도 되지 않아 무너져 내렸습니다. 규한이가 아무리 열심히 손목을 두들겨도 어떤 찬양인지 전혀 감이 오지 않았고, 저는 그제야 제가 교만했다는 것을, 그리고 사람은 무엇이든지 바라보는 관점이 다르다는 것을 깨닫게 되었습니다.

이후에도 저희가 서로에 대해 부정적인 창가로 바라볼 때마다 아빠께서는 저희의 손을 잡고 긍정적인 창가로 데려가 주셨습니다. 그렇기에 지금은 서로를 긍정적인 창가에서 바라볼 수 있게 되었고, 간혹 부정적인 창가로 가려고 하더라도 이제는 스스로 긍정의 창가로 돌아올 수 있는 회복탄력성을 갖추게 되었습니다.

만약 형제의 생각과 행동이 이해가 안 된다거나, 서로를 부정적인 창가로 바라본다는 듯한 느낌이 드는 분들이 있으시다면 이 '프레임 놀이' 또는 '고요 속의 외침'이라는 게임을 해 보시면 좋을 것 같습니다. 이러한 놀이를 통해 재미도 느끼면서 서로를 바라보는 관점의 차이와 '그대를 바라보는 창가'의 존재를 인식하고 서로 가지고 있던 프레임을 깨는 시간으로 활용할 수 있을 것입니다.

또한 '그대를 바라보는 창가' 중 긍정적인 창가의 핵심은 이 장의 첫 글에서 말했던 마음의 문을 여는 두 가지 열쇠, '하나님의 형상성'과 '유니크한 비저너리'입니다.

궁극의 비전 멘토로서 사랑과 구원, 치유와 멘토링의 사역을 감당하셨던 예수님께서도 모든 사람을 하나님의 형상이자 유니크한 비저너리로 바라보셨기에 그들을 모두 사랑하시고 그들을 위해 자신의 목숨을 버리실 수 있었다고 생각합니다. 예수님께서 유일하게 엄하게 반응하신 바리새인과 사두개인, 그리고 서기관들마저도 예수님께서는 사랑하셨기에 그러한 반응을 하셨다고 볼 수 있습니다. 예수님께서 그들을 사랑하지 않으셨다면 애초에 관심과 반응을 하시지 않으셨을 것이죠. 그냥 무시하고 지나가도 될 일인데, 궁극적으로는 그들을 사랑하시기에 꾸짖으셨던 겁니다.

이 관점의 전환은 진실로, 진실로 강력합니다. 닫힌 이해의 마음을 열고, 당신을 바라보는 창가를 긍정적으로, 비전적으로 치환시켜 줄 수 있기 때문입니다.

그러므로 이해하는 관계의 시작과 끝, 알파와 오메가가 모두 이 두 가지 단어로 정리할 수 있습니다.

'하나님의 형상'
'유니크한 비저너리'

지금 이 순간부터 이 두 가지로 '그대를 바라보는 나만의 창틀'을 완성해 가시길 소망합니다.

```
        하나님의형상!
  유                    비
  니                    저
  크                    너
  한                    리
                        !
        하나님의형상!
```

초격차 인性.지性.영性
<실천과 사색, 토론을 위한 질문>

1. 모든 인간이 '틀림'이 아닌 '다름'을 인정하기 위해서는 어떤 관점이 필요한가?

2. 내 마음 속에 자리잡고 있는 '지킬과 하이드' 중 지킬 박사에게 힘을 줄 방법은 무엇인가? 더불어 하이드 박사를 하이드(hide)하기 위해 할 수 있는 행동은 무엇인가?

3. '영적 연쇄살인범'이 되지 않게 해 주는 명확한 비전과 정체성을 갖추기 위해서 내가 할 수 있는 단 하나의 일은?

4. 예수님을 닮은 '예닮' 비저너리가 되기 위해서 던져야 하는 질문은 무엇인가?

5. '힘이 있어도 힘이 없는 자'가 아닌, '보이지 않아도 힘이 있으신 예수님'과 같은 선한 인플루언서가 되기 위해 할 수 있는 단 한 가지는?

3장

불통하는 형제?
소통하는 형제!

생사를 결정하는 말과 혀

비니

이 글의 제목을 처음 보신 분들이라면 의문을 가지거나, 아니면 격하게 공감하셨으리라 생각합니다. 격하게 공감하시는 분들이라면 이 원리를 알고 계실 것이기에 이 문장에 의문을 가지신 분들의 관점으로 설명을 해 보려고 합니다.

세 치 혀가 우리의 생사를 결정합니다. 우리가 내뱉는 말 한마디가 죽고 사는 것을 결정합니다.

성경에도 이러한 내용이 나오는데요, 잠언 18장 20~21절 말씀입니다.

"사람은 입에서 나오는 열매로 말미암아 배부르게 되나니 곧 그의 입술에서 나는 것으로 말미암아 만족하게 되느니라 죽고 사는 것이 혀의 힘에 달렸나니 혀를 쓰기 좋아하는 자는 혀의 열매를 먹으리라"

잠 18:20~21

또한 하나님께서는 말에 권세가 있다고도 말씀하셨죠.

이렇듯 우리의 혀, 우리가 내뱉는 말은 정말 중요합니다.
특히 인간관계에서, 형제 관계에서 말입니다.

사람은 관계를 맺지 못하면 살아갈 수 없기 때문에 인간관계의 가장 중요한 부분인 말과 혀를 성경에서 생사를 결정하는 요소라고 설명한 것 같기도 한데요, 그러면 우리는 말과 혀의 어떠한 부분을 주의해야 할까요?

저희의 경험에 의하면 가장 중요한 부분은 두 가지가 있었습니다.
첫 번째는 '말꼬리 내리기', 두 번째는 'S.T.A.R'입니다.

먼저 '말꼬리 내리기'는 대화할 때 가장 기본적으로 갖춰야 할 요소라고 할 수 있습니다. 왜냐하면 말꼬리가 올라간 상태로 대화했을 때 그것을 듣는 상대방은 이 사람이 짜증을 낸다고 생각할 확률이 지대하기 때문이죠.

저와 동생 하니도 몇 년 전까지는 말꼬리가 올라간 상태에서 대화했었습니다. 물론 감정적으로 흥분한 상태에 놓여 있을 때가 더 많았지만, 그래도 말꼬리를 내린 채로 대화를 풀어 나갔다면 일어나지 않았을 상황을 자초했던 적 또한 많았습니다.

말꼬리를 올렸을 때의 대표적인 대화체는 이러합니다.

* 음성지원을 해 드렸다면 더 생동감 있었겠지만 지금의 저희에게는 이러한 말투가 굉장히 어색해졌기 때문에 그러지 못하는 점 양해 부탁드립니다. ^^

"맞아~아!"

"어쩌라고오!"
"뭐 하냐고오!"

가끔 이러한 반응을 노출하며 서로에게 신경질적으로 반응하던 저희의 대화체는 이 또한 아빠의 멘토링에 의해서 변화하게 됩니다.

우리 가족에게는 특별한(?) 문화가 하나 있는데요, 그것은 바로 영상으로 기록하여 남기기입니다. 사진이나 글보다 나은 영상의 장점은 무엇일까요? 역동적인 무브먼트가 담긴다는 것과 소리가 녹음된다는 것입니다. 이것을 다른 말로 풀이해 보면 우리의 언행 모두를 피드백해 볼 수 있는 최고의 자원이라고 해석할 수 있지요.

아빠께서는 항상 저희의 모습을 영상으로 남겨 주셨고, 저희는 그 영상을 보며 행동과 말투 등을 피드백하고, 고쳐 나가려고 노력했습니다. 매번 영상을 보면 매번 개선되는 모습이 보이니 성취 습관 또한 생기게 되었고, 그 성취 습관이 더욱 성장해야겠다는 동기부여를 저희에게 주어 더욱 좋은 형제 관계를 만들어 나갈 수 있도록 자신을 고무시키는 촉매제 역할을 해 주었습니다.

최근에도 이전에 찍었던 영상들을 온 가족이 둘러앉아 돌아보며 웃고 피드백하는 행복한 시간을 가졌는데요, 개인적인 성장과 가정의 행복, 두 마리 토끼를 모두 잡을 수 있다는 점에서 이 글을 읽는 모든 가정에게 이 영상 기록을 통한 피드백을 적극적으로 추천드립니다!

또한 아빠께서는 이 글 초입에 나오는 잠언 말씀과 말에는 권세가 있다는 말씀을 해 주시며 말꼬리만 내려도 형제 관계와 원활한 대화에 큰 도움이 될 것이라고 하셨습니다.

그 이후로 저희는 말꼬리를 내리고 말할 수 있도록 항상 생각하며 서로를 배려했고, 저희의 관계는 더욱 개선될 수 있었습니다.

하지만 이 '말꼬리 내리기'로만 원활한 소통의 관계가 만들어지는 것은 아닙니다.
두 번째, 'S.T.A.R'이 필요합니다.

'S.T.A.R'은 Stop, Think, Act, Remind의 첫 글자를 딴 말로 '멈추고, 생각하고, 행동하고, 피드백하라'라는 메시지를 담고 있는, 우리 가족이 머리를 맞대고 만들어 낸 모토인데요, 개인적으로는 이 'S.T.A.R'이 IBM의 'Think', 빌 게이츠의 'Think Week', 스티브 잡스의 'Think Different'를 잇는 최고의 'Think 메커니즘'이라고 생각합니다.

항상 말과 행동 전에 이 'S.T.A.R'를 통해 5초간 다시 생각해 본다면 이전보다 훨씬 더 신중하고 성숙한 언행을 가질 수 있을 것입니다.

저희도 이 'S.T.A.R'의 효과를 톡톡히 보았는데요, 저희는 어릴 때 가끔 기분이 좋지 않으면 서로 말할 때 신경질적이고 충동적으로 반응하는 경우가 많았습니다.

예를 들면 규한이가 "형, 밥 먹을 거야?"라고 물어봤을 때 저는 "그럼

먹지, 안 먹겠냐?"라고 답했다는 것이죠.

저희 형제 둘 다 개인적인 감정과 상황을 분리하지 못해 위와 같이 충동적으로 반응하는 경우가 적지 않았고, 이번에도 관계 소방관이신 아빠가 출동하셔서 저희의 말투와 반응을 피드백 해 주시며 스스로 해결 방법을 잘 생각해 보라고 며칠의 시간을 주셨습니다.

그로부터 며칠 뒤, 규한이가 하나의 종이를 들고 왔는데요, 그 종이에는 이렇게 적혀 있었습니다.

'S.T.D'

Stop, Think, Do의 약자였죠. 저는 이를 보고 '좀 더 풍성하고 의미 있게 바꿀 수 없을까?'라고 생각했고, 앞의 S와 T를 보고 별을 뜻하는 STAR를 떠올렸습니다. 그래서 Do를 Act로 치환했지만, 마지막 R이 떠오르지 않아 막혀 있었는데 아빠와 엄마가 동시에 피드백을 뜻하는 Remind로 해보면 어떻겠냐고 제안하셔서 지금의 'S.T.A.R'이 완성된 것입니다.

이렇게 가족이 모여 새로운 모토를 창조하였고, 심지어 그 모토가 뜻하는 내용이 인생의 성공 원리, 관계의 성공 원리이기에 삶 속에서 바로바로 적용해야겠다는 생각이 들었습니다. 그렇게 동생과의 관계와 언행 속에서 항상 멈추고, 생각하고, 행동한 뒤 피드백해 보는 습관을 가질 수 있게 되었고, 지금은 위의 예시에서 소개한 바와 같은 충동적이고 어이없는 반응은 일절 하지 않으며 평화로운 형제 관계, 가족 관계를 만들어 나가고 있습니다. 매일, 매 순간 S.T.A.R 하여 하나님의 자녀로서 비전 성취를 향해 나아가고, 그리하여 진정한 'STAR'로 거듭나고 있는 것이죠.

물론 '말꼬리 내리기'와 'S.T.A.R'은 너무나 기본적인 것들이고 원활한 인간관계와 소통을 위해서는 다른 부가적인 요소들도 필요한 것이 사실입니다. 하지만 아시아 최고를 넘어 세계 최고 수준의 축구선수인 손흥민 선수를 양육하신 손웅정 감독님께서도 자신의 저서를 통해 말씀하셨듯이 모든 것은 기본에서 시작합니다.

기본적이지만 가장 중요한 이 두 가지만 잘 지킨다면 인간관계든 형제 관계든 지금보다 더 나은 수준으로 끌어올릴 수 있으리라고 저는 확신합니다.

그러므로 모두 비전이라는 '별'에 가까이 갈 수 있도록 S.T.A.R 하는 삶 살아가시길 소망합니다!

사이좋은 형제는 타임머신을 타지 않는다!

하니

크리스천은 하나님과 소통하는 것이 가장 중요합니다. 그런데 많은 크리스천들이 하나님과 소통하지 못하고 불통하는 이유는 하나님을 너무 먼 존재로 여긴다는 것입니다. 유일하시고, 위대하시고, 영광받으셔야 하는 신이신 것은 사실이지만 그렇다고 멀리 있으신 분은 아닙니다. 우리의 아버지이시기 때문입니다. 우리는 하나님이 자기 삶의 모든 곳에 존재하신다는 것을 깨달을 필요가 있습니다. 하나님이 주신 명확한 비전을 찾는다면 내 삶 모든 곳에 하나님이 존재하신다는 사실을 깨달을 수 있을 것입니다. 그렇기 때문에 비전을 찾는 것은 중요합니다.

반대로 하나님과의 관계와는 다르게 형제 관계에서 소통하지 못하는 이유는 너무 멀리 있다고 생각해서는 아니라고 생각합니다. 오히려 주변 형제들을 보면 멀리 있을 때는 사이가 좋다가도 가까이만 오면 사이가 안 좋아지는 경우가 허다합니다. 가까이 있을 때 사이가 안 좋아지는 이유는 여러 가지가 있겠지만 이번 글에서는 타임머신을 타는 것에 대한 경험과 생각을 나누고자 합니다.

타임머신에 대한 열망이 있는지, 형제를 포함한 인간은 인간관계를 맺을 때 종종 타임머신을 타는 경우가 있습니다. 여기서 타임머신이라 함은 과거의 사건과 이야기를 끄집어내어 현재와 연결하는 것을 의미합니다. 많은 사람들이 "내가 저번에 ~를 해 줬으니 네가 이번에는 ~를 해 줘."와 같은 형식으로 타임머신을 타곤 합니다. 또는 반대로 "네가 저번에 ~를 안 해 줬으니 나도 이번에 ~를 안 해 줄 거야."라는 타임머신을 타기도 합니다.

'내가 저런 유치한 말을 한다고? 말도 안 돼!'라고 생각하는 분도 있으실 것입니다. 하지만 저 타임머신을 말로만 탈 수 있는 것이 아닙니다. 자신도 인지하지 못했지만, 행동을 통해 저 말들을 표현한 적이 있으실 것입니다.

저는 말과 행동 여러 가지 타임머신을 타면서 형과 많이 다투었습니다. 그냥 부탁하면 기분이 나쁘지 않을 말인데 타임머신을 타면 상대는 오히려 반항심을 느낍니다. "저번에는 설거지 내가 했으니까, 이번에는 형이 해." "저번에는 내가 아이스크림 샀으니까, 이번엔 형이 사 줘." 그냥 "설거지 좀 해 줄 수 있어?" "나 아이스크림 좀 사 줘."라고 말하면 아무 문제가 없었을 텐데 그렇게 하지 않아 많이 다투었습니다.

과거의 이야기를 꺼내면 더 과거의 이야기를 꺼내고, 그러면 더 과거의 이야기를 꺼내다 결국 감정에 복받쳐 싸우는 사이클을 겪게 됩니다. 이런 문제가 일어나는 원인은 크게 두 가지라고 생각합니다. 첫 번째는 자존심입니다. 인간은 부탁을 하면 자신의 위치가 낮아진다고 생각합니다. 그런데 부탁을 안 할 수는 없는 상황이니 최대한 자신이 낮아지지 않게 예전에 자신이 했던 일들을 드러내려는 것이죠. 두 번째는 이익을 추구하고, 손실을 회피하는 인간의 성향 때문입니다. 줬으면 받아야 하고,

받지 못했는데 주면 내가 손해를 본다는 생각에 자꾸만 타임머신을 타는 것입니다.

  모두가 신뢰할 수 있고, 모든 사람의 이익과 손실을 다 기록하는 투명한 장부가 생기는 것이 아니라면 서로가 준 이익과 손실을 비교하는 것은 미련한 것입니다. 아니, 그런 장부가 생겨도 비교는 미련한 행동입니다. 무형의 이익과 손실은 주관적이어서 기록할 수 없기 때문입니다. 성경에도 자신의 기준을 가지고 비교하는 것이 얼마나 미련한지 알려 주는 말씀이 있습니다.

"우리는 자기를 칭찬하는 어떤 자와 더불어 감히 짝하며 비교할 수 없노라 그러나 그들이 자기로서 자기를 헤아리고 자기로서 자기를 비교하니 지혜가 없도다"

고후 10:12

  우리가 롤 모델로 삼아야 할 1순위는 언제나 예수님이십니다. 우리가 예수님을 10%만이라도 닮는다면 성공적인 인간관계를 할 수 있습니다. 예수님은 단 한 번도 타임머신을 타신 적이 없으시며 어떤 상황에서도 자신과 남을 비교하지 않으셨습니다. 우리도 예수님을 닮아 가기 위해서는 자신과 남을 비교하지 않고, 타임머신을 타지 않으려고 노력해야 합니다.

  하나님이 주신 명확한 비전을 가지고 있는 비저너리는 비전에 집중합니다. 비전은 미래입니다. 즉 비저너리는 과거에 집중하는 것이 아니라 미래에 집중합니다. 여러분도 명확한 비전을 찾으셔서 과거가 아닌 미래로 가는 타임머신에 탑승하시길 원하고 바라고 기도합니다.

Back to the Future!
Go to the Vision!

마음을 읽는 초능력은 없다!

하니

여러분은 사랑하는 사람에게 사랑한다고 표현하지 못하거나, 감사한 사람에게 감사하다는 표현을 못 한 적이 있으신가요? 저는 얼마 전까지 둘째가라면 서러울 정도로 내향적인 사람이었습니다. 그래서 사랑하는 사람에게 사랑한다고, 특히 감사한 사람에게 감사의 표현을 못 한 적이 많습니다.

하지만 깨달은 것이 하나 있습니다. 내향적인 것과 사랑, 감사를 표현하는 것은 별개라는 것입니다. 이 감정들을 표현하지 않음으로써 발생하는 손실은 측량할 수 없습니다. 세상에서 가장 위대한 자원인 인적 자원, 인적 네트워크를 쌓을 수 있는 기회를 날려 버리는 것이기 때문입니다. 이러한 이유들 때문에 자신의 감정을 표현한다는 것은 정말 중요하다고 생각합니다.

성경에는 이런 말씀이 있습니다.

"자녀들아 우리가 말과 혀로만 사랑하지 말고 행함과 진실함으로 하자"
엡 3:18

여러 가지 해석을 할 수 있지만 지금 저의 관점으로는 '감정을 표현하는 것'에 초점이 맞춰 해석했습니다. 말과 혀로만 사랑하지 말고 행함과 진실함으로 하자라는 말씀은 말과 혀로도 사랑과 감정을 표현하지 않는 사람들에게 말과 혀를 넘어 행함과 진실함으로 감정을 표현하자고 제시하시는 것 같습니다.

성경에서도 볼 수 있듯 감정을 표현하는 일은 매우 중요합니다. 많은 사람이 기본적인 감사와 사랑에 대한 감정을 표현하지 못하는 경우도 있습니다. 물론 그렇지 않은 사람도 많지만요. 하지만 감사와 사랑을 표현하는 것만으로는 부족합니다. 부정적인 감정도 표현할 줄 알아야 합니다. 그래야 많은 사람과의 오해와 분쟁을 예방할 수 있습니다. 저는 어떠한 감정을 부정적인 감정이라고 정의하는 것은 싫어하지만 설명을 위해서는 부정적인 감정이라고 표현하겠습니다.

예를 들어 분노, 슬픔, 예민함 등의 감정을 표현할 수 있어야 합니다. 마음을 읽는 초능력을 가진 사람이나 독심술 마스터는 이 세상에 존재하지 않기 때문입니다. 그런 사람이 많았다면 상대가 예민하거나 화나 있을 때 조심히 행동하겠지만 그런 사람은 존재하지 않기 때문에 상대를 그런 사람으로 만들어 주는 것이 중요합니다.

저도 지금은 형과 서로의 감정 상태를 표현하고 있습니다. 그러다 보니 서로의 감정 상태에 따라 조심히 행동하기 때문에 오해와 분쟁이 줄어들었습니다. 이를 실천하기 전까지는 아주 작은 일에 반응하여 자주 싸웠습니다. 특히 저희 형제는 어릴 때부터 스킨십을 많이 했는데 이런 스킨십은 감정 상태에 따라 천차만별로 받아들여지기 때문에 많이 싸웠지만 이제는 서로의 감정을 100%는 아니더라도 파악할 수 있기 때문에 싸우는 빈도가 줄었습니다.

어떤 사람들은 부자가 되면, 혹은 성공하면 행복이 찾아온다고 말합니다. 하지만 이 생각은 옳다고 할 수 없습니다. 세계적인 동기부여가 에드 마일렛의 저서 《한 번 더'의 힘》에서는 "행복이라는 감정을 충만하게 느끼며 살아가는 사람이 부자가 된다."라고 말합니다. 인간관계도 마찬가지입니다. 인간관계를 잘해서 행복한 것이 아니라 행복한 사람이 인간관계를 잘하는 것이라는 말이죠. 행복한 사람은 감정을 잘 다룰 줄 아는 사람입니다. 다시 말하자면 감정을 잘 다루는 사람이 성공하는 것입니다.

에드 마일렛은 감정에게 출입구를 만들어 주라는 말을 했습니다. 전적으로 동의합니다. 감정을 내보내지 못한다면 혼돈의 카오스 상태에 빠질 것이며, 아무런 감정을 들이지 않는 것은 불가능할뿐더러 좋지 않기 때문입니다. 그런데 저는 감정이라는 생명체들이 드나드는 건물이 통유리로 이루어져 있으면 좋겠다고 생각합니다. 다른 사람들이 어떤 감정이 들어오고, 어떤 감정이 나가는지 인지하고 파악하게 할 수 있도록 말이죠. 만약 통유리로 만들 수 없다면 스피커라도 있으면 좋겠습니다. 다른 사람들이 청각을 통해 어떤 감정들이 오고 가는지 알 수 있게 말이죠.

끊임없이 변화하는 세상에서 성공하기 위해서는 보이지 않는 것을 보는 능력이 요구됩니다. 저도 보이지 않는 것을 볼 수 있는 능력을 키우기 위해 아주 많은 노력을 하고 있습니다. 그런데 저는 그에 못지않게 보이지 않는 것을 볼 수 있게 해 주는 것도 중요한 능력이라고 생각합니다.

감정을 표현하는 것도 보이지 않는 것을 볼 수 있게 해 주는 능력 중 아주 작지만, 아주 거대한 범주 안에 속해 있다고 생각합니다. 보이지 않는 것을 볼 수 있게 해 주는 능력을 기르기 위해서는 자신의 감정을 파악하고 남에게 보여 줄 수 있어야 합니다.

하나님의 존재와 예수님의 부활을 믿는 것보다 다른 사람을 믿게 하는 것이 더 어려운 것처럼 보이지 않는 것을 보는 것보다 보이지 않는 것을 볼 수 있게 해 주는 것이 더 어려운 일입니다. 그렇기 때문에 가장 쉬운 일인 감정을 보여 주고, 표현하는 일부터 시작하는 것이 좋습니다.

눈덩이를 굴리는 장면을 보면 우리는 인생의 성공 법칙 중 하나를 알수 있습니다. 하지만 그것이 눈덩이기에 많은 사람들이 그냥 지나치고 말죠. 하지만 그것이 눈덩이가 아닌 금덩이라면 어떻게 하시겠습니까? 여러분은 지금 그 금덩이를 손에 쥐고 금이 쌓인 내리막길 위에 서 있으십니다. 여러분은 어떻게 하시겠습니까?

독과 약이 모두 있는 그곳, '광야'

하니

"모세가 홍해에서 이스라엘을 인도하매 그들이 나와서 수르 광야로 들어가서 거기서 사흘 길을 걸었으나 물을 얻지 못하고 마라에 이르렀더니 그곳 물이 써서 마시지 못하겠으므로 그 이름을 마라라 하였더라 백성이 모세에게 원망하여 이르되 우리가 무엇을 마실까 하매 모세가 여호와께 부르짖었더니 여호와께서 그에게 한 나무를 가리키시니 그가 물에 던지니 물이 달게 되었더라 거기서 여호와께서 그들을 위하여 법도와 율례를 정하시고 그들을 시험하실새 이르시되 너희가 너희 하나님 나 여호와의 말을 들어 순종하고 내가 보기에 의를 행하며 내 계명에 귀를 기울이며 내 모든 규례를 지키면 내가 애굽 사람에게 내린 모든 질병 중 하나도 너희에게 내리지 아니하리니 나는 너희를 치료하는 여호와임이라"
출 15:22~26

제가 존경하는 분당우리교회 이찬수 목사님의 설교를 듣고 가족과 나눈 말씀입니다. 이스라엘 백성들은 광야라는 공간에서 고난을 겪었습니다. 우리 인생도 마찬가지라는 것을 잘 알고 계실 것입니다. 비전의 길로 나아가는 과정에서는 예외 없이 고난의 시간을 겪게 되죠. 고난과 결핍은 사람마다 다르게 옵니다. 비전적인 관점에서 비저너리에게 온 고난과 결핍의 분야는 비저너리가 사명감과 책임감을 가지고 해결, 해소해야 하는 것입니다.

그러나 고난과 결핍을 완전히 해결하는 것은 세컨드 스텝입니다. 퍼스트 스텝은 고난과 '잘' 헤어지는 것입니다. 고난의 광야에는 두 갈래의 길이 있습니다. 고난을 견디지 못하고 무너져 하나님을 원망하며 떠나는 길과 고난을 잘 견뎌 내고 더 성장하여 비전을 향한 가속을 하는 길입니다. 우리는 비저너리로서 당연히 후자의 길을 택해야 합니다. 그런데 많은 크리스천이라고 하는 사람들이 이런 기도를 하는 경우가 있습니다.

"제 인생의 길에 고난의 광야가 없도록 해 주세요."

고난이 없는 인생은 있을 수 없습니다. 돌아보면 고난이라고 생각했던 것이 고난이 아니었다고 생각하게 되는 인생만 있을 뿐이죠. 고난이 없는 인생은 성장이 없는 인생입니다. 하나님은 비전으로 향할 때 희-비-희 사이클을 통해 우리를 성장시키시기 때문입니다. 그렇기 때문에 비저너리라면 고난의 광야를 만나지 않게 기도하는 것보다 고난을 통해 잘 성장하여 비전으로 가는 속도가 가속화될 수 있도록 도와 달라는 기도를 해야 합니다.

이찬수 목사님은 고난의 광야를 지날 때 기억해야 할 세 가지를 제시하셨습니다.

첫 번째는 '고난의 광야에서 십자가를 바라보자!'
두 번째는 '여호와 라파, 치유하시는 하나님을 기억하자!'
세 번째는 '불필요한 에너지 낭비를 피하자!'였습니다.

저는 형제 관계에 대한 책을 쓰고 있기 때문에 세 메시지 중에서 마지막인 '불필요한 에너지 낭비를 피하자!'에 더욱 집중했습니다. 불필요한 에너지 낭비라는 것은 불평하고, 남 탓하는 등의 행위를 뜻합니다. 형제 관계에 고난이 찾아왔을 때 가장 많이 일어나는 일이 불평하고, 남을 탓하는 것이 아닌가 싶습니다.

저는 위의 세 가지 말씀 중에서 마지막 말씀인 불필요한 에너지 낭비를 피하자는 말씀이 가장 중요하다고 생각합니다. 십자가를 바라보는 것과 여호와 라파, 치유하시는 하나님을 기억하는 것은 행동이 아니기 때문입니다. 그리고 결론적으로 첫 번째와 두 번째 말씀이 전제되지 않으면 마지막 말씀은 이루어질 수 없기 때문입니다. 고난의 광야에서 남 탓을 하지 않는 것은 절대 쉬울 리가 없습니다. 하지만 불가능한 것은 없습니다. 그저 어려운 결정일 뿐이죠. 그 어려운 결정을 할 때 의지할 수 있는 것은 역시 하나님밖에 없습니다.

이런 말이 있습니다. '사람 앞에서 웃어라, 하나님 앞에서 울어라.' 이 문장도 다른 문장들과 마찬가지로 여러 가지 관점에서 해석할 수 있습니다. 저는 나를 온전히 이해할 수 있는 존재는 하나님뿐이시니 하나님 앞에서는 모든 것을 내려놓고, 사람들 앞에서는 아무리 힘들더라도 이해와 배려로 대하며 하나님을 의지하라는 말씀으로 해석했습니다. 이 말씀을 실천하면 결론적으로는 하나님 '안에서' 최고의 기쁨과 행복을 누리며 웃는 존재가 될 것입니다.

'후회하기 싫으면 그렇게 살지 말고, 그렇게 살 거면 후회하지 마라.'라는 문구를 본 적이 있습니다. 여러분이 광야를 만날 때마다 독이 아닌 약을 택하여 후회하지 않는 삶을 살아 내시길 축복합니다.

내가 짐승이 아닌 이유

하니

"죽고 사는 것이 혀의 힘에 달렸나니 혀를 쓰기 좋아하는 자는 혀의 열매를 먹으리라"

잠 18:21

"지혜로운 자의 마음은 그의 입을 슬기롭게 하고 또 그의 입술에 지식을 더하느니라"

잠 16:23

"지혜 있는 자의 혀는 지식을 선히 베풀고 미련한 자의 입은 미련한 것을 쏟느니라"

잠 15:2

"악인은 입술의 허물로 말미암아 그물에 걸려도 의인은 환난에서 벗어나느니라"

잠 12:13

"악인은 입으로 그의 이웃을 망하게 하여도 의인은 그의 지식으로 말미암아 구원을 얻느니라"

잠 11:9

"혀는 곧 불이요 불의의 세계라 혀는 우리 지체 중에서 온 몸을 더럽히고 삶의 수레바퀴를 불사르나니 그 사르는 것이 지옥 불에서 나느니라"

약 3:6

이처럼 진리의 말씀인 성경에는 혀와 말의 중요성을 나타내는 말씀 구절들이 많습니다. 같은 혀를 가지고 있어도 어떤 말을 하느냐에 따라 의인이 되기도, 악인이 되기도 하며 같은 사람이라도 어떤 말을 하느냐에 따라서 지혜로운 사람이 되기도 미련한 사람이 되기도 합니다.

성경에 기록된 말과 혀에 관한 수많은 구절을 보면 혀와 말이 한 사람의 운명은 물론이며, 공동체의 운명까지 결정할 수 있다는 사실을 깨달을 수 있습니다. 그리고 제가 15년이라는 짧은 인생을 살며 깨달은 점은 말과 혀가 '운'뿐만이 아닌, 사람과의 '연'도 결정한다는 것입니다.

연이란 사람끼리 서로 관계를 맺게 되는 인연인데요. 즉 인간관계를 뜻합니다. '삶은 인간관계 이상 그 이하도 아니다.'라는 말이 있습니다. 이 말에 100% 동의하지는 않지만 인간관계가 중요하다는 메시지를 전달하려고 한 말이라는 것을 알기에 저는 이 말이 좋은 통찰이라고 생각합니다. 사실 다른 인간이 없으면 나 자신은 아무것도 아닌 존재가 됩니다. 성공이라는 것이 있는 이유는 인간이 있기 때문이죠. 그런데 그 인간관계를 말과 혀가 좌우한다니 거두절미하여 한 문장으로 표현하면 우리의 말이 곧 인생인 것이죠. 자신이 사용하는 언어가 자신이라는 말도 이와 비슷한 맥락입니다.

요즘 길거리를 지나다니는 제 또래의 아이들을 보면 언어의 수준이 사람과 금수를 넘나드는 것을 느낍니다. 물론 모든 아이들이 그렇지는 않지만, 많은 아이들의 대화 중 상당 부분을 욕이 차지하는 것을 볼 수 있습니다. '말이 있기에 사람은 짐승보다 낫다. 그러나 바르게 말하지 않으면 짐승이 당신보다 나을 것이다.'라는 사아디 고레스탄의 말이 있습니다. 사람과 짐승의 가장 큰 차이는 말과 언어에 있습니다. 그 덕분에 인류가 세상을 지배할 수 있었다고 역사학자들은 말합니다.

그런데 바르게 말하지 않으면 언어를 사용하지 않는 것보다 못합니다. 언어를 바르게 쓰지 않으면 악인이 되며, 그물에 걸리며, 망하게 되기 때문입니다. 하루 만에 욕을 하지 않는 것은 하루 만에 금연을 하거나 금주를 하는 것과 같이 어려운 일입니다. 욕을 하지 않는 것도 좋지만 언행을 바르게 하는 것의 시작은 다름 아닌 인사라고 생각합니다. 인사는 감사의 표현이기 때문입니다.

저와 형은 음식점이나 편의점에 들어갈 때 사장님께 인사를 하고, 음식이 나오거나 물건을 구매할 때 감사 인사를 하며, 나올 때 다시 사장님께 인사드립니다. 그 덕분인지 많은 사장님들이 저희를 잘 기억해 주시고 좋아해 주십니다. 또한 엘리베이터에 함께 탑승하는 이웃분들과도 인사를 합니다. 별거 아닌 것처럼 생각될 수 있지만 이런 언행은 잘 보이지 않지만, 인생을 변화시킵니다.

그리고 이런 언행을 가장 많이 실천해 볼 수 있는 대상은 가족, 특히 형제입니다. 할 수 있는 인사는 정말 많습니다. 어딘가를 갈 때 잘 다녀

오라고, 어딘가에서 왔을 때 다녀왔냐고, 잘 때 잘 자라고, 일어났을 때 잘 잤냐고, 밥을 차려 줬을 때 잘 먹겠다고, 다 먹고 나서 잘 먹었다고 등 형제에게 할 수 있는 인사는 무수히 많습니다.

형제에게 인사하는 습관을 형성하고, 이웃에게 인사하는 습관을 형성한다는 것은 "너 자신과 같이 너의 이웃을 사랑하라"라는 말씀을 실천하는 것과 같습니다. 더 나아가 평소에 사용하는 언어도 더 좋게 변화시키면 하나님 안에서 운과 연이라는 두 마리 토끼를 모두 잡는 형통하는 인생을 살 수 있다고 생각합니다.

고대 로마의 철학자 세네카는 '운이란 준비와 기회가 만나는 것'이라는 명언을 남겼습니다. 준비된 사람은 기회를 만나 성공하고, 그러지 못한 사람들은 성공한 사람들을 보고 운이 좋았다고 하죠. 성공한 사람들의 준비는 모두 각각 다르겠지만 공통적으로 준비된 것 중 하나는 바로 올바른 언행일 것입니다. 여러분들이 올바른 언행을 소유하여 짐승이 아닌 사람, 더 나아가 성령님에 의한 의인으로서 비전의 삶을 살아가시길 원하고 바라고 기도합니다.

자존심이라는 카오스

하니

미국 역사상 처음으로 대통령 후보로서 남성 후보를 이기고 대선 출마한 여성 정치인인 힐러리 클린턴은 짧지만 강렬한 이런 말을 남겼습니다. "자존심은 성공의 가장 큰 적이다."

그런데 아이러니하게도 현대 물리학의 아버지라고 불리는 알베르트 아인슈타인은 "자존심은 지식보다 중요하다. 지식은 문제를 해결하지만, 자존심은 문제를 방지한다."라는 힐러리 클린턴과 조금은 상반된 말을 했습니다.

성공자라고 불리는 사람들도 상반된 이야기를 하는 탓인지 많은 사람들이 자존심에 대한 혼란을 겪고 있습니다. 저 또한 자존심에 대해 조사를 하기 전까지는 자존심이 좋은 것인지 나쁜 것인지에 대한 혼란을 겪고 있었습니다.

자존심에 대한 사회적 인식은 부정적인 경우가 많습니다. 저 또한 자존심이 나쁜 것은 아니라는 것을 알았지만 긍정적인 것 또한 아니라고 생각했습니다. 자존심의 사전적 정의는 '남에게 굽히지 아니하고 자신의 품위를 스스로 지키는 마음'인데요. 사전적 정의를 보면 부정적인 단어는 단 하나도 없습니다. 그런데 왜 사람들은 자존심에 대해 혼란을 겪는 것일까요?

그 이유에 대해 말하기 전에 개인적으로 자존심에 대해 가장 잘 설명했다고 생각하는 철학자이자 심리학자인 조지 산타아나의 자존심 정의를 소개하고자 합니다. 조지 산타야나는 "자존심은 삶의 양념이지만, 과도한 양념은 요리를 망치듯 과도한 자존심은 인생을 망치게 된다."라고 말했습니다. 사자성어로 과유불급이라고 하죠.

조지 산타야나의 말대로 자존심은 사실 중립적인 성격을 가지고 있습니다. 그런데 인간의 악함 정도에 따라 이기주의적인 성향이 될 수도 있으며, 자신에 대한 존중이자 자신에 대한 믿음으로써 아주 중요한 역할을 할 수도 있습니다.

이처럼 우리가 혼란을 겪지 않도록 하나님께서는 자연을 통해 바른 영성을 배울 수 있게 지혜를 담아 주셨습니다. 그것은 바로 모든 존재는 그 안에 반대의 씨앗을 담고 있다는 것, 즉 중립적인 성격을 지니고 있다는 것입니다.

예를 들어 '가장 작은 단위'라는 어원을 통해 정의된 '원자'는 사실 그 안에 양성자, 중성자, 쿼크 입자 등 더 작은 입자들을 가지고 있습니다. 그 어원이자 정의에 대립되는 성질을 가진 것입니다. 그리고 물은 그 안에 산소를 가지고 있고, 산소는 그 안에 수분을 가지고 있는 중립적 관계성이 있죠. 또한 스마트폰은 우리의 삶을 편리하게 해 주지만, 우리의 삶을 망가지게 하기도 합니다.

세상의 모든 요소들은 위와 같이 대립되면서 통일되는 균형으로 이루어져 있고, 하나님께서는 이 밸런스를 통해 우주의 질서를 유지하십니다.

그런데 자연에서 이런 지혜를 통찰하지 못한 사람들은 대개 자존심을 좋지 않은 것으로 생각하며 혼란을 겪습니다. 그 이유는 여러 가지가 있겠지만 저는 자존심이 강하다는 표현을 억지 부리고, 떼를 쓰는 사람에게 사용하기 때문이라고 생각합니다. 하지만 그것은 자존심이 선을 넘었을 때, 넘쳤을 때 쓰는 표현인 것이지 자존심이라는 단어 자체가 부정적인 것은 아닙니다.

자존심이라는 카오스에 빠지지 않으려면 두 종류의 자존심을 알아야 한다고 생각합니다. 바로 상대적 자존심과 절대적 자존심입니다. 이 두 가지가 혼돈의 카오스에서 빠져나올 수 있는 핵심입니다. 사람들이 부정적으로 사용하는 자존심은 상대적 자존심이며, 알베르트 아인슈타인이 말하는 자존심은 절대적 자존심입니다.

한마디로 상대적 자존심이 부정적인 자존심이며, 절대적 자존심이 사람들이 흔히 말하는 자존감과 같은 것입니다. 상대적 자존심은 어떤 대상을 깎아내림으로 인해 자신의 가치를 상승시키려는 시도입니다. 절대적 자존심은 어떤 상황이나 환경에도 자신이 가치 있는 존재라는 것을 인지하고 있는 것입니다. 이런 의미에서 상대적 자존심은 부정적이고, 절대적 자존심은 긍정적이라고 할 수 있습니다.

지금 저는 자존심이 충만한 사람입니다. 물론 절대적 자존심을 말하는 것이죠. 하지만 어린 시절의 저는 상대적 자존심으로 꽉 찬 우울할 수밖에 없는 사람이었습니다. 2년이나 먼저 태어난 형이라는 상대와 비교하며, 차이를 인정하지 않고 상대를 깎아내리며 저의 가치를 올리려고 했기 때문이죠.

운동을 좋아하기에 축구, 농구, 탁구, 배드민턴, 달리기 등 많은 운동을 함께 했는데 그럴 때마다 항상 상대적 자존심이 발동했으며, 발표와 글쓰기 같은 것들도 마찬가지로 저와 비교하며 상대적 자존심을 세우려고 했습니다. 그러다 보니 그런 일을 할 때 즐겨야 할 것을 온전히 즐기지 못하고 혼자 좌절감을 느끼고, 형과의 관계도 더 돈독해지기 힘들었습니다.

그러다가 비전 멘토링을 통해 하나님이 저에게 주신 명확한 비전과 정체성을 알게 되니 상대적 자존심을 버리고, 절대적 자존심만이 충만한 비저너리가 되었습니다. 그렇게 되니 상대의 장점은 칭찬하고 존중할 수 있는 사람이 되었고, 자신의 장점에는 더욱 집중하여 핵심 역량으로 발전시킬 수 있게 되었습니다.

'상대적 자존심과 절대적 자존심 중 많은 사람이 상대적 자존심만을 인지하고 있는 이유는 인간이 죄인이기 때문이 아닐까?'라는 생각을 해봅니다. 죄성을 가지고 있기 때문에 부정적인 곳에 초점이 맞춰진 것 같습니다. 그래서인지 성경에는 상대적 자존심을 조심하라는 말씀이 아주 많습니다.

그중에서 가장 유명하고 기억하기 쉬운 말씀은 누가복음 14장 11절 말씀이라고 생각합니다.

"무릇 자기를 높이는 자는 낮아지고 자기를 낮추는 자는 높아지리라"

눅 14:11

우리는 이 말씀을 통해 상대적 자존심을 경계하고 겸손한 인생을 살아야 한다는 것을 깨달을 수 있습니다.

비슷한 맥락에서 "비교하는 인생은 비참하다. 그러나 비교하지 않는 인생은 비상한다."라는 말이 있습니다. 일명 '비비비비' 인생 원리인데요, 이 말은 사실 아빠께서 어릴 적부터 저희 형제에게 자주 멘토링해 주신 말씀입니다.

그렇기에 두 가지의 자존심을 모두 알게 되신 여러분들이 상대적 자존심 즉, 상대적으로 높은 가치를 지니지만 비교함으로 끝이 비참한 인생이 아닌, 절대적 자존심 즉, 하나님 안에서 절대적으로 유일무이한 가치를 가진 자로서 비전을 향해 비상하는 인생을 살아가시길 축복합니다.

내 입에서 가장 가까운 귀

하니

말에 대한 중요성은 계속해서 말해도 부족하지 않다고 생각합니다. 말에 대한 속담과 우화가 아주 많은 것도 이유가 있는 것이죠. 또한 이 글을 읽는 분들 중 대부분은 초등학교에서 과일이나 식물, 밥을 담은 두 유리를 놓고 한 유리에는 좋은 말을, 다른 한 유리에는 나쁜 말을 하며 관찰하는 실험을 해 보셨을 것입니다. 아시다시피 실험의 결과는 나쁜 말을 한 유리에 있는 식물이나 밥의 상태가 좋지 않았다는 것입니다.

우리의 말에는 에너지가 있습니다. 나쁜 말을 할 때 나온 침에서 안 좋은 성분이 나온다는 연구 결과도 있습니다. 하나님은 인간을 다른 동물들과 구별되게 말을 할 수 있게 창조하셨습니다. 또한 그 말을 통해 힘과 에너지를 전할 수 있게 창조하셨습니다. 그 힘과 에너지는 긍정적, 부정적 이렇게 두 가지로 전달될 수 있죠. 그리고 인간이 그 사실을 깨달을 수 있게 성경에 말과 혀에 대한 많은 말씀을 기록하셨습니다.

"온순한 혀는 곧 생명나무이지만 패역한 혀는 마음을 상하게 하느니라"

잠 15:4

이 잠언 말씀처럼 온순하고 바르게 사용되는 혀는 생명의 나무처럼 듣는 사람에게 기쁨과 행복을 줄 수 있습니다. 반대로 패역한 혀는 듣는 사람의 마음을 상하게 합니다.

이런 사실까지는 많은 사람들이 인지하고 있습니다. 하지만 그런 사람들이 한 가지 인지하지 못하고 있는 사실이 있습니다. 그 사실을 인지하지 못하고 있다는 이유로 많은 사람들이 손해를 보고 있습니다. 그 사실은 제목에 나타낸 것처럼 내 입에서 가장 가까운 귀에 대한 사실입니다.

문화와 개인에 따라 다르겠지만 일반적으로 한국인이 사람과 대면할 때 편안함을 느끼는 거리는 1미터 정도라고 합니다. 그렇다면 아주 특별한 상황을 제외하면 자신의 입과 가장 가까운 귀는 자신의 귀입니다. 가장 오랜 시간 동안 자신의 입과 가까이 있는 귀도 자신의 귀입니다.

사람은 긍정적인 경험보다 부정적인 경험과 감정을 더 강렬히 기억하는 특성이 있기 때문에 언행도 긍정적인 경우보다 부정적인 경우가 더 많습니다. 의식적으로 통제하는 소수의 사람을 제외하면 말이죠. 그래서 많은 사람들이 손해를 보고 있다는 것입니다. 남 들으라고 한 부정적인 말을 했는데 정작 남은 듣지도 않고 자신이 가장 또렷하게 듣고 있었던 것이죠.

저 역시도 얼마 전까지 큰 손해를 보고 있다는 사실을 꿈에도 모르고 살아가고 있었습니다. 저와 형은 산책의 중요성에 대해 알고, 홈스쿨링(언스쿨링)을 하여 시간을 자유롭게 활용할 수 있기 때문에 산책을 자주 나가는 편입니다. 그러다 보니 횡단보도를 건널 일이 많습니다. 횡단보도를 자주 건너게 되니 불법 신호위반 차량들을 많이 목격하게 됩니다. 심한 경우에는 생명의 위협을 느끼는 경우도 있죠. 저는 그런 차들을 만날 때마다 운전자들을 흉보곤 했습니다. 자동차라는 분리된 공간에 있어 제 말을 듣지도 못하는데 말이죠. 결과적으로 그런 운전자들을 흉보고 나면 저의 자아 이미지만 부정적으로 형성되었죠. 기분 전환과 아이디어를 얻으려고 나갔던 산책이 역효과를 낸 것이었습니다. 산책을 하고 나면 능률이 올라야 정상인데 산책을 한 후에 오히려 해야 할 일들을 하기 싫어졌습니다. 이렇게 몇 년을 살았습니다. 나 자신의 입에 가장 가까운 귀가 내 귀라는 사실을 깨닫기 전까지 말입니다.

그러다가 부정적인 말이 나에게 미치는 영향을 알게 되었습니다. 부정적인 말은 우리의 자신감과 긍정적인 자아 이미지를 훼손시킵니다. 긍정적 자아가 훼손되고, 부정적 자아가 커진다면 부정적인 상황이 아니더라도 부정적으로 인식하게 될 수 있습니다. 이런 현상은 자신감 감소와 우울증으로도 연결이 될 수 있기 때문에 부정적 자아를 줄이고 긍정적 자아를 형성하는 데에 힘써야 합니다. 그 시작이 부정적인 말을 사용하지 않는 것이죠.

또한 부정적인 말은 우리 뇌에 회로를 형성하고, 기억하는 데에도 영향을 미칩니다. 부정적인 말을 하는 습관은 우리 뇌에 부정적 회로를 형성시키고, 부정적인 경험과 감정을 더 극대화하여 기억하게 만듭니다. 이렇게 된다면 부정적 생각을 지속적으로 하게 되어 일상에서 많은 어려움을 겪을 수 있습니다.

부정적인 말은 세상에 존재하는, 나라에 존재하는, 지역에 존재하는, 공동체에 소속된, 한 사람의 입에서 나오는 말 중에서도 한 부류인 아주 작은 요소라고 생각할 수 있습니다. 하지만 반대로 한 사람의 인간관계, 능률, 인생, 그 사람이 속한 공동체, 지역, 나라, 세상을 좌우하는 요소일 수도 있습니다. 이 중요한 요소를 올바른 방향으로 이끌 방법은 노력밖에 없다고 생각합니다.

물론 노력에도 방법에 따른 차이가 있습니다. 방법은 여러 가지이지만 방법에 있어서 가장 중요하다고 생각되는 키워드를 제시하고 싶습니다. 쓰는 말과 언어를 바꾸고 싶다면 '소속'이라는 키워드에 집중해야 한다고 생각합니다.

제가 평소 존경하는 유현준 교수님의 저서 《도시는 무엇으로 사는가》에는 "사람은 도시를 만들고 도시는 사람을 만든다."라는 문장이 있습니다. 이 말처럼 도시는 사람이 만든 것이지만 그 도시에 사는 사람들은 도시에 의해 만들어집니다. 사람은 주변 환경과 공간의 영향을 많이 받는다는 것입니다. 그 주변 환경 중 가장 영향을 많이 미치는 것이 소속되어 있는 공동체입니다. 사람은 사람에게 가장 많은 영향을 받습니다.

저도 초등학교 3학년 때 소속에 의해 사람이 만들어진다는 사실을 뼈저리게 느꼈습니다. 저의 초등학교 3학년을 되돌아봤을 때 딱 한 마디로 표현하자면 근묵자흑이었습니다. 근묵자흑은 '먹을 가까이하는 사람은 검어진다.'라는 뜻으로, 나쁜 사람과 가까이 지내면 나쁜 버릇에 물들기 쉬움을 비유적으로 이르는 말입니다.

저의 초등학교 3학년 때는 인성과 언행의 지수가 바닥을 뚫는 시점이었습니다. 고든 뉴펠드의 저서 《아이의 손을 놓지 마라》에서는 '또래 지향성'이라는 단어를 제시합니다. 또래 지향성을 간단히 설명하자면 인간, 특히 아이들은 어떤 대상을 지향하려는 본능이 있고 원래는 이 본능이 부모를 향해야 하는데 복합적인 이유로 또래를 지향하게 된 것입니다.

또래 지향성 자체가 나쁜 것은 아닙니다. 이는 자연스러운 현상이지만 부모와의 유대가 단절된다면 문제가 됩니다. 저는 다른 아이들보다 부모님과의 유대감이 높았습니다. 그럼에도 학교라는 부모님과 단절된 공간에서 수많은 또래 친구들과 오랜 시간 동안 생활하다 보니 또래 지향성이 높아졌고, 반 중에서도 언행이 좋지 않은 친구들과 어울리다 보니 저 또한 나쁜 언행을 하게 되었습니다.

다행히 이 사실을 인지하게 되었고, 회개하고 노력하여 언행을 많이 개선했습니다. 또한 홈스쿨링(언스쿨링)을 시작하며 주도적으로 소속될 문화를 선택하고, 더 나아가 소속될 올바른 방향의 공동체를 만들기 시작했습니다. 그렇게 몇 년을 살았고 결과적으로 같은 한글을 사용하지만, 또래 아이들과는 다른 언어를 구사하고 있습니다.

제 경험에 의하면 소속이 언행에 있어 가장 중요한 키워드이며, 언행은 다른 무엇과 같이 노력으로 개선할 수 있습니다. 또 하나 기억하면 좋은 점은 우리는 하나님의 형상을 가진 하나님 자녀의 정체성과 자아를 가지고 있다는 것입니다. 이 진리를 알고 있다면 평소 언행을 선택할 때 올바른 선택을 하기 쉬워질 것입니다. 또한 명확한 비전이 있다면 '비전을 위해 내가 지금 어떻게 행동해야 할 것인가?'에 대한 질문을 항상 가지게 되기 때문에 하나님이 주신 비전을 찾는 것도 올바른 언행에 아주 큰 도움이 됩니다.

언제나 기본은 식상하고, 지루하고, 중요하지만 어렵습니다. 쉬운 일을 해내는 사람이 성공자였다면 성공이라는 단어는 이 세상에 존재하지도 않았을지 모릅니다. 이 글을 읽는 모든 분들이 식상하고, 지루하고, 중요하지만 어려운 기본을 장착하는 성공자가 되시길 원하고 바라고 기도합니다.

'경청'은 결코 '경'하지 아니하다

하니

경청이 중요하다는 말은 초등학교 도덕 시간부터 무수히 많이, 지겹도록 들었을 것이라고 생각됩니다. 그런데 정말 중요하다면 경청하는 사람이 많이 있어야 하지 않을까요? 주변을 살펴보면 어떤가요? 진짜 경청을 해 주는 사람이 많이 있나요? 많이 없을 것입니다. 하지만 경청하는 사람이 적다고 경청의 중요성이 떨어진다는 인과는 맞지 않습니다.

그렇다면 왜 사람들은 그토록 강조해 온 경청을 중요하게 생각하지 않는 것일까요? 그 이유는 크게 두 가지라고 생각합니다.

첫 번째는 바로 보상이 오지 않는다는 점 때문입니다. 경청을 포함해 자신에게 좋은 습관은 한 번 한다고 큰 보상이 생기지 않습니다. 대표적으로 운동이 있죠. 운동을 포기하는 이유와 경청을 포기하는 이유가 같다고 이해하시면 됩니다.

두 번째는 자존심 때문입니다. 사람들은 대체로 경청을 그저 상대방의 이야기를 잘 들어 주는 것, 눈을 마주 보는 것, 고개를 끄덕이며 듣는 것 정도로 생각합니다. 즉 자신도 듣는 행위가 편안한 상태에서의 경청을 생각하죠. 하지만 진정한 경청은 자신이 듣기 싫고, 인정하기 싫은 말들도 듣는 것이 포함됩니다. 힘든 것이 사실입니다. 야생에서 생존해야 했던 인간은 지는 것을 무지하게 싫어하기 때문이죠.

이러한 이유로 많은 사람들은 경청을 경하다고 생각합니다. 경청의 가치와 무게가 가볍다고 생각하는 것이죠.

"경청하지 못하는 이유가 무엇일까?"라는 질문에는 힘들고, 자존심이 허용을 못 하며 보상이 즉각적으로 오지 않는다는 답을 할 수 있습니다. 그렇다면 "경청하려면 무엇이 필요한가?"라는 질문에는 어떻게 답할 수 있을까요? 저는 간단하게 '내려놓음'이라는 한 단어가 필요하다고 생각합니다. 자녀 교육 전문가이신 아빠의 강의를 들을 때나, 상담하시는 것을 볼 때 내려놓음이라는 단어가 많이 등장합니다. 자녀 교육과 마찬가지로 경청하기 위해서는 내려놓음이 중요합니다.

성경도 내려놓음이라고 직접적으로 표현하지는 않지만, 말씀을 통해 내려놓음에 대한 메시지를 전달하고 있습니다.

"내가 너희에게 이르노니 이에 저 바리새인이 아니고 이 사람이 의롭다 하심을 받고 그의 집으로 내려갔느니라 무릇 자기를 높이는 자는 낮아지고 자기를 낮추는 자는 높아지리라 하시니라"

눅 18:14

"미련한 자는 당장 분노를 나타내거니와 슬기로운 자는 수욕을 참느니라"

잠 12:16

3장 불통하는 형제? 소통하는 형제!

저도 2019년에 하나의 기점이 생기기 전까지는 미련하게 당장의 분노를 나타내며, 자신을 높이려 하며 점점 낮아지는 삶을 살고 있었습니다. 형과 분쟁이 생길 때마다 경청하지 않고 자존심을 세우고, 자신을 높이려 했던 것이 결과적으로는 저의 가치를 경하게 만들고 있었습니다.

그러다 2019년 10월에 개인적으로 친분이 있는 윤스키 대표님의 강의를 듣게 되었습니다. 정확히 기억나지는 않지만, 강의 내용은 하이퍼포머들의 에너지 관리 방법에 대한 것이었던 것으로 기억합니다. 당시 12살, 초등학교 5학년이었던 저에게는 조금 어려운 내용이긴 했지만 저에게 필요한 내용이라는 것을 알았기에 집중해서 들었습니다.

1교시가 끝나고 아빠는 어린 저를 배려해 과자를 사 주시고, 차에서 충분히 쉬고 올라오고 싶을 때 다시 올라오라고 말씀하셨습니다. 저를 배려하는 마음으로 그렇게 말씀하셨지만 저는 강의에 배울 점이 많고, 재미있어서 과자를 다 먹자마자 강의실로 올라갔습니다.

그렇게 3시간짜리 강의를 듣고 집에 오는 차 안에서 저의 질문을 시작으로 아빠와 대화를 나누었습니다.

"아빠, 궁금한 게 있는데요, 아까 삼촌 강의에서 경청과 에너지 관리를 말씀하셨는데, 그게 뭔지 잘 모르겠어요."
"아하! 세계적인 하이퍼포머들은 에너지 관리를 정말 잘하는 사람들인데, 감정적 에너지 관리가 굉장히 중요하다는 거야. 우리가 감정적으로 에너지 낭비를 정말 많이 하는데, 관점의 전환이 감정적 에너지를 관리하는 핵심이라는 거지. 그중 유용한 도구가 바로 경청인데, 경청은 뭐냐, 멈춰서 들어 주고, 두 번 이상 되뇌어 주는 것. 그렇게 하면 수용력이 높아진다는 거지. 잘 이해가 안 되지?"

"네."

"자, 예를 들면 형이랑 너랑 사소한 일로 말다툼할 때가 종종 있지? 서로 자기 관점에서 내가 옳다고 주장할 때 결론이 안 나는 경우가 있는데, 대부분 조금 더 배운 형이 이기잖아. 그때 네 기분은 어떠니?"

"별로 안 좋아요."

"그럴 때 하이퍼포머들은 감정적 에너지 관리 차원에서 경청의 기술을 쓴다는 거지."

"어떻게요?"

"규한이가 이후에 형이랑 말다툼할 상황이 있을 때 이렇게 해 보는 거야. 형이 뭐라고 막 주장할 때 너는 그냥 '아, 형이 그렇게 생각하는구나.'라고 들어 주고 되뇌어 주면 돼. 그럼 형은 당황해서 네 말에 '그래. 그렇게 되는 거야.'라고 말할 거야. 그럼 한 번 더 '아, 형이 그렇게 생각하는거구나.' 하면 상황 종료! 이러면 규한이가 감정적 에너지를 쓸데없이 낭비할까?"

"아니요."

"그래, 결국 경청의 기술을 통해 감정적 에너지를 잘 비축한 규한이 네가 진정한 위너! 승자가 되는 거지. 하이퍼포머들은 이런 에너지 관리를 평소에 정말 잘해서 삶 속에서 높은 성과를 내. 이제 이해되니?"

"네! 나중에 경청의 기술을 사용해서 제 소중한 에너지를 관리해야겠어요."

"오! 이걸 이해하고 적용하려 하다니 대단한데?"

이 대화가 끝난 이후부터 알고 보면 소소하지만, 당시에는 세상에서 가장 심각하게 느껴지는 형과의 말다툼 상황에서 경청의 기술을 적용하여 에너지를 절약하고, 형과의 관계도 개선되었습니다. 물론 형도 이 사실을 깨닫고 이제는 말다툼을 시작하기 전부터 서로의 의견을 존중하고 이해하는 것이 대부분이 되었습니다.

대개 사람들은 숲보다는 나무를 보며, 보이지 않는 것은 없다고 믿는 경향이 있습니다. 그런 특성 때문에 많은 사람이 성공하지 못한다는 것을 알고 계셨던 아빠는 항상 저희에게 'See the Unseen'하는 사람이 되라고 말씀하셨습니다.

인간은 눈앞에 찾는 물건이 있어도 찾지 못할 때가 있습니다. 다니엘 R. 카스트로가 집필한 《히든 솔루션》에서는 이와 같은 많은 현상의 원인을 '믿는 것만 보는 눈'이라고 정의합니다. 또한 "사람들은 대부분 '내 눈으로 봐야 믿겠어.'라고 말한다. 하지만 정신의학자와 행동 심리학자들은 오히려 그 반대라고 말한다. 대부분 이미 이전에 믿기로 선택한 것만 본다."라는 내용이 있습니다. 즉 우리는 알지 못하는 것과 보지 못하는 것에 대해 도외시한다는 것이죠.

많은 사람들이 '언쟁의 승리'라는 바로 앞에 있는 나무만을 바라봅니다. 하지만 몇 발짝 뒤로 물러나 바라보면 '인생의 승리'라는 숲이 있다는 사실을 깨달을 수 있습니다. 경청이 이득이 될 것이 없다고 믿는 것도 이 때문이죠. 사실 경청은 인생을 승리로 이끌어 주는 에너지라는 중요한 힘을 절약하고, 비축해 줄 수 있는 엄청난 요소인데 말이죠.

결국 경청하는 행위는 상대를 배려하는 이타적인 행위이면서, 어쩌면 자신의 인생을 성공시키기 위한 에너지를 절약하고 비축하는 이기적인 행위일 수도 있습니다. 좋게 표현하면 경청하는 사람에게 이득이, 그것도 아주 큰 이득이 있다는 말이죠. 물론 "이 세상에 공짜는 없다."라는 말처럼 이득이 있다고 경청이 쉬운 것은 아닙니다. 위에서 언급한 히든 솔루션에 "삶에서 불가능한 상황은 없다. 단지 어려운 결정이 기다리고 있을 뿐이다."라는 문장이 있습니다. 이 문장에서 말하는 것처럼 경청은 불가능한 것이 아닙니다. 단지 어려운 결정일 뿐입니다.

그 어려운 결정을 하는 사람에게 성공이라는 손님이 찾아갈 것입니다. 지금 거울을 보고 귀가 몇 개 있으며, 입이 몇 개 있는지 관찰해 보시기 바랍니다. 특별한 경우가 아니라면 귀는 둘, 입은 하나일 것입니다. 하나님은 거의 모든 사람에게 두 개의 귀와 하나의 입을 선물해 주셨습니다. 그 이유에는 우리가 헤아릴 수 없는 하나님의 깊은 뜻이 수천 가지도 넘게 있을 것이라고 생각합니다. 다만 우리가 짐작할 수 있는 이유 중 하나는 두 개의 귀로 두 번을 듣고, 하나의 입으로 한 번을 말하라는 뜻인 것 같습니다. 경청의 중요성과 혀와 말의 위험성을 알고 계신 하나님께서 깊은 뜻을 알 수 있게 해 주신 힌트라고 생각합니다.

별로 중요한 사실은 아니지만 연구에 따르면 인간은 하루에 거울을 8~16번 정도 본다고 합니다. 일반적인 사람들과 조금 다른 관점으로 해석하자면 경청의 중요성과 혀와 말의 위험성에 대해 생각할 수 있는 순간이 최소 8~16번 정도 있다는 것이죠. 거울을 볼 때마다 나무가 아닌 숲을 보고, 경청하는 사람이 되고자 다짐한다면 에너지를 효율적으로 사용하는 하이퍼포머가 되어 결론적으로 성공적인 인생을 살 수 있을 것이라고 생각합니다.

   유명 건축가이자, 베스트셀러 작가이자, 홍익대학교 교수이신 제가 개인적으로 존경하는 유현준 교수님은 "인생은 차선이 모여 최선이 된다."라고 하셨지요. 저는 그 말을 빌려 "차선이 있다는 믿음은 최선을 이끌어 낸다."라는 말을 하고 싶습니다. 《히든 솔루션》에서 "해법을 누구보다 먼저 발견할 수 있느냐를 결정짓는 가장 중요한 요소는 그 사람이 해법이 존재한다는 것을 믿는지 여부다."라고 말했기 때문입니다.

   많은 사람들이 "나는 경청을 할 수 없는 사람이야!" "경청은 선천적으로 뛰어난 사람들이나 할 수 있는 거야!"라고 말하며 차선이 있다는 믿음을 부정합니다. 하지만 "경청을 잘하는 방법은 무엇일까?" "경청을 잘하려면 어떤 것을 알아야 할까?"라는 질문들을 하며 차선이 있음을 믿는 사람은 결국 최선의 삶을 이끌어 내게 됩니다. 그리고 그 믿음 덕분에 최고의 것들을 누리며 원하는 인생을 살게 됩니다. 여러분들도 차선이 있다는 믿음을 가지고, 경청을 경하게 여기지 않아 경청하는 삶을 살아 냄으로써 최선의 결과를 얻는, 하나님 안에서의 최고의 사람이 되시기를 축복합니다.

초격차 인性.지性.영性
<실천과 사색, 토론을 위한 질문>

1. 내 인간관계를 어질러 놓을 침입자를 막기 위해 입술에 파수꾼을 세울 방법은 무엇인가?

2. 타임머신을 개발하고 싶은 열망을 잠재울 수 있는 방법은 무엇인가?

3. 하나님께서 광야로 인도하셨을 때, 어떻게 그 고난과 '잘' 헤어질 것인가?

4. 짐승이 아닌, 하나님의 형상성을 띈 인간의 정체성으로 살아가기 위해 내가 해야 할 하나의 일은 무엇인가?

5. '언쟁의 승리'라는 나무가 아닌, '인생의 승리'라는 숲을 취하기 위해 할 수 있는 단 하나의 일은 무엇인가?

4장

경쟁하는 형제?
경영하는 형제!

어떻게 하면 맛있는 햄버거를 사 먹을 수 있을까?

비니

지금 우리가 살고 있는 이 시대는 더 이상 군림이 아닌 경영의 시대입니다. 특히 1인 경영, 1인 기업의 시대이죠.

그렇기에 무수히 많은 기업가가 쏟아져 나와 엄청난 경쟁이 이루어지고, 그 경쟁 속에서 흥하기는 너무나 어렵지만 경영이 없기에 망하기는 너무나 쉬운 것이 현실이 되었습니다.

사람들이 새로운 관심거리를 찾으면서도 신뢰할 만한 기업 또한 찾는 시대이기에 주도적 제품과 온전한 경영을 겸비하지 않아 하루살이같이 망하는 기업들을 수도 없이 볼 수 있지요. 이런 시대에 온전한 비전과 경영은 너무나 중요해졌습니다.

아무리 비전이 좋아도 온전한 경영이 없으면 허사이고, 아무리 경영을 잘해도 온전한 비전이 없으면 허망하게 됩니다.

허사인 이유는 앞서가는 아이디어가 있고 비전이 좋아도 경영 능력이 없으면 실현될 수 없고, 허망한 이유는 아무리 경영 능력이 좋아도 비전의 목적지가 온전하지 않으면 허드렛일에 시간과 에너지를 낭비하기 때문입니다.

저는 이를 맥도날드와 맛있는 햄버거를 먹는 일에 비유하여 아이들에게 멘토링을 하고 있습니다.

그 내용은 이러합니다.

우리가 햄버거를 먹고 싶다면 맥도날드에 가야 합니다. 맥도날드에 가서 햄버거를 먹기 위해서 우리에게는 두 가지가 필요합니다. 맛있는 햄버거를 먹는다는 생각(비전)과 햄버거를 사 먹기 위해서 키오스크로 주문하고 신용카드를 사용할 수 있는 능력(경영 능력)이 바로 그것이죠.

둘 중 하나라도 부족하면 우리는 햄버거를 먹을 수 없게 됩니다.

여기에 A와 B, 그리고 C라는 세 사람이 있습니다.

A는 키오스크 개발자이자 백만장자입니다. 그러나 맥도날드에서 빅맥을 사 먹겠다는 비전이 없습니다. 결국 그는 죽을 때까지 빅맥의 맛을 보지 못할 것입니다. 넘치는 능력이 있었지만 단지 비전이 없었기 때문에 말이죠. 우리의 인생도 똑같습니다. 존재 목적인 비전이 없다면 아무리 뛰어난 경영 능력이 있어도, 아무리 많은 돈이 있어도 결국 올바른 방향으로 자신의 능력을 활용하지 못하여 매번 허사만 치르는 인생을 살게 될 것입니다.

B는 햄버거를 너무 먹고 싶은 사람입니다. 그는 이미 자신이 햄버거를 먹는 모습을 머릿속에서 그리고 있습니다. 그러나 그는 키오스크를 어떻게 사용하는지도 모르고, 카드사에서 카드를 발급받는 법 또한 모릅

니다. 결국 B도 A처럼 평생 빅맥의 맛을 보지 못할 것입니다. 이 또한 우리의 인생과 같습니다. 아무리 좋은 비전이 있어도 경영 능력이 없다면 그 비전을 실현하지 못하기 때문에 허망한 삶을 살아가게 될 것이죠.

C 또한 햄버거를 너무 먹고 싶은 사람입니다. 그러나 그는 B와는 달리 키오스크의 사용법을 너무나 잘 알고 있고, 뛰어난 금융 지능이 있으며 억만장자입니다. 햄버거를 먹으며 행복해하는 자신의 모습을 머릿속으로 그릴 수 있는 비저너리 파워와 이를 실현할 수 있는 경영 능력을 밸런스 있게 모두 갖춘 사람입니다. 결국 그는 자신이 먹고 싶은 모든 메뉴를 주문하고 맛있게 먹었고, 한 발짝 더 나아가 다음에는 가족들, 친구들을 데리고 와 식사를 섬겨야겠다는 생각마저 합니다.

이것이 성공자들의 패턴이고, 세계 최고의 CEO들의 삶입니다. 비전과 경영이 밸런스 있게 어우러져 자신의 인생을 올바른 길로 이끌고, 타인에게도 선한 영향력을 미치는 선순환 구조이죠.

그렇기에 비전과 경영의 밸런스를 찾는 것은 매우 중요합니다. 온전한 비전과 경영의 밸런스가 갖춰질 때, 성공적인 인생의 발판이 마련됩니다. 이는 제가 던지는 메시지이지만, 저뿐만 아니라 세계 최고의 CEO들이 항상 강조하는 내용이기도 합니다. 비전과 경영, 정말 중요합니다.

1인 기업, 1인 경영자, 이들은 사실 지극히 성경적인 개념들입니다. 왜냐하면 하나님께서 각자에게 비전을 주시고, 그 비전 분야에서 최고의 전문가이자 경영자로 행동하며 삶을 완성하기를 원하시기 때문이죠.

그리고 우리는 경영자로서 최고의 모습을 하나님으로부터 배울 수 있습니다. 그 이유는 인류의 모든 온전한 비전과 그 비전의 경영 비법을 하나님께서 가지고 계시고, 그 원리가 성경의 첫 장부터 기록되어 있기 때문입니다.

그러므로 우리는 하나님께서 주신 비전을 먼저 알아야 하고, 그것을 위해 하나님께서 행하신 경영을 이어 알아야 합니다. 글 초입에서 이제는 경영의 시대라고 하였지요? 그렇기에 경영을 잘 알아야 하는데, 우리가 경영에 주목해야 하는 이유는 단순히 시대적인 변화 때문만이 아닙니다. 그것이 사실 하나님의 속성 중 하나이고, 하나님의 형상인 우리에게 부여하신 속성이기 때문입니다.

하나님께서는 우주의 주인으로 우주를 경영하십니다. 하나님께서는 우리의 주인으로 우리를 경영하시죠. 하나님께서는 우리에게 지구 경영권 지분을 비전별로 나누어 주셨고, 우리에게 땅의 기업과 자원을 선물로 주셨습니다.
이를 알게 하시는 도구가 비전이고, 비전을 실현하는 과정이 사명이며, 사명의 과정에서 필요한 것이 경영인 것입니다.

이 경영은 세상에서 말하는 경영과는 사뭇 다릅니다. 우주를 경영하시는 하나님의 경영 원리이기 때문이지요.
그 누가 감히 우주를 경영할 수 있겠습니까? 하나님 이외의 어떤 존재가 세상의 질서를 만들고, 그 광활한 질서를 경영하며 유지할 수 있겠습니까?

우주는 아주 정밀하고 체계적인 질서를 가지고 있습니다. 이것이 과학자들이 말하는 빅뱅으로 인해 한 번에 '팡' 하고 생겨난 확률이 얼마나 될까요? 우리가 생활 속에서 책 10권을 던져서 모두 일자로 세울 수 없는데, 그 광활한 우주의 질서는 오죽하겠습니까. 결국 우주는 아주 정밀한 부분까지 하나님의 완벽하신 비전과 경영으로 만들어졌다는 것을 알 수 있습니다. 이처럼 하나님께서는 세상을 심심해서 창조하신 것이 아니라 아주 정밀하고 완벽한 비전을 세우시고 세상을 창조하셨으며, 인간에게도 우연이 아닌 아주 정밀하게 계획되고 모든 것을 예비해 놓으신 온전한 비전을 주셨다는 것을 알 수 있죠.

결국 우주를 창조하시고 경영하시는 하나님께서는 GOD The CEO, 최고 경영의 신이십니다.
그리고 그 하나님께서는 완전한 비전과 경영의 밸런스를 가지고 일하신다는 것을 우리는 성경을 통해 알 수 있죠.

그렇기에 하나님의 자녀인 우리가 하나님이 일하시는 방식인 온전한 비전과 경영의 밸런스를 가져야 하는 것입니다.

현재 저에게는 명확한 비전이 있습니다.
제 비전은 '사람들이 인정하고, 하나님께서 인정하시는 자타공인 세계 최고의 CEO이자 세계 최고 수준의 자산가가 되어 시간, 재정, 건강의 자유를 누리고 12명의 비전 멘티를 세워 그들을 평생 후원하고 비전 멘토링하는 모습'인데요, 명확한 비전이 있으니 이제 경영 능력만 갖추면 됩니다. 그렇기에 저는 항상 질문을 던졌습니다.

'경영 능력은 어떻게 길러야 할까?'

많은 책들을 읽으며 제가 찾은 답은 '인생은 실전이다!'였습니다.
경영 능력이 이론을 숙지한다고 해서 길러지는 것이었다면 하버드 경영학도들이 세계 최고의 CEO가 되었을 것입니다. 그러나 현재 세계 최고의 CEO들은 학교를 중퇴하고 10대, 20대 시절부터 도전하고, 실패하고, 또 성공도 해 보며 경험을 쌓은 사람들입니다.

그래서 저와 동생 하니는 실전 경험을 쌓기로 결심했습니다.
사람들을 만나고, 프로젝트를 기획하여 경영하고, 선한 영향력을 미치며 세상에 '나'라는 존재를 알리게 되었습니다. 서로 경쟁하고 경멸하는 형제가 아니라 우주 최고의 CEO이신 하나님의 경영 원리대로 '경영하는 형제'가 된 것이죠.

그렇기에 이번 4장에서는 도전하고, 실패하고, 성공도 경험하며 경영하는 형제로 성장한 저희 형제의 모습을 나누고, 그를 통해 세상에 하나밖에 없는 특별한 메시지를 전하고자 합니다.

꽃 피우는 삶이 아닌 열매 맺는 삶

비니

이 글의 세목, '꽃 피우는 삶이 아닌 열매 맺는 삶'은 분당우리교회 이찬수 담임목사님의 4월 2일 자 설교였던 〈꽃 피우는 게 아니라 열매 맺는 삶〉을 바탕으로 지은 것입니다.(이 글을 보실지는 모르겠지만, 이찬수 목사님 감사합니다!)

저와 동생 하니를 포함한 우리 가족 모두는 이찬수 목사님의 이 설교를 들으며 정말 많은 생각과 묵상을 하게 되었는데요, 특히 '열매 맺는 삶'은 인생의 경영 원리와도 같기에 저에게는 이 말씀이 더욱 뜻깊게 다가왔습니다.

그렇기에 이찬수 목사님의 말씀에 제가 삶을 통해 경험한 것들을 더하여 글을 씀으로써 새로운 메시지를 전하고 싶다고 생각하게 되었습니다.

하나님의 자녀인 우리가 공통적으로 추구해야 하는 최선의 가치는 바로 '성령의 열매를 맺는 삶'입니다. 우리는 열매를 맺기 위해 존재합니다. 궁극적인 열매는 비전의 성취이지만, 그 비전으로 나아가는 방향성 속에서 지속적으로 온전한 성령의 열매를 맺어야 하죠.

그리고 우리 모두 알다시피 그 온전한 열매는 하나님 안에 거할 때만 얻을 수 있습니다.

요한복음 15장 4절~5절에서는 이렇게 말씀하십니다.

"내 안에 거하라 나도 너희 안에 거하리라 가지가 포도나무에 붙어 있지 아니하면 스스로 열매를 맺을 수 없음 같이 너희도 내 안에 있지 아니하면 그러하리라 나는 포도나무요 너희는 가지라 그가 내 안에, 내가 그 안에 거하면 사람이 열매를 많이 맺나니 나를 떠나서는 너희가 아무것도 할 수 없음이라"

요 15:4~5

유니크한 포도 열매의 비전이든, 유니버셜한 포도나무의 비전이든 모두 하나님이 주관하시기에 우리는 하나님 안에 거해야 합니다. 하나님 안에 거하는 것은, 하나님의 유니버셜한 비전 안에 소속되어 각자의 유니크한 비전을 감당하는 모습이라고 할 수 있지요.

이렇게 하나님 안에 거한다면 3가지 열매를 맺을 수 있습니다.

첫째, 인격적 성숙의 열매입니다. 이 인격적 성숙의 열매에는 사랑, 희락, 화평, 오래 참음, 자비, 양선, 충성, 온유, 절제로 구성된 성령의 열매와 모든 착함, 의로움, 진실함으로부터 비롯되는 빛의 열매가 포함됩니다. 이들이 모여 인격적 성숙의 열매를 이루는 것이죠. 전국적인 스테디셀러 《돈의 속성》의 저자이자 '슈퍼리치'이신 김승호 회장님께서도 인격적인 성숙의 정도가 최고 수준입니다. 세계적인 부자들이나 CEO들도 모두 최고의 인격을 가진 모습을 볼 수 있습니다. 결국 인격적 성숙의 열매를 맺으면 세상에서의 성공 또한 따라올 수 있게 되는 것입니다. 크리스천이 아닌 사람들도 인격적 성숙을 통해 세계적 부자가 되는데, 하나님의 자녀인 우리가 인격적 성숙을 이룬다면 그 열매는 이루 말할 수 없이 클 것이라 생각합니다. 물론 인격적 성숙이 다는 아니지만 말이죠.

둘째는 영혼 구원의 열매입니다. 비전 멘토링을 통해, 또 삶으로 살아 냄을 통해서 하나님을 영화롭게 하고, 복음을 증거하는 비전 멘토의 삶을 살아 낼 수 있다는 것이죠. 다시 말하지만, 이 비전 멘토링에 관한 것은 마지막 장에서 다루도록 하겠습니다.

그리고 대망의 마지막 열매는 바로 비전의 성취입니다. 이는 우리가 얻을 수 있는 궁극의 열매이자 하나님의 유니버셜한 비전의 나무에 소속되어 기여하는 아름다운 모습이라고 할 수 있습니다.

제가 비전 멘토링을 계속해서 언급하는 이유도 여기에 있습니다. 하나님 안에 거하며 열매 맺는 삶을 살아 내기 위해 하나님의 유니버셜한 비전 안에 소속되어 각자의 유니크한 비전을 감당하도록 가이드라인을 제시하는 최고의 자원이기 때문이죠.

그러나 대부분 현대인들은 열매 맺는 삶이 아닌 꽃을 피우는 삶, 자신을 드러내는 삶을 살고 싶어 합니다. 하지만 아무리 붉은 꽃도 열흘을 넘기지 못하듯이 그 결과는 허망하기만 하죠. 그래서 열매를 맺는 삶을 살아야 한다는 것입니다. 열매에는 씨앗이 있습니다. 그 씨앗은 열매의 선한 영향력을 사방으로 전하게 됩니다. 너무나 하나님적인 원리가 아닌가요? 그래서 저희 형제는 매일 다짐합니다. 하나님 기뻐하시는 열매 맺는 삶을 살자고.

어떤 이들은 이렇게 질문할 수 있습니다.

"꽃을 피워야 열매가 생기지 않나?"

맞는 말이지만, 현대인들의 꽃을 피우는 삶은 꽃만 피우고 끝나기 때문에 바람직하지 못한 것이라고 할 수 있죠.

그리고 꽃을 피우지 않고 열매를 맺는 식물이 하나 있습니다. 엄밀히 말하면 꽃을 드러내지 않고 열매를 맺는 식물인데요, 그 식물은 바로 무화과입니다. 무화과는 꽃 없이 열매를 맺는다 해서 무화과라는 이름이 붙여졌지만, 현대에 와서 다시 보니 꽃을 피우지 않고 열매를 맺는 게 아니라 꽃을 품어 숨기고 열매를 맺는 것이었습니다.

우리는 꽃을 품어 숨기고 있는 무화과 같은 겸손한 삶을 살아야 합니다. 무화과 같은 삶의 진정한 열매는 달콤하기도 하거니와, 내면의 꽃, 온전한 꽃을 수반하게 됩니다. 성경에서 무화과가 그렇게 많이 언급되는 이유가 여기에 있지 않을까 조심스레 생각해 봅니다.

결국 우리는 우리를 드러내는 삶, 꽃만 피우는 삶이 아닌 무화과 같은 겸손하지만, 강력한 삶의 열매를 맺어가며 비전을 향해 나아가야 합니다.

저는 3년 전, 이러한 열매 맺는 삶의 중요성, 무화과 같은 열매의 달콤함을 몸과 마음으로 느꼈던 적이 있었습니다.

2019년부터 2020년에 남양주시에서 주최한 '정약용 인문학 콘서트'라는 대회가 있었습니다. 이 대회는 '1700~1800년대 세계를 움직인 세계사적 인물의 사상이 우리에게 어떤 가치와 의미를 가지는가? 그리고 우리는 어떤 기준과 마음을 가지고 현시대를 살아가야 하는가?'라는 주제로 에세이를 작성하고, 1차 심사를 거쳐 2차 공개 발표까지 마친 뒤 부문별 6명을 선별하여 시상하는 형식의 전국적 대회였죠.

저는 이 정약용 인문학 콘서트에 도전하게 되었는데요, 그 도전기는 의외의 곳에서부터 시작되었습니다. 홈스쿨링(언스쿨링)을 하며 만난 한 집사님께서 함께 정약용 선생님의 생가에 방문하였을 때 콘서트 포스터를 보시고 저에게 출전을 권유해 주셨습니다. 그렇게 집으로 돌아와서 가족회의(?)를 하며 묵상한 결과, 이 기회는 하나님께서 우리 가정에 주신 자원이라는 생각이 들어 저는 한 치의 망설임 없이 신청 버튼을 꾸욱 눌렀습니다.

그렇게 많은 분들의 응원을 받으며, 에세이 안에 저와 우리 가족의 삶의 모습을 진실되게 담아내다 보니 감사하게도 1차 예선 통과를 하게 되었고, 공개 발표 또한 전심을 다해 준비하여 결국 최종우승자 6인 안에 들어 중등부 시상인 '흠흠신서상'을 수상하게 되었습니다.

'흠흠신서상'의 시상내역은 이탈리아, 영국 등 유럽 국가를 2주간 여행하는 해외 연수였는데요, 이 여행이 아쉽게 코로나19로 인해 취소되면서 저는 해외 연수권을 현금으로 환산한 400만 원을 받게 되었습니다.

그렇게 큰돈을 받아 본 것은 생애 처음이기도 하고, 이것을 어디에다 써야 할지 고민하던 찰나, 저의 뇌리를 스친 한 생각이 있었습니다.

'하나님께서 코로나를 보내시고 해외 연수 기회를 나에게 돈으로 바꿔 주신 이유는 감사한 분들께 이를 나눔으로써 열매 맺는 삶을 살아 내라고 하신 것이 아닐까?'

제가 정약용 인문학 콘서트에서 우승을 한 데에 저의 노력은 5%도 채 되지 않았던 것을 알았기에 그날부터 저는 부지런히 '상금 분배 계획'을 짜기 시작했습니다.

일단 잊지 말아야 할 우선순위인 십일조를 구별하였고, 또한 감사 헌금을 드렸습니다.(처음으로 소득세라는 것을 경험해 보기도 하였답니다. ^^)

그리고 주중에 외할머니, 외할아버지와 점심식사를 함께 마치고 깜짝 이벤트를 통해 용돈을 드렸습니다. 다음 날에는 부모님을 위한 깜짝 이벤트를 준비하여 아빠, 엄마께 각각 70만 원씩 용돈을 드렸습니다. 살면서 처음으로 부모님께 용돈다운 용돈을 드린 것이었기에 뿌듯함은 배가 되었죠. 또한 친할아버지께도 이사하시는 날에 댁으로 찾아뵈어서 처음으로 용돈을 드리게 되었습니다.

그리고 정약용 인문학 콘서트를 저희에게 전해 주신 집사님 가정을 초대하여 감사한 마음을 담아 저녁 식사를 섬겼습니다.

마지막으로, 제가 돈을 모아 노트북을 구매하였을 때 부러워하던 동생 하니가 생각나서 저는 과감히 동생에게 노트북을 선물하기로 결정했습니다.

400만 원을 수중에 쥐고 내 뜻대로 사용하며 꽃을 피울 수 있었지만, 감사한 분들과 함께 나누며 열매를 맺기로 했습니다. 비록 나눔을 하고 난 후 저의 수중에 남은 돈은 30만 원이 채 되지 않았지만, 제가 얻은 기쁨과 성취감은 1억, 그 이상의 가치가 있었지요.

이 섬김의 열매, 꽃은 숨기고 열매를 맺음으로써 더욱 달콤함을 전하는 무화과와 같은 이 열매는 지금까지도 이어져 저희 형제에게 엄청난 삶의 변화를 안겨 주고 있습니다. 당장 이 책을 쓰는 것도 이때 동생과 함께 구매한 노트북으로 하고 있기에 꽃을 피우는 것이 아니라 열매를 맺으리라 다짐했던 3년 전 저의 선택은 정말 탁월한 선택이었다는 생각이 듭니다.

열매를 위해서는 대가를 지불해야 합니다. 저는 대가를 지불했고, 수많은 열매를 맺었으며, 그 열매는 대가를 30배, 60배, 100배 상회하는 새로운 열매를 저에게 선물해 주었습니다. 이는 하나님의 진리이자 경영 원리입니다.

이 원리를 한 문장으로 정리해 주신 이찬수 목사님의 명언으로 글을 마무리하겠습니다.

No Pain, No Gain
고통 없이는 얻는 것 또한 없다

No Cross, No Crown
십자가 없이는 왕관 또한 없다

무엇이 옳은가?

비니

'인간으로서 무엇이 옳은가?'

위의 질문은 살아 있는 경영의 신이라 불리며 손대는 사업마다 모두 성공으로 이끌었던 21세기 최고의 CEO, 故 이나모리 가즈오 회장님의 저서 《왜 사업하는가》의 시작이 되는 질문입니다. 이 책을 읽으며 이 질문을 왜 가장 첫 번째에 넣으셨을까 생각해 보니, 사업과 인생에 있어서 가장 기초가 되고 가장 중요한 뜻을 담고 있기 때문에 그렇다는 것을 깨닫게 되었습니다.

지극히 맞는 말입니다. '인간적으로 옳은 일'. 많은 사람이 사업에서 중요한 다양한 요소들을 침이 마르도록 외치고 다니지만 이나모리 가즈오 회장님께서는 가장 먼저 집중해야 할 것은 사업의 본질, 성공의 기초인 '사람'이라고 하셨습니다. 그러므로 사람들을 팬으로 만들고, 기업에게 존경심마저 들게 만들기 위해서는 위에 있는 질문에 기초한 휴머니티, 진정성을 보여 주는 것이 반드시 필요합니다. 결국 사업의 성공 여부는 고객, 즉 사람에게 달려 있기 때문이죠. 그래서 그들의 마음을 사로잡는 아웃풋을 하기 위해서는 일단 먼저 '인간으로서 무엇이 옳은가?'라는 질문을 던지는 것이 중요하다는 것입니다.

이와 같은 태도는 물론 사업에서도 너무나 중요하지만, 우리가 삶을 살아가고 사람들과 관계를 가지는 데 있어서도 없어서는 안 될 너무나 중요한 요소입니다.

그런데 '인간으로서 무엇이 옳은가?'보다 한 차원 높은 수준의 질문이 있습니다. 이 질문은 제가 《왜 사업하는가》를 읽으며 만들어 본 질문인데요, 그 질문은 다음과 같습니다.

'하나님적으로 볼 때 무엇이 옳은가?'

인간을 만드신 분은 하나님이시기에, 인간적인 옳음보다 하나님적인 옳음이 훨씬 차원이 높고 온전한 옳음이기에 이 질문이 훨씬 높은 차원의 질문이라고 할 수 있는 것입니다. 또한 비전을 주신 분도 하나님이시기에, 비전을 이루기 위해서는 매 순간 인간적인 선택이 아닌 하나님적인 선택을 해야 하지요. 그런 이유에서 이 질문은 하나님 안에서의 명확한 정체성, 3S와 1H4B에 기반합니다.

저는 지금까지 인생을 살아오면서 영적인 선택, 하나님적인 선택보다는 감정에 충실한 인간적인 선택을 한 적이 너무나도 많았습니다. 하지만 한순간의 하나님적인 선택으로, 하나님 보시기에 옳은 선택으로 인생을 바꾸는 경험을 하였습니다.

이 부분에 대해서는 개인적으로 많이 언급하기도 하였지만, 너무나 중요한 메시지를 담고 있는 경험이기에 다시 한번 나누고자 합니다.

저는 지난 2020년 10월, 거꾸로 캠퍼스라는 곳에 지원하였습니다. 이 학교는 카카오, 네이버에서 투자하기도 한 학교로서 기존 학교의 틀을 깨고 미래 인재를 양성한다는 목표를 가지고 있는 학교이고, 특히 디지털 기기를 활용한 프로젝트를 진행하여 디지털 트랜스포메이션 시대에서 살아남을 수 있는 능력 개발에 중점을 두고 있습니다.

처음엔 정말 '좋기만 한' 학교인 줄 알았습니다. 지금까지 제가 살아왔던 환경, 특히 프로젝트형으로 학습하기에 더욱 끌리던 부분이 있었지요. 하지만 제가 간과했던 부분은 바로 '디지털 기기'와 '기숙사'였습니다.

1차 면접을 위해 캠퍼스에 방문하여 학습 환경을 둘러보던 중, 저는 수업 시간에 몰래 유튜브를 시청하거나 게임을 하는 학생을 보게 되었습니다. 디지털 기기를 끊임없이 활용하기에 좋은 점도 있지만 오히려 리스크가 더 크게 작용하는 것 같았습니다. 특히 더 충격이었던 것은 점심 시간이 되자 아이들이 둘러앉아 스마트폰 게임을 하고 있는 모습이었죠.

아직 불완전한 학생이기에(물론 어른이 된다고 완전해지는 것도 아니지만), 그리고 대부분 온전한 비전은 고사하고 명확한 인생의 목표도 없기에 더욱 디지털 기기의 리스크 압력을 감당하지 못할 것이 뻔했습니다.

그렇게 저는 약간의 의문점을 가지고 집으로 돌아왔습니다.

그 후 저는 2020년 11월경에 김형환 교수님을 만나 뵈었습니다. 교수님께서는 처음엔 아버지와 말씀을 나누시더니, 잠시 카페를 찾아 나서는 과정에서 갑자기 저에게 꿈과 비전에 대하여 질문하셨습니다. 그 당시에도 이런 부분에 대하여 나름대로 자신이 있었던 저는 온갖 화려한 언변(?)을 더해서 저의 '꿈'만을 설명해 드렸습니다. 하지만 호기로웠던 저는 한 질문 앞에 바로 K.O되고 말았습니다.

"네가 누군데 꼭 그 일을 해야 하는데?"
"그러니까 왜 그 일을 네가 해야 하는데?"

김형환 교수님께서는 계속 이 질문만 반복하셨습니다. 이는 하나님 안에서의 정체성에 대한 질문이었기에 3S와 1H4B의 정체성을 마음에 항상 새기고 살았다면 매우 쉽게 답할 수 있는 질문이었고, 도리어 제가 김형환 교수님을 K.O시킬 수 있는 상황이었지만, 저는 계속 우물쭈물 답변하지 못하고 윤형방황 하는 듯한 답변만 계속하였습니다. 결국 저는 혼자서 답을 찾지 못했고, 눈물을 흘리며 돌아오게 되었습니다. 살면서 제가 그렇게도 답하지 못한 질문이 없었고, 처음으로 아무것도 못 하고 압도당하는 느낌을 느꼈기 때문이었죠.

그렇게 집에 가는 도중 아빠와의 대화 속에서 저는 비전 멘토링, 그리고 3S와 1H4B 정체성을 알게 되었습니다. 또한 제 비전을 찾는 과정에서 내 이익만 추구하면서 하나님 안에서의 정체성과 비전은 빠져 있었다는 사실, 그리고 영성이 아직 많이 부족하단 사실도 깨닫게 되었습니다. 그때 하나님 앞에서 죄송함을 느껴 한 번 더 눈물을 흘렸습니다. 이 눈물이 제가 '영적 가출' 상태에서 다시 집으로, 하나님의 품으로 돌아오는 계기가 되었습니다.

저는 그 이후 거꾸로 캠퍼스에 합격하였지만 진학을 과감하게 포기하였습니다. '부모님과 단절되고 고립된 상황에서 매일매일 영적인 선택을 하며 다니엘과 같은 삶을 살아갈 수 있을 것인가? 또래 지향성을 이길 만한 명확한 정체성과 영성이 있는가?'라는 아빠의 질문을 통해 하나님께서 주신 나의 비전을 찾는 것이, 영성을 온전히 하는 것이 중요하다는 것을 깨달았기 때문입니다.

인간적으로 볼 때는 거꾸로 캠퍼스도 당연히 옳은 길 중 하나였습니다. 우리나라에서 거꾸로 캠퍼스보다 훌륭하다고 할 수 있는 학교는 많지 않기 때문이죠. 하지만 하나님적으로 볼 때, 하나님의 자녀로서, 예수님을 위한 일꾼으로서, 성령님에 의한 의인으로서 볼 때 거꾸로 캠퍼스는 옳은 선택이 아니었습니다. 그렇기에 과감하게 포기한 것이죠. 아빠의 멘토링을 통해, 예수님의 멘토링을 통해 인간적으로 옳은 선택이 아닌 하나님적으로 볼 때 옳은 선택을 한 것입니다.

그 이후, 거꾸로 캠퍼스에 진학했다면 참여하지 못했을 씽크와이즈 원북원맵 프로젝트를 만나게 되었습니다. 저는 이 프로젝트에 함께하면서 실력을 더욱 향상시키고, 거기서도 하나님적으로 옳은 선택을 해가며 코치님들을 존중하고 누구보다 성실하게 참여했습니다. 그랬더니 그 모습을 보신 코치님들의 추천으로 2021년 제5회 전국 씽크와이즈 유저 컨퍼런스에 10대 대표로 참여할 수 있는 기회를 받았습니다. 그곳에서 저는 제가 크리스천임을 당당하게 선포하고 영성과 정체성의 중요성, 하나님의 비전과 경영전략의 중요성을 전국에 있는 씽크와이즈 유저들에게 알리게 되었지요.

씽크와이즈 발표

또한 이러한 모습을 씽크와이즈 정영교 대표님께서 보시고 감사하게도 저의 발표 영상을 자막을 넣은 뒤 미국에, 그리고 유럽권에 전파해도 되겠냐고 물어봐 주셨습니다. 세계적인 네트워크를 가지신 정영교 대표님을 인적 자원으로 붙여 주신 하나님의 은혜이기에 저는 감사함으로 긍정하였습니다.

이것이 마중물이 되어 다른 여러 가지 인적 자원, 물적 자원의 활성화가 일어났고, 그 자원의 활성화는 현재까지도 이어지고 있습니다.

남들은 "'인간적으로' 거꾸로 캠퍼스 들어가는 게 더 나은 것 아니야?"라고 말할 수 있습니다. 하지만 하나님적으로 볼 때 저는 하나님께서 주신 정체성과 비전을 찾았기에 거꾸로 캠퍼스에 진학하는 것보다 30배, 60배, 100배의 결실을 맺었다고 생각합니다. 아무리 좋은 학교에 들어가도 온전한 정체성과 비전이 없으면 그것만큼의 허사도 없기 때문이죠. 또한 그 결정 덕에 거꾸로 캠퍼스에서는 경험하지 못했을 엄청난 자원의 활성화가 일어나게 되었습니다.

이러한 경험들을 통해 저는 '인간적으로서 옳은 일'이 아니라 '하나님적으로 볼 때 옳은 일'을 행해야 한다는 것을 뼈저리게(?) 느꼈습니다. 또한 하나님적으로 보기 위해서는 하나님의 자녀, 예수님의 일꾼, 성령님에 의한 의인이 되는 3S 정체성과, 나의 존재, 소유, 소속, 성장, 행동을 아우르는 1H4B 정체성이 무엇보다 우선시되어야 한다는 것 또한 깨닫게 되었죠.

그렇기에 하나님의 자녀, 예수님을 위한 일꾼, 성령님에 의한 의인 되는 우리 모두가 다음 두 가지 질문을 삶의 각 처소에서 마음속에 품고 살아가길 원하고, 바라고, 기도합니다.

'하나님 보시기에 무엇이 옳은가?'
'하나님적으로 볼 때 무엇이 옳은가?'

경영하는 모든 것을
100% 이루는 방법이 있다?!

비니

　많은 사람들이 경영하는 것을 이루고 싶어 합니다. 기업을 경영하든, 자신을 경영하든, 경영하는 것을 이루고 싶지 않아 하는 사람은 전 세계에 단 한 명도 없을 것입니다.

　그러나 이러한 바람과는 달리, 96%의 사람들은 자신이 경영하는 것을 이루지 못하는 삶을 살아갑니다. 왜 그럴까요?

　성공에는 열정과 의지가 중요하다고 하는데, 이들은 그 누구보다도 열정과 의지가 넘치는 사람들이었습니다. 그러나 96%의 사람들은 허망하고 허무한 인생을 살아가고 있죠. 그들이 간과한 중요한 한 가지가 있기 때문입니다. 그것은 바로 목표와 믿음입니다.

　아무리 강한 의지와 열정이 있더라도 목표가 없으면 인간은 절대 지속할 수 없습니다. 우리가 무엇을 이루려면 반복하고 지속하는 시간이 필요한데, 대부분의 인간은 의지와 열정만으로 이 시간을 견뎌 내지 못합니다. 마라톤을 뛰는데 결승점 없이 무작정 계속 뛰라고 하면 뛰는 것을 지속할 수 있는 사람은 아무도 없는 것과 같은 원리이죠.

이처럼 성공하기 위해 반복하고 지속하기 위해서는 하나님께서 주신 우리 인생의 궁극적 목표인 비전과 그 비전의 성취를 믿는 굳건한 믿음이 필요합니다.

또한 하나님께서는 우리에게 경영하는 모든 것을 100% 이룰 수 있는 궁극의 비기를 알려 주셨습니다.

"모든 행사를 여호와께 맡기라 그리하면 네가 경영하는 것이 이루어지리라"

잠 16:3

잠언 16장 3절 말씀입니다. 여기서는 하나님을 믿고 모든 행사를 맡기면 전능하신 하나님께서 우리의 경영하는 모든 것을 이루어 주신다고 말씀하고 계십니다. 그러나 상당수의 크리스천들은 경영하는 것을 이루지 못하는 듯이 보입니다. 누구보다 모든 행사를 여호와께 잘 맡기는 듯한 크리스천들은 왜 이 약속의 말씀의 보상을 받지 못하는 것일까요? 이 질문에 대한 해답은 행함과 믿음, 그리고 감사에 있습니다.

우리는 모두 각자만의 믿음을 가지고 있습니다. 그게 무엇에 대한 믿음이든, 우리는 나름의 믿음을 모두 가지고 있죠. 그렇다면 그 믿음을 우리는 어떻게 증명할 수 있을까요? 성경에서는 그 믿음을 증명하는 것은 '행함'이라고 합니다.

행함이 수반되지 않는다면 그것은 진정한 믿음이 아닙니다. 이는 마치 우리가 지금 눈앞에 보이지 않는 핸드폰을 계속해서 찾는 것과 같은 일이죠. 모두 한 번쯤 집에서 핸드폰을 잃어버린 적이 있으실 겁니다. 그때 우리는 어떻게 행동할까요? 그냥 포기하고 누워 있나요? 아닙니다. 우리는 계속해서 핸드폰을 찾으려고 '행동'합니다. 심지어는 다른 사람의 핸드폰으로 우리의 핸드폰에 전화까지 하는 창의적인 '행동'을 하죠. 우리를 행동하게 하는 원동력은 무엇일까요? 바로 '핸드폰이 우리 집 안에 있다는 믿음'입니다. 만약 이 사실을 믿지 않았다면 위와 같은 노력을 들여 핸드폰을 찾으려 하지는 않았겠지요.

이처럼 진정한 믿음은 행동을 수반합니다. 또한 행동이 수반되지 않는다면 그것은 진정한 믿음이 아니죠. 조심스러운 부분이지만, 저의 경험으로 미루어 보아 한국의 많은 크리스천들은 잠언 16장 3절 말씀을 살짝 오해하고 있는 듯합니다. 모든 행사를 정말 여호와께 맡겨 버리고 스스로 행동하지는 않는 것이죠. 또한 이찬수 목사님께서도 한국 교회가 여러 매체, 여러 사람들에게 조롱당하는 이유는 삶으로 살아 내지 못하고 행동하지 않기 때문이라고 말씀하십니다.

많은 사람들이 하나님께서 공급해 주실 것을 믿는다고 말하지만, 대부분은 공급받지 못합니다. 그 이유는 하나님의 공급에 대한 믿음이 행동으로 이어지지 않아서라고 생각합니다.

공급의 영단어는 Provision입니다. 이는 접두사 pro와 어근 vision으로 이루어진 단어인데, pro의 뜻은 '~를 위한(for)'이고 vision은 우리 인생의 궁극적인 최종 목표이죠. 결국 공급은 우리가 최종 목표, 즉 비전으로 갈 수 있게 하기 위해 그 전에 우리에게 오는 것을 말하는 것입니다. 비전을 위해 오는 것이 공급이란 것이죠.

그렇기에 공급보다 먼저 비전이 있어야 합니다. 비전이 없다면 '비전을 위해 오는 것', 공급이 필요하지 않기 때문입니다. 공급은 비전을 지원하기 위해서만 하나님께서 우리에게 주시는 것이기 때문에 비전이 없으면 사람은 궁극적으로 멸망에 이르게 됩니다. 비전이 없으면? 공급도 없습니다. 그래서 공급받을 수 있는 방법은 하나님께서 주신 비전을 명확하게 알고 그것을 추구하는 것이죠.

그러나 대부분의 사람은 비전을 찾고 그 비전을 향해 나아가는 '행함'이 없기 때문에 공급받지 못하는 것이고, 결국 하나님에 대한 믿음 또한 온전한 믿음이라고 볼 수도 없는 것입니다. 이 말을 들으신 분들은 '18살 어린애가 뭘 안다고 이렇게 믿음에 관해 운운하는가?'라고 생각하실 수 있지만 이는 저만의 의견이 아닌 성경적 재정 원리대로 재정적 온유함을 누리고 계시는 크래그 힐 목사님의 말씀이자, 하나님께서 성경을 통해 말씀하시는 '행함과 믿음'의 진리이기에 이렇게 당당하게 선포할 수 있는 것입니다.

지금은 비전 멘토링을 통해, 끊임없는 묵상을 통해 이러한 하나님의 경영 원리를 깨닫게 되었지만 저도 몇 년 전까지는 온전치 못한 믿음을 가지고 있었습니다.

비전과 정체성도 명확치 않았고, 돈 '따위'는 중요하지 않은 것이라 여졌으며, 하나님을 잘 믿기만 하면 하나님께서 다 채워 주실 것이라는 막연한 믿음을 가지고 하나님께 '책임 전가'를 하는 삶을 살았었습니다. 그러나 비전 멘토링을 통해 하나님께서 저에게 주신 명확한 비전과 정체성을 찾게 되었고, 그 과정에서 지속적으로 성경을 묵상하며 이 책에서 설명하고 있는 하나님의 경영 원리, 진리들을 깨닫게 되었습니다.

그렇게 비전을 찾고 행동하니 이전에는 저에게 오지 않았던 공급들이 활성화되기 시작했습니다. '행동'했기에 제5회 씽크와이즈 유저 컨퍼런스에서 10대 대표로서 전국의 모든 씽크와이즈 유저들에게 저의 비전과 제가 자랑스러운 하나님의 자녀임을 당당하게 선포할 수 있었습니다.

'행동'했기에 동생과 함께 전국의 많은 아이들을 멘토링해 주는 독서 멘토로 세워질 수 있었습니다.

'행동'했기에 최고의 금융 멘토님을 만나 엄청난 금융지능의 성장을 이룰 수 있었습니다.

'행동'했기에 수익 모델을 창출하고, 경영하고, 투자하며 다가올 시대를 주도하기 위한 준비를 해 나갈 수 있었습니다.

'행동'했기에 축복의 통로로서 저희가 받은 것들을 다음 세대에게 흘려 보낼 수 있었습니다.

'행동'했기에 하나님을 닮은 최고의 CEO로서 세계 최고의 기업을 경영하고, 예수님을 닮은 비전 멘토로서 12명의 비전 멘티를 평생 후원하고 멘토링한다는 원대한 비전을 가슴에 품을 수 있었습니다.

그리고 '행동'했기에 지금 이 자리에서 동생 하니와 '함께' 이 책을 쓸 수 있었습니다.

하나님을 믿고 행동할 때 하나님께서는 반드시 공급해 주실 것입니다. 아멘.

하나님께서 우리에게 주신 명확한 비전을 비전 멘토와 함께 찾아 나가고, 그 비전의 성취를 믿으며 '행동'한다면 하나님께서는 우리가 경영하는 모든 것을 이루어 주실 것입니다. 아멘.

이렇듯 공급과 비전의 상관관계를 행함과 믿음의 중요한 예시로 들긴 하였지만, 행함과 믿음의 중요성이 드러나는 또 한 가지 분야가 있습니다. 그것은 바로 '감사'입니다.

감사는 삶 전체를 변화시킵니다. 감사함으로 인해서 우리 몸은 세로토닌이라는 신경 전달 물질을 분비하는데, 이는 인간으로 하여금 행복을 느끼게 하고, 우울과 불안을 해소하는 데 기여하게 됩니다. 감사하는 삶을 살면 행복한 삶을 살게 되는 것이죠.

그런데 이러한 감사도 훈련되어야 합니다. 우리 가족에게 감사에 대한 말씀을 전해 주신 분당우리교회 이찬수 목사님께서는 이를 '감사 회로'라고 표현하셨습니다.(이찬수 목사님, 항상 생명의 말씀 전해 주셔서 감사드립니다!)

이 감사 회로에 대한 구체적 묵상은 책 후반부에서 동생 하니가 나눌 내용이기에, 간단히 설명하겠습니다.

감사 회로가 훈련된다면 크게 3가지 이점이 있습니다.

첫째, 작은 것에도 감사하며 행복한 삶을 살 수 있습니다.

둘째, 부정적 사고 회로는 오히려 약화시켜 더욱 긍정적인 삶을 영위할 수 있게 합니다.

셋째, 모든 것, 심지어 고난과 결핍마저 자원으로 활용 가능하게 합니다.

그렇다면 감사 회로는 어떻게 훈련할 수 있을까요? 처음부터 마음에서 우러나오는 감사를 마음껏 펼칠 수 있는 사람은 아무도 없을 것입니다. 그것은 예수님만이 하실 수 있는 일이라고 생각합니다. 연약하고 불완전한 우리들은 일단 감사를 쥐어짜듯이 해 보는 훈련의 기간이 필요합니다. 마음속에서 나오는 감사가 아니더라도 일단 감사한 것들을 말로 내뱉거나 써 보는 것이죠. 그러면 어느 순간 정말로 마음에서 우러나오는 감사를 하고 있는 자기 모습을 발견할 수 있을 것이라고 생각합니다. 동생 하니와 저도 1H4B 비저너리 저널을 쓰면서 비전, 정체성과 연결된 가장 높은 차원의 감사 일기를 활용할 수 있었고, 그로 인해 정말 많이 성장하며 엄청난 삶의 변화를 맞이할 수 있었습니다.

감사는 영적인 것입니다. 왜냐하면 인간의 죄는 아담과 하와의 감사의 부재로부터 시작되었고, 인간의 구원은 예수님에 대한 감사로부터 시작되기 때문이죠. 인간의 시작과 끝, 알파와 오메가는 결국 감사입니다. 또한 위에서 말했듯 진정한 믿음은 행동을 낳기에 우리의 믿음은 감사라는 행동으로 증명되어야 합니다. "믿음에 굳게 서서 감사함을 넘치게 하라…"라는 골로새서 2장 7절 말씀처럼 우리는 믿음을 감사함으로써 증명해야 하는 것입니다.

결국 인생은 믿음에 의한 해석이 전부이기 때문에 감사하는 삶을 살아야 합니다.

진리를 믿고 감사하는 사람은 행복하고 성공하는 삶을 살지만 그릇된 것을 믿고 감사하지 않는 삶을 산다면 불행한 삶을 살 수밖에 없을 것이기 때문이죠.

이러한 이야기가 있습니다.

어느 날 장미꽃이 하나님께 이렇게 한탄했다고 합니다.

"하나님 어찌하여 저에게 이런 가시를 주셨습니까?"

그러자 하나님께서 말씀하셨습니다.

"얘야, 나는 가시나무였던 너에게 아름다운 꽃을 준 것이란다."

장미꽃처럼 자신을 '가시 받은 자'라고 믿으며 불평하고 살아간다면 세상에서 가장 불행한 자로 살아가게 될 것이고, 자신을 '꽃 받은 자'라고 믿으며 감사한다면 행복한 삶을 살게 될 것입니다.

그렇기 때문에 우리는 행함과 믿음의 가장 첫 번째 단계인 '감사'를 기억해야 합니다.

인생은 믿음에 의한 해석과 행동이 전부이기에, 진정한 '히든 솔루션'은 '감사'입니다.

1퍼센트의 사람이 되는 비결

비니

세기의 문학인 조지 버나드 쇼는 생전 이러한 말을 남기셨습니다.

"유능한 자는 행동하고 무능한 자는 말만 한다."

이처럼 유능한 1퍼센트의 사람들과 무능한 99퍼센트의 사람들을 나누는 기준은 바로 '행동'이죠.
바로 이전 글인 '경영하는 모든 것을 100% 이루는 방법이 있다?!'에서도 우리는 하나님께 모든 행사를 맡기되, 실질적인 행동을 취하며 하나님께 모든 책임을 전가하는 일은 없도록 해야 한다고 말한 바 있습니다. 그리고 그 행동을 위해서는 행동의 목표, 목적이 있어야 한다고도 했었죠.

그렇기에 이번 글에서는 '행동하기 위한 목표 설정'에 대한 구체적인 부분을 다뤄 보려 합니다.

행동하기 위한 최고의 목표 설정 방법은 무엇일까요? 100% 정답이라고 할 수는 없지만 많은 세계적인 석학들이 제시하는 최고의 목표 설정 방법은 바로 '역산 스케줄링'입니다.

우리 모두 무능한 99퍼센트의 사람이 아니라 유능한 1퍼센트의 사람이 되고 싶을 것입니다. 그러기 위해서는 역산 스케줄링하고 행동해야 합니다.

왜 그럴까요? 그 이유는 이민규 박사님의 책, 《실행이 답이다》 47~48페이지에 자세히 설명되어 있습니다. 내용은 이러합니다.

> 성공과 행복의 열쇠가 무엇인지 찾아내기 위한 연구를 50여 년이나 수행했던 하버드 대학의 에드워드 밴필드 박사는 이렇게 그의 생각을 정리했다. "우리 사회에서 가장 성공한 사람은 10년, 20년 후의 미래를 생각하는 장기적인 전망을 갖고 있는 사람들이었다." 일본의 저명한 경영 컨설턴트인 간다 마사노리 역시 이렇게 말했다. "99퍼센트의 사람들은 현재를 보면서 미래가 어떻게 될지 예측하고, 1퍼센트의 사람만이 미래를 내다보며 지금 어떻게 행동해야 할지 생각한다. 당연히 후자에 속하는 1퍼센트의 사람만이 성공한다." 그러므로 성공하는 것은 간단하다. 미래로부터 역산해서 현재의 행동을 선택하는 습관을 갖는다면 말이다.

그러므로 성공하기 위해서, 유능한 1퍼센트의 사람이 되기 위해서 우리는 역산 스케줄링을 하고, 이를 바탕으로 행동할 수 있어야 합니다.
또한 친절하게도 이 책에는 역산 스케줄을 어떻게 해야 하는지에 대한 가이드라인을 제시합니다.

> **역산 스케줄링 3단계**
>
> Step 1 달성하고 싶은 목표와 데드라인을 먼저 명확하게 정한다.
> Step 2 목표달성 과정의 징검다리 목표들과 데드라인을 정한다.
> Step 3 목표와 관련된 첫 번째 일을 선택해 곧바로 실천한다.

일단 가장 큰 장기 목표부터 설정하고, 그것을 기준으로 점진적 역산을 하며 큰 목표로 가기 위한 중간 목표들을 설정하고, 또다시 그 중간

목표들로 가기 위한 작은 목표들을 설정하며, 작은 목표들로 가기 위해 지금 당장 해야 할 것은 무엇인지 생각하고 이를 당장 실행하는 것이 바로 역산 스케줄링이라는 것이죠.

미래를 내다보며 현재 취해야 할 행동을 결정하는 것은 비저너리의 속성이기도 하며, 제프 베이조스, 일론 머스크 등 세계 최고의 CEO들이 현재의 부와 성공을 이룰 수 있었던 이유이기도 합니다. 그렇기에 이 역산 스케줄링은 정말 강력한 도구입니다.

이런 역산 스케줄의 중요성을 저희는 독서를 통해, 그리고 부모님의 멘토링을 통해 일찍이 알고 실행하고 있는데요, 다만 저희가 활용하고 있는 역산 스케줄링은 일반적인 역산 스케줄과 차이가 있습니다.

저희 형제는 가장 강력한 역산 스케줄, 〈V.M.O.S.T. A.R.T. 인생 마스

터맵)을 활용하고 있습니다. 이는 하나님께서 저희 형제에게 주신 가장 큰 자원 중 하나라고 해도 과언이 아닙니다.

이 '인생 마스터맵'은 심테크시스템의 정영교 대표님께서 수십 년간의 노력 끝에 만드신 '씽크와이즈'라는 디지털 마인드맵 프로그램 속 템플릿 중 하나였는데요, 이 템플릿을 아빠께서 씽크와이즈 프로그램과 함께 저희에게 전해 주시고, 마스터맵을 구체화할 수 있도록 도와주셨습니다. 또한 저는 이 마스터맵을 비전 멘토링의 원리를 담아 재구성하여 저만의 템플릿을 만들고 동생 하니에게도 전해 주었죠.

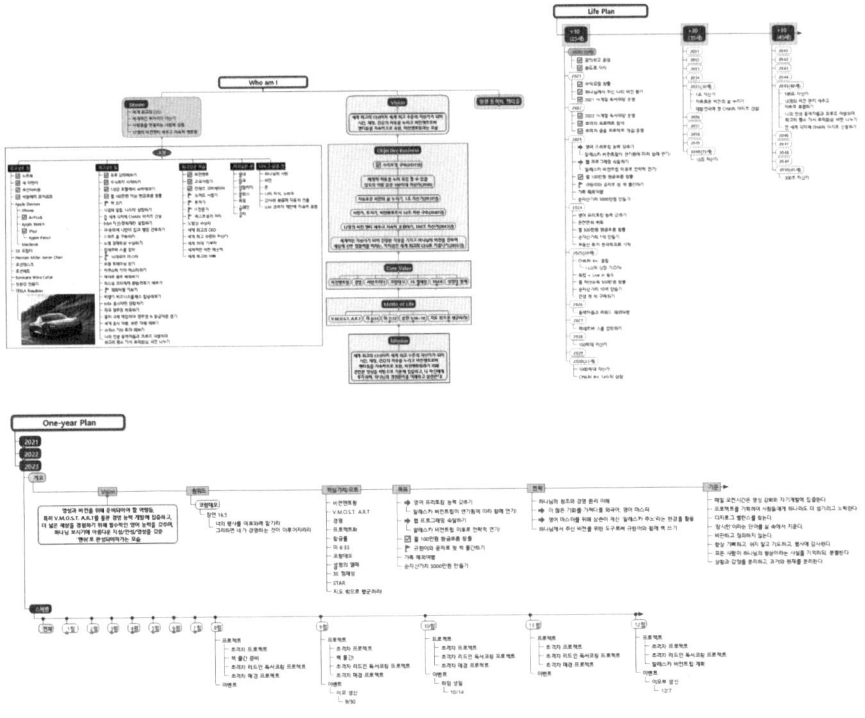

비니의 인생 마스터맵

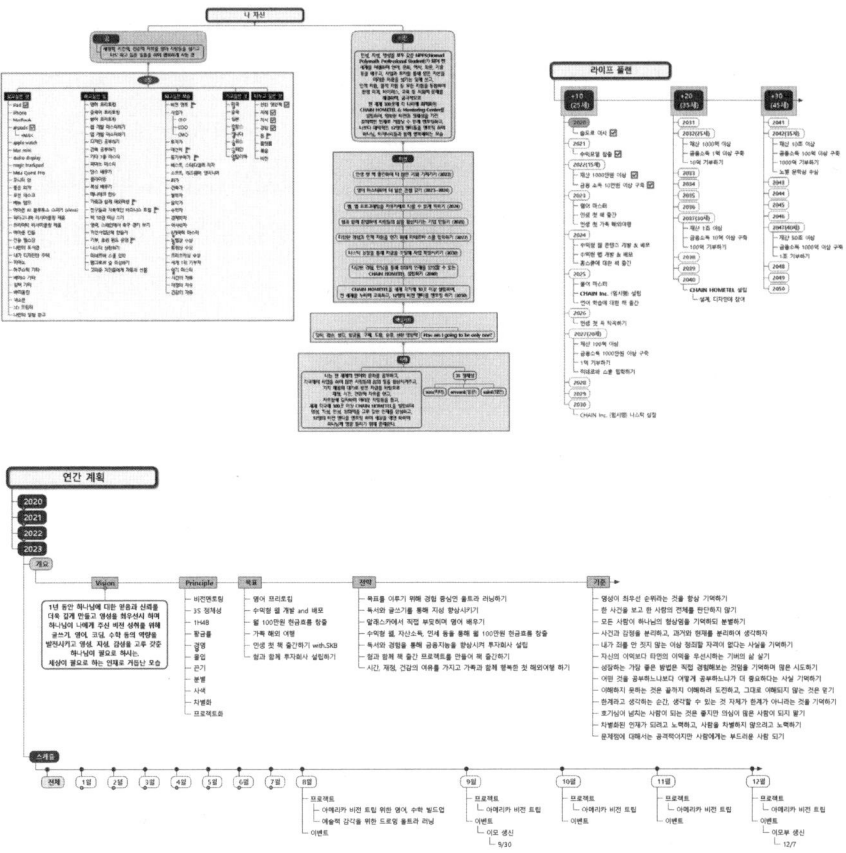

하니의 인생 마스터맵

    그렇게 저희 형제는 매년, 매월, 매주, 매일 이 인생 마스터맵을 묵상하고 수정하며 역산 스케줄링하고, 이를 바탕을 행동하고 있습니다.

    또 최근에는 마스터맵을 하니와 함께 수정하다가 원대한 목표 한 가지를 더 설정하고 새로운 사업 아이디어마저 떠올리게 되었습니다.

저희는 현재 2035년~2045년에 걸쳐 전 세계 각국에 CHAIN Inc.(현재 계획하고 있는 회사명) 아지트를 설립하려는 계획을 가지고 있습니다. 이 아지트는 3개 동으로 구성되어 있는데요, 먼저 A동은 우리 회사의 각국 지사 건물로 활용할 예정이고, B동은 CHAIN Hometel(우리 형제가 직접 정의한 단어로, 집을 뜻하는 '홈'과 호텔을 뜻하는 '텔'의 합성어)로써 각국의 지친 이들에게 집과 같은 휴식을 선물하고 '우리의 집이자 그들의 집, 우리의 호텔이자 그들의 호텔'이라는 모토를 가지고 섬김의 도구로 활용할 예정이며, 마지막 C동은 CHAIN 멘토링 센터로 비전 멘토링, GOD the CEO 과정을 통해 영성, 지성, 인성, 건강을 두루 갖춘 인재가 되도록 멘티들을 양육하고 멘토들을 세우며 전 세계 멘토링 센터가 유기적으로 상호작용하며 연결될 수 있도록 시스템을 구축할 것입니다. 또한 멘토, 멘티들 간의 이동은 자체 항공사인 CHAIN Airways를 활용할 것이고, 멘토링 센터 안에는 작은 교회, 맘껏 숙론할 수 있는 도서관, 스타트업용 창고/차고, 축구장과 농구코트, 피트니스 센터로 이루어진 체육시설과 스마트팜 기술을 활용한 농장을 설치할 예정입니다. 또한 초대 학장님으로 아빠, 박상완 목사님, 샬롬 박사님, 유현준 교수님을 모실 것이죠.

그리고 건물은 각 나라 환경에 최적화될 수 있도록 설계할 것이며, 이는 국내 최고의 건축 권위자이신 유현준 교수님과 협업을 통해 실행할 것입니다.(미리 감사드립니다!) 건축 예정지는 아시아에 한국, 일본, 인도, 싱가포르 등이 있고 유럽에는 영국, 독일, 스위스가 있으며 북미/남미에는 미국, 캐나다, 아르헨티나 등이 있습니다.

지금으로서는 너무나 큰 비전이고 말도 안 되는 목표처럼 보일 수 있지만, 저희에겐 가장 강력한 도구인 역산 스케줄링이 있기에 그 어떤 것보다 큰 설렘을 주는 비전이 되었습니다.

저희는 전 세계 각국에 CHAIN Inc. 아지트를 건설하는 원대한 목표를 이루기 위해 2035년까지 1조 이상의 자산을 구축할 것이고, 1조의 이상의 자산을 구축하기 위하여 우리의 회사를 설립하고 나스닥에 상장시킬 것이며, 기업을 경영하는 경영자로서 재정적 온유함을 갖춰야 하기에 투자와 노마드 비즈니스를 통해서 파이프라인을 구축할 것이고, 이를 위해서는 많은 경험과 인사이트가 필요하기에 미네르바 스쿨에 입학하여 글로벌한 인재로 거듭날 것입니다. 또한 미네르바 스쿨에 입학하기 위해 삶의 열매로서 내 비전과 정체성, 그리고 경영 능력을 증명할 것이고, 영어 프리토킹 능력 또한 내년 상반기에 있을 알래스카 비전트립을 통해 갖출 것입니다. 그리고 알래스카 항공권 비용을 부모님 도움 없이 마련할 것이며, 연수구청에 방문하여 여권을 발급받을 것입니다. 여권을 발급받기 위해 저는 3만 원의 거금을 들여 증명사진을 촬영할 것이고, 항공권과 증명사진, 여권 발급 비용 등 큰 지출이 연달아 예정되어 있기에 저는 지금 당장 먹고 싶은 아이스크림을 포기하고 재정 긴축을 실행할 것입니다.

이것이 현재 저희가 실행하고 있는 역산 스케줄링입니다.

아직도 많이 부족하지만 이렇게 구체적인 비전과 역산 스케줄링된 미래의 목표치들이 있으면 현재 사명자로서 효율적으로 행동할 수 있음을 저희는 실질적 경험을 통해 깨닫게 되었습니다.

특히 이 과정이 하나님께서 주신 비전과 명확한 정체성, 그리고 사명 안에서 이루어진다면 진정으로 경영하는 모든 것을 이루고 하나님께서 주시는 자원을 공급받을 수 있다고 생각합니다. 즉, 1퍼센트의 사람이 될 수 있는 것이죠.

우리 크리스천들은 하나님의 존재를 믿고 삶을 살아가는 것만으로도 이미 상위 30퍼센트에 소속된 사람들이라고 할 수 있습니다. 전 세계 80억 명 인구 중에 크리스천은 30억 명 정도이니까 말이죠. 그러나 여기에서 안주하지 않고 하나님께서 주신 명확한 비전과 정체성을 알며 이를 토대로 인생을 역산 스케줄링하고 행동하는 삶을 살아간다면 우리는 진정 1퍼센트에 속한 유능한 비저너리가 될 수 있다고 확신합니다.

그러므로 이 책을 읽으시는 모든 분이 '역산 스케줄링'의 중요성을 인지하고 실행하셔서 '행동하는 유능한 1퍼센트의 사람'이 되시길 소망합니다!

집착남이 되기로 결심했습니다

비니

지난 글에서는 비전과 역산 스케줄링, 그리고 행동의 상관관계에 대해서 다루었는데요, 이번 글에서는 '행동'에서 한 단계 더 나아간 '집착'에 대한 생각을 나누어 보려 합니다.

'집착', 이 단어에 대해 우리는 대개 부정적인 인식을 가지고 있는 듯합니다. 우리 사회에서 집착 때문에 일어난 부정적인 일이 많았기 때문인 것 같은데요, 그러나 저는 이 집착에 대한 우리의 인식을 제고해야 한다고 생각합니다.

집착이란 무엇일까요?
사전적 정의로는 '어떤 대상에 마음이 쏠려 매달리는 것'이 바로 집착이라고 합니다. 이를 구성하고 있는 한자도 잡을 '집(執)', 붙을 '착(着)' 자로 어떤 것에 착 달라붙어 있는 이미지를 떠올리게 만들죠.
또한 나무위키에 검색을 해 보니 집착은 이기심을 배경으로 하는 감정이라고 설명되어 있습니다.

아무리 생각해 봐도 집착은 부정적인 것 같습니다. 믿음, 소망, 사랑 중 제일이라 하는 사랑의 배경은 이타심인데 집착은 그 반대인 이기심이니 말입니다.

하지만 우리에게는 관점의 전환을 다시 한번 전환하는 인식 제고가 필요합니다.

《히든 솔루션》이라는 책에서도 하나님께서 창조하신 이 우주는 모순되고 대립함으로써 유지되기에 우리는 논리를 넘어서야 더 큰 하나님의 진리를 볼 수 있다고 말하죠.

논리를 넘어서서 집착과 이기심을 바라보겠습니다.

궁극의 이기심은 궁극의 이타심입니다. 진정 자신을 위한다면 진정 타인을 위해야 한다는 것이죠. 이 원리는 예수님께서 삶을 통해 보여 주신 원리이기도 합니다.

예수님께 이기심이라는 단어를 사용하기는 조금 껄끄러운 것이 사실이지만, 예수님은 결국엔 하나님께서 주신 '자신'의 비전 성취를 통해 이기심을 채우셨습니다. 그리고 그 비전은 인류의 구원이었죠. 그런데 인류의 구원은 그 어떤 것보다 강력한 이타심에서 시작되었습니다. 예수님의 삶은, 비전의 삶은 궁극의 이기심을 통한 궁극의 이타적 삶이라는 것이죠.

그렇기 때문에 '온전한 집착'은 '온전한 이기심'이며, '온전한 이기심'은 '온전한 이타심'이기에 '온전한 집착'은 '긍정적인 것'이라는 결론이 나오게 됩니다.

하지만 온전한 집착을 하는 것은 정말 어렵습니다. 한 발만 삐끗해도 바로 지나친 집착이자 우상(IDOLs)이 될 수 있기 때문이죠. 그렇다면 어떻게 할 때 온전한 집착을 할 수 있을까요?

위에서 언급했던 《히든 솔루션》이라는 책에서는 온전한 집착을 위해 해야 하는 일을 명료하게 제시합니다.

이 책 337페이지에는 이런 말이 있습니다.

> "실현하려는 목표에 충분히 집착하려면
> '충분히 큰 이유'가 있어야 한다."

'충분히 큰 이유'라고 하니 뭔가 떠오르지 않나요? 맞습니다. 저희가 계속해서 강조하는 것이자 우리가 그 무엇보다 먼저 찾아 나가야 하는 '비전'이 바로 충분히 큰 이유입니다.

온전한 비전이 있어야 우리는 온전히 집착할 수 있습니다.

이 원리를 방증해 주는 사례가 있는데요, 바로 비니하나라는 형제의 사례입니다.

얼마 전 두어 달에 걸쳐 이 형제는 책 쓰기 프로젝트를 진행했고, 그 후 일주일 동안 집착에 가까운 퇴고 과정을 마쳤으며 책을 출간할 준비를 완료했습니다.

책 쓰기는 보기보다 어렵고, 그것을 두 달 만에 마무리하는 것 또한 쉽지 않으며, 그 주제 또한 영성에 관련된 쉽지 않은 내용인데 이 10대 형제는 어떻게 이를 성취할 수 있었을까요?

그 이유는 명확합니다. 바로 하나님께서 주신 '온전한 비전'과 그 비전을 통한 '온전한 집착'입니다. 물론 많은 분의 지지, 부모님의 멘토링, 하나님의 도우심이 그 배경에 있지만 말이죠.

책을 쓰는 4, 5월 두 달 동안 저희는 책 쓰기에 집착했습니다. 무엇을 보든지, 무엇을 먹든지, 무엇을 하든지 책 쓰기와 연결하기 위해 '집착'했죠. 심지어 나 자신에게 새로운 환경을 제공하기 위해 센트럴파크에 가서 풍경을 묵상하며 책을 써 보기도 했고, 또 수백 명의 사람이 오가는 송도 현대 프리미엄 아울렛 로비에 있는 책상에 앉아 책을 써 보기도 했습니다. 가히 집착이라고 할 수 있는 수준이었습니다. 두 달간의 집착.

저희의 집착은 여기서 끝나지 않았습니다. 통상적으로 3번 정도 진행하는 것으로 알고 있는 퇴고 과정을 대여섯 번에 걸쳐 진행했고, 어느 날은 7시간 가까이 퇴고 작업을 했으며, 뭔가 부족하다고 느끼는 부분은 과감하게 받아들이고 수정했고, 추가하고픈 내용이 매주 생각나 거침없이 추가 원고를 작성했죠. 그렇게 일주일 내내 퇴고 작업에만 집착했습니다. 일주일간의 집착.

그리고 이 모든 온전한 집착은 온전한 비전에서 비롯되었습니다.

저의 궁극적 비전인 '세계 최고의 CEO이자 세계 최고 수준의 자산가가 되어 시간, 재정, 건강의 자유를 누리고 예수님을 닮은 비전 멘토로서 12명의 비전 멘티를 세워 지속적으로 후원하며 비전 멘토링하는 모습'
그리고 동생 하니의 비전인 'Nomad Polymath Professional

Student가 되어 전 세계를 자유롭게 여행하며 사업과 투자를 통해 세계적인 자산가가 되고, 끊임없는 공부와 연구를 통해 사회적 문제들을 해결해 나가고, 비전 멘토 되어 나보다 매력적인 12명의 비전 멘티를 양성하는 모습'

또한 이번 책 쓰기 과정의 비전인 '우리 형제가 함께 영과 혼을 담아낸 이 책을 통해 우리 형제는 더욱 성장하고, 다른 사람들에게 선한 영향력을 미치며, 하나님의 이름을 영화롭게 하는 모습'

너무나 이기적이지만 너무나 이타적인 이 비전이 없었다면 저희는 책을 쓸 이유도, 책을 쓸 동기도, 책 쓰기에 대한 온전한 집착도 얻지 못했을 것입니다. 저희는 온전한 비전을 품었고, 온전한 집착을 실행했죠. 그렇게 모든 과정이 완료되었고, 저희는 ChatGPT 기준 '세계 최초 10대 형제 작가'의 타이틀도 얻을 수 있게 되었습니다.

그렇기에 '온전한 비전'을 통한 '온전한 집착'이 필요하다고 생각합니다. 성공적인 삶을 살기 위해서, 성공적인 경영을 위해서, 성공적인 문제 해결을 위해서 말이죠.

또한 세계적인 기업가, 혁신가들은 그 한 문제에 '집착'했기에 혁신적인 해결 방법을 찾을 수 있었다고 말합니다. 스티브 잡스가 휴대폰과 아이팟의 융합에 '집착'하지 않았다면 아이폰은 이 세상에 나오지 못했을 것입니다. 제프 베이조스가 인터넷과 이커머스 시장 개척에 '집착'하지 않았다면 전 세계 브랜드 가치 2위 아마존닷컴은 탄생하지 못했을 것입니다. 일론 머스크가 전기라는 연료에 '집착'하지 않았다면 테슬라를 인수하지 않았을 것이고, 전 세계에서 가장 큰 자동차 기업은 다른 회사가 되었을 것입니다.

저희 형제의 삶, 그리고 세계 최고의 CEO들인 이들의 삶만 보아도 온전한 비전과 온전한 집착이 얼마나 중요한지 알 수 있습니다.

그리고 현재 10대인 저희가 가장 집착해야 할 것은 바로 '시간'입니다.

이는 이번 장 마지막 부분에서 자세하게 다루겠지만, 10대의 시간적 자산에 대해 간단히 설명하자면 '그 어떤 것이든 시도해 볼 수 있는 기회'라고 할 수 있습니다.

현재 저희 형제도 10대라는 자원, 시간이라는 자원을 십분 활용하기 위하여 시도해 볼 수 있는 어떤 것이든 시도해 보고 있고, 시도해 볼 것입니다. 최근에는 과감하게 일본 엔터 기업에 500만 원 가량(투자의 최소 단위가 500만 원이기에……)을 투자해 보기도 했고, 필요하다면 보유하고 있는 주식을 전량 매도해 부동산으로 과감하게 자금 이전을 시도할 계획도 가지고 있습니다. 이 모든 것을 할 수 있었고, 했던 이유는 저희에겐 시간이 충분하기 때문입니다.

10대라는 엄청난 시간적 자원을 활용하여 저희는 할 수 있는 모든 것을 경험해 볼 것입니다. 그리고 그 안에서 많은 실패와 성공을 거듭하여 성장할 것이죠.

하지만 10대만 이렇게 할 수 있는 것은 아닙니다. 아직 그 누구도 늦지 않았습니다. 우리가 할 수 있는 최악의 일은 아무것도 하지 않는 것이기 때문에 무언가 시도한다면 변화는 반드시 생깁니다. 그 시도가 온전한 비전을 가지고 시간에 온전한 집착을 하는 것이라면 어떤 사람이든 엄청난 변화의 국면을 맞이할 수 있으리라 생각합니다. 이는 전 세계의 수많은 늦깎이 창업가, 올드 보이 기업가들이 몸소 증명해 주고 있죠.

그렇기 때문에 우리 모두가 그 무엇보다 '시간'에 온전히 집착할 수 있기를 소망합니다.

또한 하나님께서 주신 온전한 비전을 알고, 그 안에서 필요한 모든 것에 '온전한 집착'을 하는 모두가 되길 원하고, 바라고, 기도합니다.

은혜의 강, 비전의 바다

비니, 하니

여러분은 초등학교 과학 시간에 물의 순환이라는 것을 배우셨을 것입니다. 물은 계속해서 성질 변화를 취하며 순환하는데요, 그 순환 과정은 이러합니다.

태양이 물을 데우면 물은 수면에서 기체로 변합니다. 이렇게 증발한 물은 하늘로 올라가죠. 하늘에서 수증기가 차가운 공기와 만나면 작은 구름이 생기게 됩니다. 이 구름을 응결이라고 합니다. 그리고 이 구름에 있는 작은 물방울들은 부딪히면 점점 커져서 비가 되고, 눈이 되기도 합니다. 그래서 비 또는 눈이 하늘에서 내려오고, 이를 눈비라고 합니다. 이렇게 내려온 비나 눈이 지면에 닿으면, 물은 흐르거나 흡수됩니다. 흐르는 물은 강이나 호수로 모이고, 땅속으로 스며들어 지하로 들어가죠. 그리고 물은 다시 태양에 의해 증발합니다. 증발하면 또다시 응결하고, 눈비가 내리고, 강을 통해 바다로 흐르고, 다시 증발하는 순환과정을 거치는 것이죠.

이러한 물의 순환은 지구에 있는 모든 생명에게 매우 중요한 과정입니다. 이 과정은 물을 지속적으로 공급하고, 자연의 균형을 유지하는 데에 도움을 주는 것이죠.

이와 마찬가지로, 우리의 비전을 성취하고 삶의 균형을 유지하기 위해서는 우리가 받은 은혜를 흘려 보내는 순환의 과정을 거쳐야 합니다. 왜냐하면, 은혜를 흘려 보내는 삶을 살면 비전의 바다에 더욱 가까워지기 때문입니다.

호수와 강의 차이를 생각해 보면 됩니다. 호수는 물을 흘려 보내지 않기에 아무리 안간힘을 써도 드넓은 바다로 나갈 수 없습니다. 은혜를 흘려 보내지 않으면 넓고 위대한 비전의 바다로 나갈 수 없는 것이죠. 그러나 물을 흘려 보내 드넓은 바다의 비전에 기여하는 강처럼 우리도 받은 은혜를 흘려 보낸다면 넓고 위대한 비전의 바다로 나아갈 수 있을 것입니다.

물론 은혜를 잘 흘려 보내지 않는다고 해도 살 수는 있습니다. 호수도 나름대로 물을 증발시키며 물의 순환에 기여하는 삶을 살기는 하죠. 하지만 강은 어떠합니까? 강은 물을 증발시키기도 하거니와, 넓디넓은 바다에까지 그 물을 흘려 보내며 훨씬 더 위대하고 의미 있는 비전의 삶을 살아갑니다. 은혜를 흘려 보내지 않는 삶과 흘려 보내는 삶은 그 비전의 크기부터 확연한 차이를 가지게 됩니다.

최고의 비저너리이시자 최고의 비전 멘토 되시는 예수님께서도, 인간으로 오셨던 33년의 시간 동안 가장 위대한 '강'의 역할을 감당하셨습니다. 예수님께서 하신 모든 일은 결국 은혜를 흘려 보내는 일이었고, 궁극적으로는 십자가의 보혈을 통해 모든 인류에게 최고의 은혜를 선물해 주셨습니다. 예수님의 제자 멘토링 또한 후세대에 은혜를 흘려 보내기 위함이었죠. 그렇기에 저희가 계속해서 언급하는 비전 멘토링, 예수님께서 제자들을 양육하셨던 최고의 교육 과정인 비전 멘토링이 중요한 것입니다.

아무튼 예수님께서는 이렇게 은혜를 흘려 보내는 '강'으로서 그 역할을 감당하셨고, 그때 비로소 예수님의 비전이었던 십자가의 구원, 그리고 부활이라는 비전의 바다에 다다르게 되셨습니다.

그렇기 때문에 우리는 예수님을 닮아 가기 위해서, 그리고 하나님께서 우리 각자에게 주신 비전을 이루는 비저너리의 삶을 살기 위해서 우리가 받은 은혜를 흘려 보내야 합니다.

저희 형제도 이러한 사실을 비전 멘토링을 통해, 그리고 부모님의 멘토링을 통해 알 수 있었고, 받은 은혜를 100%까지는 아니지만 최대한 흘려 보내려 노력하는 삶을 살아가고 있습니다.

저희는 부모님께 배운 최고의 독서 방법, '공동체와 함께 독서하고 나누는 환경'을 다른 아이들에게도 제공하기 위해 '사계절 독서마당'이라는 프로젝트를 기획하였는데요, 이는 사계절 봄·여름·가을·겨울에 맞는 주제와 책들을 선정하여 온·오프라인 하이브리드로 매주 모여 나눔을 하는 모임이었습니다. 이 프로젝트를 진행하며 저희는 수익 또한 창출하게 되었고, 그 수익을 바탕으로 최고의 투자처인 자신에게 투자하여 많은 책을 구매하였습니다. 그러다 보니 어느새 책에 투자한 금액이 300만 원에 달하게 되었고, 교보문고에서 '프레스티지 회원' 자격 또한 얻을 수 있게 되었습니다. 이러한 나름의 성취(?)로 책을 사고 독서하는 것에 더욱 맛을 들인 저희 형제는 책을 읽고 더욱 지혜를 키워 다시 독서마당에 함께하는 아이들에게 그 지혜를 전하는 선순환 구조를 만들 수 있었습니다.

그리고 저희는 2021년 후반기부터 금융경제지능과 투자의 중요성을 인지하게 되었습니다. 그렇게 구하고, 찾으며, 문을 두드리다 보니 하나님께서 저희에게 최고의 금융 멘토님을 보내 주셨고, 그 멘토님과 매주 독서하고 나눔하며 1년간 배움의 시간을 가졌습니다. 이러한 시간을 통해 저희 형제는 금융지능의 엄청난 성장을 이룰 수 있었죠. 독서마당을 통해 은혜를 흘려 보내는 것의 중요성을 확실하게 알았던 저희는 이 금융지능도 축복의 통로로서 흘려 보내기로 다짐하였고, 현재 함께하고 있는 '초격차 공동체'에 소속된 아이들을 위해 멘토링 프로젝트를 하나 더 기획하여 반년간 아이들의 금융 멘토가 되어 받은 은혜를 흘려 보내는 삶을 살았습니다.

또 저희 형제가 직접적으로 함께한 것은 아니지만, 저희 형제가 함께 삶으로 살아 낸 것을 바탕으로 제5회 씽크와이즈 유저 컨퍼런스에 10대 대표로서, 그리고 저희 형제 대표로서 형인 제가 참가하게 되었고, 그곳에서도 감사하고 선포하며 비전을 나누고 받은 은혜를 흘려 보내는, 그리고 더 많은 은혜를 도리어 받음으로써 비전에 한 걸음 더 가까워지는 기적적인 시간을 누리게 되었습니다. 또한 감사하게도 씽크와이즈의 정영교 대표님께서 제 발표 영상에 자막을 달아 미국, 유럽 등에 공개해도 될지 물어봐 주셨고, 저는 감사함으로 긍정했습니다. 그리고 그 영상을 보신 미국의 한 CEO께서는 "미국에도 학생이 이렇게 당당하게 비전을 선포하고 삶을 나누는 사례는 거의 없다. 한국의 중고등학생은 모두 이런 수준인가? 그렇다면 한국은 정말 무섭게 성장할 것."이라는 감사한 피드백 또한 주셨다고 합니다.

이렇듯 저희는 받은 은혜를 지속적으로 흘려 보내는 강의 역할을 감당함으로써 점점 비전의 바다에 가까워지고 있습니다.

강이 없다면 바다도 없습니다. 은혜를 흘려 보내는 은혜의 강이 없다면, 원대한 비전이 펼쳐지는 비전의 바다 또한 존재할 수 없지요. 그렇기 때문에 받은 은혜를 흘려 보내는 삶은 정말 중요합니다.

광활한 비전의 바다를 바라보며 은혜의 강물을 따라가는 우리 모두가 될 수 있기를 전심으로 원하고, 바라고, 기도합니다.

고난과 결핍 = 최고의 선물

비니

요즘 세상은 결핍이 결핍된 세상이라고 생각합니다. 물론 예외도 있지만 국가의 급격한 경제적 성장으로 이전 세대와는 다르게 대부분의 MZ 세대, 그리고 알파 세대는 너무나 풍족하고 결핍 없는 삶을 영위해 나가고 있는 것이 현실이죠.

상황이 이렇다 보니 사람들의 마음속에서 감사와 목표 의식은 점점 사라져 가는 듯합니다.

그러한 모습을 저희 형제는 함께 산책하러 나갈 때마다 보게 됩니다. 하루는 사촌 동생인 하임, 라임이를 놀아 주다가 어떤 아이들의 대화를 듣게 되었는데요, 그 아이들의 대화 내용은 이러했습니다.

"야 쟤네는 차가 세 대나 있대!"
"누구누구는 집이 40평이래."
"여기 아파트 위에 펜트하우스 있는데 나 거기 사는 애 안다!"
"아, 부럽다……. 우리 부모님은 뭐 했냐…….."

다른 부분들에서도 그랬지만 저는 특히 아이들의 마지막 말에서 굉장히 놀랐습니다.

부모님에 대한 감사나 공경의 모습은 전혀 찾아볼 수 없었죠.

또한 부모님이 '하루에 용돈을 3만 원'밖에 안 주신다고 부모님을 욕하는 친구도 볼 수 있었습니다.

제 친구인 준호가 겪은 일도 있습니다. 때는 2년 전, 하루는 새 바지를 사서 입고 학교에 갔는데 친구들이 관심을 보이며 얼마냐고 물어봤다고 합니다. 친절한 준호는 4만 원 정도 하는 바지라고 친구들에게 말해 주었는데, 그 친구들은 "그딴 거 어떻게 입냐?"라는, 감사라고는 눈곱만큼도 찾아볼 수 없는 반응을 보였다고 합니다. 물론 인플레이션의 영향으로 요즘 옷의 가격이 많이 오른 것이 사실이지만, 그때 당시는 저희 형제가 5천 원짜리 운동복 바지를 입던 시절이었습니다. '그딴 거'를 감사하면서 너무나 잘 입고 있었다고 할 수 있는 것이죠.

이러한 모습들을 보며 정말 대부분의 사람이 결핍이 결핍되어 감사하지 못하는 삶을 살아가고 있다는 것을 알게 되었습니다. 결핍이 결핍된 삶을 살아간다면 많은 문제가 생기지만, 그중 가장 비참한 문제는 목표와 감사의 부재입니다.

대부분을 마음만 먹으면 얻을 수 있는 환경에 있기에 목표 의식도 없고, 자신에게 주어진 것을 당연하게 생각하여 감사하는 모습도 찾아볼 수 없게 됩니다. 주어진 것을 당연하게 생각하기에 자원을 인식하고 온전하게 활용할 수도 없고, 결국에는 비전과 사명, 정체성이 결여된 허망한 인생을 살아가게 되는 것이죠.

그러나 저희 형제는 송도의 아이들과는 다르게, 일반적인 가정들과는 다르게 재정적인 결핍을 경험했습니다. 특히 용인 동백에 살았던 2018년은 1년간 온 가족의 수입이 없어 쌀 떨어지는 것이 일상이었던 시절이었습니다. 하지만 저에게는 다른 아이들에게 없었던 것이 하나 있었습니다. 바로 가정 안에서의 소통과 유대감, 그리고 사랑이 바로 그것입니다.

이러한 과정 덕분에 영적 초석이 쌓이고 거기에 비전 멘토링이 더해져 저는 이 결핍을 통해 작은 것도 감사하며 자원으로 활용할 수 있는 심력을 가지게 되었습니다.

지금도 가끔씩 쌀이 떨어지면 초심으로 돌아가는 시간이라 여기고 감사함으로 묵상하는 시간을 보냅니다.

결국 결핍은 하나님께서 주신 자원을 인식하기 위해, 감사함으로 온전히 활용하기 위해 준비돼 가는 과정이기에 하나님의 비저너리들에게는 꼭 필요한 것이고, 그렇기에 최고의 선물이라고 할 수 있는 것입니다.

결핍이 나왔으니 고난이 빠질 수 없는데요, 고난 또한 결핍과 함께 세트 메뉴(?)로 하나님께서 우리에게 주시는 선물입니다.

제 인생에서 가장 큰 고난을 꼽으라면 수년간 겪었던 아토피로 인한 고난이라 할 것인데요, 정말 머리부터 발끝까지 아토피로 인해 고통을 받았지만, 아버지의 멘토링을 통해 이 고난을 하나님께서 나에게만 주신 특별한 선물로 인식하고 감사하니 우리 가족에게는 상상하지 못한 기적적인 일들이 여럿 일어나게 되었습니다.

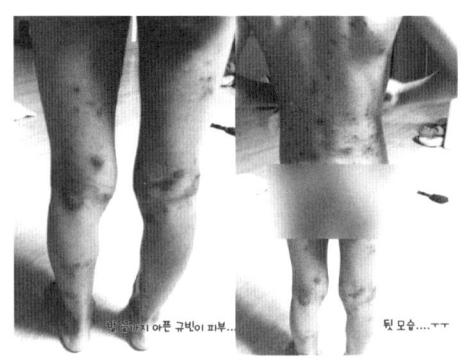

비니의 아토피 사진

로마서 5장 3~4절 말씀처럼 아토피라는 고난은 인내를, 그리고 그 인내는 저에게 육체적, 영적 연단을 선물해 주었고, 그 연단이 예수님의 생신인 성탄절이 되기 전에 치유되어야 한다는 소망을 낳아 그 일이 실현되기도 했지요.(실제로 추수감사절 이전에 말끔히 치유되어서 추수감사주일에 전교인 앞에서 간증하는 은혜로운 자리에도 설 수 있게 되었습니다.)

또한 지금 저희 가정의 재정적, 시간적, 육체적 온유함을 있게 해 준 매나테크라는 최고의 자원을 이 고난을 통해서 만나게 되었죠. 이는 현재 제가 그리고 있는 중단기 비전에도 엄청난 자원으로 작용하는 광범위 스펙트럼을 가진 초자연적인 하나님의 선물이라고 생각합니다. 정말 기적적인 일이 아닐 수 없는 것입니다!

또한 고난인 듯 고난 아닌 고난 같은 자원이 저에게는 있습니다. 바로 사촌동생인 하임이와 라임이 입니다. 이 친구들을 통해서 미리 육아를 경험하고 있고, 저희를 키워 주신 부모님에 대한 강력한 공경과 감사를 얻을 수 있게 되었죠.

또한 어릴 적 제 모습과 비슷한 성격과 행동을 보이는 하임이의 모습을 보며 자신을 성찰하고 회개하는 시간 또한 가지고 있습니다.

정말 로마서 5장 3~4절 말씀처럼 환난은 인내를, 인내는 연단을, 연단은 소망을 낳기에 결핍과 고난은 하나님의 소망을 알고 이루어 나가는 비저너리에 있어서는 필수적인 과정이라고 다시 한번 생각하게 됩니다. 또한 어떤 방식으로든 연단을 통한 성장을 우리에게 선물해 주기에 지혜롭고 온전하게만 반응한다면 고난과 결핍은 엄청난 자원으로도 활용할 수 있지요.

물이 결핍된 사막에서 오아시스가 축복인 것처럼, 결핍이 결핍된 세상이기에 결핍은 오히려 축복이라는 점, 이것만큼은 하나님의 자녀이자 예수님을 위한 일꾼, 성령님에 의한 의인 된 우리 모두가 기억해야 할 가장 중요한 진리가 아닐까 생각해 봅니다.

메모하는 습관의 힘

하니

여러분은 지금까지 세상에서 가장 많이 팔린 책이 무엇인지 아시나요? 신앙 서적을 포함한다면 성경이 단연 압도적으로 가장 많이 팔린 책이라고 할 수 있습니다. 갑자기 세상에서 가장 많이 팔린 책이 성경이라는 이야기를 하는 이유는 다름 아닌 메모의 중요성에 대해 말하기 위해서입니다.

"성경이 많이 팔린 것이랑 메모의 중요성이 무슨 상관이 있어?"라는 질문이 떠오르실 것입니다. 성경을 통해서는 메모보다는 더욱 포괄적인 기록의 중요성에 대해 메시지를 전할 수 있을 것 같습니다. 메모는 생각이나 아이디어를 짧게 정리하는 것이고, 기록은 짧든 길든 글로 정리한 모든 것을 의미하기 때문입니다.

성경이 존재할 수 있는 이유 첫 번째는 하나님의 역사하심이라고 말할 수 있지만 두 번째 이유는 기록이라고 생각합니다. 성경은 약 1,500~1,600년의 역사를 담고 있습니다. 이렇게 천문학적인 시간 동안 나타난 인물들과 사건들과 말씀들이 기록되지 않았다면 어떻게 존재할 수 있을까요? 기록이 아니었다면 절대로 존재할 수 없었던 것입니다. 기록했기 때문에 우리가 기억하는 역사가 된 것이죠.

그런데 사람들은 자신이 겪은 사건들이나 생각들이 역사가 될 수 있다는 관점으로 접근하지는 않습니다. 한 사람의 인생이 성경처럼 방대한 역사가 되기는 힘들지만, 역사가 되는 것 자체는 어려운 것이 아닙니다. 기록만 한다고 역사가 되는 것은 아니지만 기록하지 않으면 절대 역사가 될 수 없습니다.

ADHD를 앓고 있던 학생이 400여 개의 기업을 거느린 버진 그룹의 창립자가 되었다면 그것이 역사가 아닐까요? 버진 그룹의 창립자인 리처드 브랜슨은 한 인터뷰에서 메모의 중요성에 대해 언급한 적이 있습니다. 리처드 브랜슨은 항상 지니고 다니는 물건이 무엇이냐는 질문을 받았습니다. 그 질문에 대해 브랜슨은 "이상하게 들릴지 모르겠지만 제게 가장 중요한 물건은 항상 뒷주머니에 넣어 다니는 작은 노트입니다. 여행을 다닐 때도 반드시 갖고 가죠. 이 노트가 없었다면 버진 그룹을 지금처럼 키우지 못했을 겁니다."라고 대답했습니다.

리처드 브랜슨이 자신의 입으로 말했듯 그가 노트에 메모하지 않았다면 역사적인 기업인 버진 그룹은 탄생하지 않았거나, 크게 성장하지 못했을 것입니다. 심지어 한 번은 좋은 아이디어가 떠올랐는데 마침 노트가 없었던 적이 있었다고 하는데요. 그때 그는 다른 사람들과는 다른 관점으로 문제를 바라보고 여권에 그 내용을 기록했다고 합니다. 저는 리처드 브랜슨의 메모에 대한 이런 집념이 버진 그룹의 성공의 핵심 요소 중 하나라고 생각합니다.

저도 여러 가지 책들과 경험을 통해 메모의 중요성을 알게 되었고, 어쩌면 수천억의 가치를 지닌 아이디어를 잊어버리지 않게 노트를 가지고 다니며 기록하는 습관을 만들기 위해 노력하고 있습니다.

그런데 한 번은 리처드 브랜슨과 같이 노트가 없을 때 글감이 떠올랐습니다. 차를 타고 이동 중이었기 때문에 펜을 구할 수도 메모를 할 만한 것도 없었습니다. 심지어 저는 핸드폰도 갖고 있지 않았죠. 일반적인 사람들은 노트가 없다는 사실이나 메모를 하지 못한다는 사실에만 초점을 맞추었을 것입니다. 하지만 저는 노트가 아니더라도 메모할 수 있다는 믿음을 가졌습니다. 그리고 차 안을 관찰하기 시작했습니다. 열심히 관찰하던 저의 눈에는 김 서린 창문이 포착되었습니다. 그와 동시에 김 서린 창문에 그림을 그리며 놀던 기억이 떠올랐죠. 그래서 저는 바로 창문에 글감을 키워드 형식으로 정리했습니다. 그러고는 집으로 돌아와서 그 글감으로 블로그를 작성했습니다.

이렇게 메모와 기록으로 하나하나 모인 글들이 지금 이 책을 구성하고 있으며, 제 글쓰기 실력의 성장을 불러왔습니다. 또한 앞으로는 메모한 아이디어들을 바탕으로 사업을 시작할 것입니다. 그리고 이 모든 것들이 또 한 번 기록되어 하나의 역사가 될 것입니다.

이처럼 메모와 기록은 한 사람뿐만 아니라 인류의 역사를 좌우할 만큼 중요한 요소입니다. 단순히 적는 행동만 하더라도 생산성과 효율성을 높일 수 있습니다. 능률이 좋아진다는 것이죠. 인간의 뇌는 여러 가지에 동시에 초점을 맞추지 못합니다. 그래서 중요한 한 가지 사실을 기억하려고 하면 정작 집중해야 할 일에 집중하기 힘듭니다. 그럴 때 노트에 그 사실을 기록한다면 뇌는 그 사실을 기억하려는 노력을 하지 않아도 됩니다. 그렇게 되면 집중해야 할 일에 집중할 수 있게 되는 것이죠. 그래서 노트를 제2의 뇌라고 부르기도 합니다.

이렇게 여러 가지 면에서 메모와 기록은 하나님적이라고 할 수 있습니다. 우리에게 하나님이 주신 비전을 더욱 빠르고 효율적으로 이뤄 나갈 수 있게 도와주기 때문입니다. 세상에 크게 알려지는 것이 아니더라도 여러분은 하나님 안에서 모두 존귀하고 중요한 역사입니다. 그런데 그 역사가 기록되지 않으면 휘발되고 말죠.

"가장 희미한 잉크가 가장 강한 기억보다 더 강력하다."라는 중국의 속담이 있습니다. 이 속담처럼 기억은 아무리 강해도 기록보다 강하지 못합니다. 여러분이 메모와 기록을 통해 하나님 안에서 가장 중요한 역사가 되시길 축복합니다.

지극히 성경적인 돈?!

비니

　재정 관리도 영성입니다. 많은 크리스천들이 재정, 그리고 돈이라는 물질에 대하여 긍정적이지 않은 시선을 가지고 있는 듯하지만, 사실 돈은 지극히 성경적이며 지극히 하나님적인 것이라고 생각합니다. 왜냐하면 돈 또한 하나님의 주관 안에서 탄생한 하나님의 창조물이기 때문이죠. 또한 성경에는 돈에 대해 2,000번이 넘게 언급이 되어 있습니다. 이는 믿음에 관해 강조한 말씀보다 현격히 많은 숫자이죠. 물론 믿음이 중요하지 않다는 것은 아닙니다. 그만큼 재정, 그리고 돈이 영적인 삶에 있어서 매우 중요하다는 것입니다.

　성경은 또한 결과에 대해 말해 주는 책인데, 특히 재정과 관련되어서 더욱 그렇습니다. 재정을 잘 관리하는지 잘못 관리하는지에 따라 확연히 다른 결과가 발생하죠. 종과 므나 비유만 봐도 그렇습니다. 주인이 주신 므나를 배가시켜 주인에게 돌려준 사람은 '착하고 충성된 종'이라고 칭함 받으며 땅을 기업으로 받지만, 잃을까 두려워 땅에 묻어 두고 고스란히 주인에게 돌려준 사람은 '악하고 게으른 종'이라고 칭함 받으며 가진 한 므나마저도 열 므나 가진 자들에게 빼앗기게 됩니다.

　우리가 아는 바, 하나님께서는 결과의 하나님이십니다. 우리가 하나님 말씀을 따르면 하나님께서 주시는 축복이 우리 삶에 분명히 오게 될 것이지만, 하나님 말씀을 어긴다면 분명히 부정적인 결과가 찾아올 것입니다.

하나님께서는 말씀하십니다.

"무릇 있는 자는 받겠고, 없는 자는 그 있는 것도 빼앗기리라"

그렇다면, 재정적인 자유를 추구하지 않고 그냥 믿음만 바라보며 사는 삶이 진정 영적인 삶이라고 할 수 있을까요? 저는 아니라고 생각합니다. 위 말씀에 근거하면 하나님께서는 '있는 자'를 더욱 크게 쓰십니다.

여러분은 착하고 충성된 종이 되실 건가요? 아니면 악하고 게으른 종이 되실 건가요? 선택은 자유입니다. 하지만 그 자유에는 하나님께서 주시는 '결과'로써 책임이 따를 것입니다.

방금 위에서 제가 설명했던 내용들은 크래그 힐 목사님께서 쓰신 《다섯 가지 부의 비결》이라는 책의 내용에 이 책을 읽고 제가 깨달은 내용을 더하여 쓴 것인데요, 이 책에서는 또한 우리가 실천할 수 있는 엄청난 가이드라인을 하나 제시해 줍니다. 그것은 바로 '다섯 항아리 재정 원칙'입니다.

저희 형제도 착하고 충성된 종이 되기 위하여 이 다섯 항아리 재정 원칙을 활용해 10대 때부터 착실히 준비해 나가고 있습니다.

그 다섯 항아리의 구성은 이러합니다.

1. 십일조의 항아리
2. 구제헌금의 항아리
3. 저축의 항아리
4. 투자의 항아리
5. 쓰는 돈의 항아리

십일조는 말 그대로 수입의 1/10을 구별하는 항아리이고, 구제헌금은 타인을 섬기기 위한 헌금을 넣어 놓는 곳이며, 저축은 자신이 원하는 것을 사거나 목표를 이루기 위해 돈을 모으는 항아리이고, 투자는 주식, 부동산 등 투자 자산에 투자하기 위한 시드머니이며, 쓰는 돈은 지금 당장 활용할 수 있도록 준비해 놓는 항아리입니다.

저희 형제는 살면서 생일 등 특별한 날 이외에 부모님께 용돈을 받은 적이 단 한 번도 없는데요, 그렇다 보니 스스로 수익 모델을 창출해야 한다는 필요성을 느끼게 되었고, 선한 영향력을 미치며 재정적 필요도 채우는 수익 모델을 창출하여 그곳에서 나오는 수익을 이 다섯 항아리를 활용해 아주 효과적으로 '회계 경영'하고 있습니다.

십일조의 항아리는 책상 서랍 한 편에 '봉헌 예물함'을 설치하여 수입의 1/10을 철저히 구별함으로써 실행하고 있고, 구제헌금의 항아리는 책에서 말하는 것에서 한 걸음 더 나아가 구제헌금에 배가의 원리를 적용시켜 사람들을 섬기기 위한 '에덴 자선 펀드'를 동생 하니와 함께 설립하여 수시로 생각이 날 때마다 가진 돈의 일부를 펀드에 넣어 놓고, 그 자금을 가지고 해외 기업에 소수점 투자를 진행하여 배가시켜서 나중에 섬김이 필요한 사람을 위해 사용하기로 결정했습니다. 그리고 저축의 항아리는 《열두 살에 부자가 된 키라》라는 책에서 나온 소원 상자의 모습으로 활용하여 저희가 원하는 것, 목표를 이루기 위한 상자를 만들어 그곳에 저축하고 있고, 투자의 항아리는 따로 만들지는 않았지만, 현재 주식투자를 진행하고 있기에 수입이 생길 때면 항상 일정 비율의 돈을 구분하여 배가시키는 기업에 투자하고 있고, 세계 최고의 투자처인 자신에게 투자하는 돈으로도 활용하고 있습니다. 마지막으로 쓰는 돈은 위 항아리에 모두 자산 배분을 한 뒤 남는 현금을 활용하고 있죠.

또한 이렇게 순환하는 재정을 효율적으로 관리하기 위해 수입, 지출, 자산, 부채를 한 눈에 볼 수 있는 '재무제표'를 세팅하여 매일 그것을 작성하여 재정을 관리해 나가고 있습니다.

이렇게 재정 관리를 시작하니 하지 않을 때보다 삶이 훨씬 윤택해지고, 불필요한 지출이 줄었으며, 더욱 건강하고 올바른 재정적 가치관을 가질 수 있게 되었습니다.

이 모든 깨달음과 실행은 크래그 힐 목사님의 《다섯 가지 부의 비결》을 읽고 나서부터 이루어졌습니다. 그러므로 이 책을 읽고 계시는 모든 분들이 하나님적인 재정 원칙이 담겨 있는 《다섯 가지 부의 비결》을 꼭 한번 읽어 보시기를 소망합니다.

결국 우리는 재정적으로 온유한 삶을 살아야 합니다.

하나님께서 우리에게 주신 비전을 위해서, 또 하나님께서 주시는 복을 받기 위해서 말이죠.

또한 우리가 재정적 자유를 누려야 하는 이유가 하나 더 있습니다. 바로 우리나라의 경제적 발전을 이루고 노후 파산 사태를 방지하기 위해서입니다.

현재 우리나라는 노후 파산 문제가 심각합니다. 국민연금의 1세대 수혜자일 것이라고 생각했던 60년대생들은 믿었던 국민연금의 취약함과 은퇴 준비의 부재로 인해 대다수 노후 파산을 맞이하고 있는데요, 이들의 노후 파산에 가장 큰 영향을 미친 건 바로 자녀 세대입니다. 어린 자녀가 아니라, 성인 자녀 말이죠. 전문가들은 독립할 역량이 부족하고 재정적 온유함을 가지지 못하는 성인 자녀를 부모 세대가 부양하느라 노후 파산이 더욱 앞당겨지고 있다고 설명합니다.

그렇다면 가장 중요한 것은, 우리 자녀 세대가 10대 때부터 준비하여 20대 때 독립하고, 부모님의 재정적 부담을 줄여 드리는 것입니다. 또한 거기에서 한 걸음 더 나아가 이제는 우리 자녀 세대가 부모님을 부양하고 자신 또한 온유한 삶을 살아갈 수 있어야 합니다. 솔직히, 냉정하게 말해서 노후 파산을 앞둔 60년대생 부모님들이 지금 재정적 활로를 찾아 회생하는 것은 불가능에 가깝습니다. 그만큼 재정과 투자에서는 시간값이 중요하기 때문이죠. 그렇기에 그 시간 값이 누구보다 많은 자녀 세대가 노력해야 하는 것입니다. 하늘 아버지를 위해서, 그리고 이 땅의 아버지와 어머니를 위해서 말입니다.

저희 형제는 저희만의 비전적인 삶을 영위하기 위해, 그리고 부모님의 비전의 앞길을 막지 않기 위해 현재 18세인 저를 기준으로, 제가 20살이 되면 바로 독립할 수 있도록 준비하고 있습니다. 동생 하니와 함께 어릴 적 살았던 동백으로 돌아가 처음부터 다시 시작한다는 마인드를 세팅하고, 그곳에서 기업을 세우고 경영하며 더욱 성장하여 다시 부모님 곁으로 돌아오겠다는 계획을 세우고 있죠. 그러기 위해서 저희는 2년 안에 한 달에 500만 원 정도 수입이 생기는 파이프라인을 구축할 것이고, 그러한 재정적 온유함을 통해 스타트업 경영자의 리스크를 최소화하면서 더욱 온전하게 경영할 수 있는 기반 또한 세워 갈 것입니다.

저희는 자녀 세대가 이러한 마인드를 가져야 한다고 생각합니다. 저희를 자랑하고, 저희가 대단해서가 아니라 이것이 부모님을 진정 도와드리는 길이고, 부모님 두 분의 비전적인 앞길을 막지 않는 것이며 우리에게 비전을 주신 하나님께서도 가장 기뻐하시는 모습이기 때문입니다.

결론적으로 우리는 돈이 삶에 큰 영향을 미치는 중요한 요소임을 간과해서는 안 됩니다.
돈은, 재정은 우리가 적극적으로 활용해야 할 자원이며, 축복입니다.

하나님께서는 우리가 풍요롭고 성공적인 인생 살기를 원하시는 분이기에, 풍요와 성공을 위해 우리에게 '돈'이라는 자원을 인류의 역사를 통하여 주셨습니다. 돈 또한 선하신 하나님의 창조물인 것이죠. 이러한 이유에서 저는 돈이 악한 것이 아니라 지극히 성경적이며 하나님적인 것이라고 생각하게 되었습니다.

우리 삶은 선택의 연속인 만큼, 우리는 재정에 관한 문제 또한 선택해야 합니다. 재정적인 온유함을 갖춰 '착하고 충성된 종'의 삶을 살 것인지, 아니면 재정에 신경 쓰지 않는 '악하고 게으른 종'의 삶을 살 것인지 말입니다.

착하고 충성된 종이 되기로 결정했다면, 우리는 지금 당장 행동해야 합니다. 자신이 착하고 충성된 종이 될 수 있다고 '믿는다면' 지금 당장 '행동'해야 합니다. 재정적 온유함을 누리기 위한 방법을 찾고, 끊임없이 탐구해야 합니다.

많은 성공자들은 말합니다. "돈은 시간을 먹고 자란다."라고. 돈은 시간을 먹고 자라기 때문에 지금 당장 행동해야 한다는 것입니다. 하루라도, 한 시간이라도, 1분이라도 먼저 시작하는 것이 훨씬 전략적인 것이며, 훨씬 유리한 위치를 선점할 수 있습니다. 지금 당장 행동해야 합니다. 특히 10대 자녀 세대가 이 원리를 인지하여 더욱 비전적인 인생, 더욱 아름다운 인생을 만들어 가기를 진심으로 소망합니다.

돈은 우리가 적극적으로 활용해야 할 '자원'이지 배제해야 할 죄악의 요소가 아님을 일찍 깨닫게 해 주신 하나님께 감사드립니다.

왜 10대인가, 왜 지금인가?

하니

저는 인생에 관해 설명할 때 복리와 주식에 대한 비유를 많이 합니다. 쉽게 이해시키기 위해서는 비슷한 예가 필요한데 생명도 없는 주식과 복리가 인생과 너무나도 닮았기 때문입니다.

저희 형제는 홈스쿨링(언스쿨링)을 하고 있습니다. 코로나19 사태를 기점으로 대한민국의 많은 부모님들이 온라인 수업의 한계에 대한 회의감에 홈스쿨링에 대해 마음의 문을 열기 시작했습니다. 그래서 많은 부모님들은 이미 홈스쿨링을 하고 있는 모델을 찾으셨고, 그 모델 중 하나가 저의 형제 비니하니였습니다.

아빠가 자녀 교육에 관한 강의를 하러 강의장에 가실 때 저희는 거의 매번 따라다녔습니다. 그러면 강의가 끝나고 많은 부모님들이 저희에게 오셔서 질문을 하셨습니다. 그중에는 자녀가 홈스쿨링을 하고 있는 부모님도 계셨는데요. 대부분 집에서 혼자 어떻게 공부하는지, 몇 시에 일어나고 몇 시에 자는지, 시간을 어떻게 사용하는지에 대해서 질문을 하십니다. 그리고 자녀에 대한 답답함을 호소하기도 하죠.

아빠는 강의하실 때도, 상담하실 때도 부모님들께 '기다림'이 필요하다고 말씀하십니다. 이 한 단어만 잘 지켜도 어느 정도 성공적인 자녀 교육을 할 수 있습니다. 하지만 사람에게는 '보상 심리'라는 것이 있기 때문에 자녀에게 투자했을 때 즉각 성과가 눈에 보이지 않으면 기다리지 못하고 재촉하는 것이 본능적으로는 당연하다고 할 수 있습니다.

하지만 인생이든 주식 시장이든 언제나 본능을 거스르는 자가 승리하는 법입니다. 주식 시장에서 가장 성공한 투자가라고 불리는 워런 버핏은 기다림의 제왕이라고 할 수 있을 정도로 오랜 기간 동안 한 기업에 투자하고 기다립니다. 물론 절대 기다림만이 워런 버핏의 전부라고 말할 수 없습니다. 하지만 좋은 종목에 투자하고도 기다리지 못하면 수익은커녕 손실만 얻게 되죠.

워런 버핏은 불황기에 가장 좋은 투자는 '나 자신에게 투자하는 것'이라는 말을 한 적이 있습니다. 저는 더 나아가 자녀에게 투자하는 것이 가장 좋은 투자라고 생각합니다. 저는 부모님 인생에 있어서 가장 성공한 투자는 저와 형에게 투자한 것이라는 말씀을 하실 수 있도록 살아갈 것입니다. 그리고 그렇게 될 수 있다고 확신합니다. 그 이유 중 하나는 자녀들에게는 부모님들께는 없는 최소 10년 이상의 복리 기간이 있기 때문입니다. 또한 저희 부모님은 저희를 굳게 믿고 기다려 주시기 때문이죠.

형과 저는 얼마 전 홈스쿨링을 하고 있는 친구를 상담해 주었습니다. 그 친구의 고민은 여느 홈스쿨러와 다를 바 없었습니다. 혼자 시간 관리하는 것이 쉽지 않았고, 눈에 보이는 성과가 나지 않는다고 생각하신 부모님이 학교로 돌아갈 것을 제안하신 것이죠.

저도 조금이나마 홈스쿨링하는 자녀를 바라보는 부모님의 마음을 이해합니다. 저도 저 자신에게 화나고, 한심하다고 생각할 정도로 의미 없이 시간을 허비한 적이 많기 때문입니다. 솔직히 지금도 시간을 혼자 관리한다는 것은 항상 도전적인 일입니다. 아직도 다듬어지는 과정 중에 있죠. 아직도 갖춰지지 않은 저를 계속해서 기다리시는 부모님은 답답하실 만도 합니다.

하지만 비전 멘토이신 아빠는 항상 저희를 지금의 모습이 아닌 비전적인 모습으로 바라보시기 때문에 이해해 주시고, 기다려 주십니다. 형과 제가 상담해 줬던 그 친구도 비전적인 모습으로 봤을 때 잘하고 있다고 생각합니다. 조금 더 잘할 수 있는 것은 사실이지만 그것이 처음부터 됐다면 부모님의 걱정은 없었겠죠.

제 생각으로는 아빠는 주식 투자를 아주 잘하실 것 같습니다. 저희의 단기적인 실적이 폭락하더라도 연연하지 않으시고, 비전적인 모습을 바라보며 장기 투자를 이어 나가고 계시기 때문입니다.

증권가에서 유명한 말이 있습니다. "90%의 수익은 투자 기간 중 10%에서 나온다."라는 말인데요. 애플, 구글, 아마존, 메타, 마이크로소프트 등 혁신 기업들의 주가 차트를 보면 90% 정도의 기간 동안 큰 움직임이 없다가, 후반 10% 정도의 기간 동안 기하급수적으로 상승하는 것을 볼 수 있습니다. 사람의 성장도 비슷합니다. 90% 정도의 기간 동안에는 많은 실패도 겪으며 크게 성장하지 못하다가 갑자기 10%의 기간 동안 급성장을 이루는 경우가 많습니다. 저는 그 이유가 지식과 지혜의 복리, 창의성의 복리, 실패와 경험의 복리 때문이라고 말합니다. 이런 면에서 주식 투자와 자녀 교육은 별반 다를 것이 없다고 할 수 있습니다. 안타깝지만 성공 사례가 적다는 점도 포함해서 말이죠.

복리는 처음에는 단리와 비교해서 큰 차이를 이뤄 내지 못합니다. 하지만 시간이 점점 지날수록 그 격차는 말 그대로 초격차, '범접할 수 없는 격'을 만들어 내죠. 이 때문에 부모님들은 자녀들이 성장할 수 있을 때까지 기다려 주셔야 합니다. 당장 눈에 보이는 성과가 없다고 계속해서 투자 종목을 변경한다면 90% 이상의 수익을 얻을 수 있는 10%의 기간을 놓치고 말 것입니다.

기다림이 부모님의 역할인 것은 확실하지만 자녀는 그것을 보기만 하며 계속해서 부모님의 속을 태우면 안 됩니다. 자녀는 시간이라는 것이 하나님이 나에게 주신 비전 실현을 위해 주신 가장 소중한 자원이라는 사실을 깨달아야 합니다. 사실 이것은 남녀노소를 불문하고 모두가 깨달아야 합니다. 진정한 크리스천이라면 하나님이 주신 시간이라는 소중한 자원을 잘 관리해야 하는 것이죠. 그래서 저와 형은 예전부터 바인더라는 도구를 활용하고 있습니다.

예배당에 많이 간다고 믿음이 좋은 것은 아닙니다. 그렇다고 반비례하다고 말할 수도 없지만요. 믿음은 행함으로써 증명된다는 말이 있습니다. 진정한 믿음은 교회 안이 아닌 교회 밖에서 드러나는 것을 기억해야 합니다.

제가 아는 이야기 하나 해 드리도록 하겠습니다.

어느 마을에 살던 한 젊은이에게 많은 금덩이가 있었습니다. 그것도 아주 많아 산처럼 쌓여 있었죠. 그런데 어느 날 봤더니 젊은이의 금덩이들을 훔쳐 가는 도둑놈이 있는 게 아니겠습니까? 그 도둑놈은 아주 악질 중 악질이었습니다. 몇 년이나 꾸준히 젊은이 소유의 재산을 훔쳤으니 말이죠. 젊은이는 그 도둑놈을 잡으려고 아주 오랜 기간 동안 힘썼습니다. 몇 년이라는 기나긴 사투 끝에 결국 젊은이는 그 도둑놈을 잡았습니다. 도둑을 포획하여 복면을 벗기니 이게 웬걸, 젊은이와 똑같이 생긴 게 아니겠습니까? 도플갱어를 만나면 죽는다는 말은 다행히 이루어지지 않았습니다. 그러나 젊은이에게는 쌍둥이 형제가 없었습니다. 겉모습이 다른 형님만 존재했지요. 그래도 젊은이는 혼란스러운 마음을 다잡고 도둑을 심문하기 시작했습니다. "너는 누군데 왜 내 금덩이를 훔치는 거냐?"라고 물으니, 도둑은 예상외의 대답을 했습니다. "금덩이들을 훔친 건 내가 아니라 바로 너야!"라고 말이죠. 그 말을 들은 젊은이는 깊은 생각에 잠겼습니다. 도둑놈의 뻔뻔함을 이해할 수 없었기 때문이었죠. 조금 찜찜했지만 그래도 도둑놈을 잡았다는 생각에 기분이 좋았습니다. 그렇게 며칠이 지난 후 젊은이는 다시 충격에 휩싸였습니다. 금덩이가 계속 사라지고 있었기 때문입니다. 젊은이는 고된 수색을 통해 또 한 명의 도둑놈을 잡았습니다. 그리고 복면을 벗겼는데 정말 기절할 뻔했습니다. 또 젊은이와 똑같은 얼굴을 하고 있었기 때문입니다. 젊은이는 도둑놈이 탈출한 줄 알고 첫 번째 도둑놈을 잡아 놓은 장소에 갔습니다. 그런데 첫 번째 도둑놈은 탈출하지 않고 멀쩡히 존재했습니다. 젊은이는 두 번째 도둑놈에게도 물었습니다. "너는 누군데 왜 내 금덩이를 훔치는 거냐?" 그랬더니 두 번째 도둑놈은 첫 번째 도둑놈이 말했던 것과 같이 "금덩이들을 훔친 건 내가 아니라 바로 너야!"라고 말하는 게 아니겠습니까? 그 이후로 젊은이는 이런 일을 몇 번이나 더 겪어 용감한 시민상을 받을 정도로 많은 도둑을 잡았습니다. 이런 일을 계속 겪다 보니 젊은이는 너무 지쳤고, 그늘에 누워 잠시 쉬고 있었습니다. 그 순간 도둑놈들이 했던 말이 머릿속을 스쳐 지나갔습니다. "금덩이늘을 훔진 건 내가 아니라 바로 너야!" 젊은이는 그 순간 "유레카!"를 외치며 도둑들이 잡혀 있는 곳으로 달려갔습니다. 그곳엔 도둑들은커녕 개미 한 마리도 없었습니다. 그 사실을 확인하고는 산더미처럼 쌓여 있는 금덩이가 있던 곳으로 갔죠. 금덩이 역시 존재하지 않았습니다. 모두 꿈이었던 것이죠. 그 젊은이는 그 꿈을 꾼 이후로 무언가를 깨달았는지 평소와 다르게 살아가기 시작했습니다. 결국 젊은이는 마을에서 가장 성공한 사람이 되었고, 정말 산더미처럼 많은 금덩이를 얻게 되었습니다.

　이 이야기는 "시간은 금이다." "시간은 돈으로 살 수 없다."라는 격언을 떠올리며 제가 만들어 낸 우화입니다. 평범한 일상을 보내던 젊은이는 꿈을 꾸게 됩니다. 그리고 그 꿈을 통해 금덩이와 같은 자신의 시간을 도둑질하고 있는 사람이 자신이라는 사실을 깨닫게 됩니다. 그 사실을 깨닫고 자신이라는 금덩이 도둑을 없애려고 노력하여 정말 산더미처럼 쌓인 금덩이들과 성공을 얻게 되었습니다. 이것은 비단 제 상상 속에 국한된 이야기가 아닙니다. 현실에서도 충분히 일어날 수 있으며, 이 책을 읽고 있는 여러분이 일으켜야 할 일입니다.

　1시간은 금덩이와 같습니다. 금덩이가 귀한 이유는 한정된 자원이기 때문이죠. 시간도 마찬가지입니다. 한정되었으며 다시 되돌릴 수도 없을 뿐더러 언제 끝날지도 모릅니다. 비유를 위해 금에 빗댔을 뿐 금보다 훨씬 더 가치 있다는 것입니다. 금은 가치를 평가하기 위해 만든 재화일 뿐이지만 시간은 가치를 평가할 수 없는 귀한 요소입니다. 인간을 포함해 이런 요소를 "예수님짜리, 하나님짜리"라고도 하죠. 여러분은 예수님짜리이고, 여러분의 시간은 하나님짜리입니다. 시간을 통제할 수 있으신 분은 하나님뿐이십니다. 우리는 시간을 통제할 수 없죠. 단지 하나님의 시간 안에 있는 나 자신만을 통제할 수 있습니다. 이제 왜 10대인지, 왜 지금인지 깨달으셨을 것입니다.

여러분은 예수님짜리 인생을 위한 하나님짜리 시간을 어떻게 활용하실 것인가요?

이 질문에 대한 명확한 답을 찾고 살아가는 예수님짜리 인생이 되시길 원하고 바라고 기도합니다.

초격차 인性.지性.영性
<실천과 사색, 토론을 위한 질문>

1. 맛있는 햄버거를 사 먹기 위한 필수적 요소인 '비전과 경영의 밸런스'를 삶 속에서 빌드업할 방법은 무엇인가?

2. '화무십일홍'의 인생이 아닌, 하나님 안에 거함으로써 열매 맺으며 함께 꽃도 피우는 '무화과' 같은 인생을 살기 위해 어떤 선택을 해야 하는가?

3. 과거에서 미래로 시간이 흐르는 99%의 사람이 아닌, 미래에서 현재로 시간이 흐르는 1%의 사람이 되기 위해 지금 당장 할 수 있는 단 하나의 일은 무엇인가?

4. '온전한 집착'을 하는 사람이 되기 위해서는 무엇이 필요한가?

5. 하나님이 예비해 놓으신 광활한 바다로 나아가기 위해 할 수 있는 단 하나의 일은 무엇인가?

6. '빌려주는 자의 종'이 아닌 '신실한 하나님의 종'이 되기 위해 재정적 온유함을 갖출 방법은 무엇인가?

7. '예수님짜리 인생'을 하나님이 주신 비전이라는 목표에 도달하기 위해 '하나님짜리 시간'을 복리시킬 방법은 무엇인가?

5장

혈투하는 가족?
형통하는 가족!

세상에서 가장 귀중한 거울

하니

저는 운동을 할 때나 특성 행동을 할 때 입으로 "슉"이라는 효과음(?)을 내는 습관이 있습니다. 저는 제가 그런다는 사실을 인지하지 못하고 있었는데 형이 그놈의 "슉" 좀 어떻게 하라고 말해서 제가 그러한 습관이 있다는 것을 인지하게 되었습니다.

정말 왜 그러는지 모를 정도로 자주 그 습관이 나타나서 저는 왜 그런지 곰곰이 생각해 봤습니다. 이유를 알기 전까지는 형에게 이 습관이 저의 트레이드마크라고 말하고 있었습니다. 그러던 어느 날 저의 습관의 출처를 알게 되었습니다.

그 출처는 다름 아닌 엄마였습니다. 엄마가 저희에게 장난을 치실 때 "슉"이라는 효과음을 내셨고, 그 순간 엄마도 특정 행동을 할 때 "슉"이라고 하셨던 기억들이 떠올랐습니다. 물론 사용의 빈도는 제가 더 높지만, 그래도 출처가 엄마라는 것은 거의 확실하다고 생각합니다.

이런 단적인 사례를 통해서 깨달을 수 있는 것이 있습니다. 부모는 자녀에게 있어 세상에서 가장 중요한 거울이라는 사실입니다. 자녀는 부모라는 거울에 비치는 사람입니다. 그래서 저희 아빠께서 그림자 교육을 강조하시며, "부모가 바뀌지 않으면 자녀도 바뀌지 않는다."라는 말씀을 하시는 것입니다.

저는 아빠가 진행하시는 체인지 명품부모 독서모임에서 '자녀 입장에서 바라본 자녀 교육이 주는 가장 큰 선물'이라는 주제로 미니 특강을 한 적이 있습니다. 김종원 작가님이 집필하신 《부모 인문학 수업》이라는 선정 도서를 중심으로 강의를 했는데요. 이 책을 통해 그 내용을 나누고자 합니다.

부모 인문학 수업 85페이지에서는 이렇게 말합니다.

> "교육이 인간에게 줄 수 있는 가장 큰 선물은 뭘까?"
> 위대한 교육을 받아 위대한 삶을 살았던 많은 사람들은 입을 모아 이렇게 말한다.
> "자제력이다."

이와 같이 자제력이 교육이 줄 수 있는 가장 큰 선물이라고 강조합니다.

저도 자제력이 교육이 주는 선물 중 하나라고 생각합니다. 하지만 가장 큰 선물은 자제력과 비슷하게 생긴 잠재력이라고 생각합니다. 조금 구체적으로 말하면 잠재력을 개방시켜 주는 것입니다. 그 잠재력을 끌어올려 주는 최고의 학교는 가정이며, 최고의 선생은 부모입니다. 그런 의미에서 교육의 끝판왕은 자녀 교육이라고 할 수 있죠.

그 이유를 이해하기 위해서는 교육의 어원에 대해 알아야 할 필요가 있습니다. 교육은 영어로 에듀케이션입니다. 에듀케이션의 어원은 에듀카티오 인데요. '끌어내다, 키워 내다'라는 뜻을 갖고 있습니다. 가정에서

해 주고 있으며 가장 잘해 줄 수 있는 것이죠.

반면 대부분의 학교가 하는 주입식 교육은 본질적이지 못하다고 생각합니다. 주입식 교육이라는 말도 주입과 교육이라는 단어가 너무 상반되기 때문에, 어쩌면 있을 수 없는 단어일 수도 있다는 생각이 듭니다.

저는 학교가 아닌 가정에서 주입이 아닌 에듀카티오를 받았기 때문에 교육이 주는 가장 큰 선물인 자제력과 잠재력을 받았습니다. 여러 분야에서 자제력이 생기고 잠재력이 개방되었지만 가장 표면적으로 드러나는 성취는 블로그 글 100개를 작성한 것이라고 생각합니다. 물론 지금 작성하고 있는 이 책이 출간되면 이 책이 가장 큰 성취가 되겠지만 말이죠.

다시 본론으로 돌아와서, 저는 글쓰기 능력이라는 지금까지 잠재되어 있던 잠재력을 발견하게 되었습니다. 그것도 북한군이 쳐들어오지 못하는 이유라고 말하는 중2~중3 시기에 말입니다. 동시에 많은 부모님의 고민거리인 게임 중독에서도 자유롭습니다. 잠재력과 동시에 자제력까지 얻은 것입니다. 컴퓨터로 블로그를 작성하기 때문에 마음만 먹으면 게임과 미디어에 노출될 수 있습니다. 하지만 자제할 수 있습니다. 거짓말처럼 들릴 수도 있겠지만 더 나아가 게임보다 글쓰기를 하는 과정이 더 재미있습니다. 명확한 비전이 있기 때문에 단순히 단적인 쾌락만을 위해 만들어진 게임보다는 설레는 비전을 향해 달려가는 것이 더 흥미로운 것입니다.

그렇게 글쓰기에 흥미를 느끼고 계속해서 글을 쓰다 보니 글쓰기 실력이 자연스럽게 성장했습니다. 물론 아직 가야 할 길이 멀지만 많은 분들이 칭찬해 주셔서 동기부여를 받아 더 성장하고 있습니다.

부모 인문학 수업 85페이지에는 이런 내용이 있습니다.

> 자제력은 내 아이에게 이런 것을 가져다준다.
> - 자기의 운명을 스스로 개척하며 살아갈 수 있게 한다.
> - 사는 데 급급하기보다는 당당하게 살아갈 수 있게 해 준다.

저는 이 말에 적극 동의합니다. 저는 올바른 교육을 통해 자제력을 얻고, 잠재력이 개방되었으며 그로 인해 저의 운명을 스스로 개척하며 당당하게 살아가고 있습니다.

'나의 자제력과 잠재력은 어디에서 온 것인가?'라는 질문을 해 본다면 단연 부모님의 에듀카티오를 통해 왔다고 답할 수 있습니다. 부모 인문학 수업 86페이지에는 또한 이런 내용이 있습니다.

> 진짜 교육은 지시가 아니라 실천으로 이루어진다. 그러므로 제대로 된 교육을 하기 위해서는 오직 한 사람의 선생만이 필요하다. 바로 아이의 부모인 당신이다.

자녀에게 바라는 모습이 있다면 먼저 그 모습, 즉 거울의 역할을 해야 한다는 것입니다.

저의 아빠는 저의 거울이 되어 주셨습니다. 아빠께서는 저에게 글쓰기를 하라고 지시나 명령을 하지 않으셨으며, 아빠는 아빠의 블로그를 꾸준히 채워 나가시는 모습을 저에게 보여 주셨습니다. 독서도 마찬가지입니다. 저에게 책을 보라고 강요하지 않으셨습니다. 주말에 보상 차원으로 시청하시던 TV 프로그램을 포기하시고 독서하는 모습을 저에게 보여 주셨습니다. 유명한 사자성어인 솔선수범을 하신 것이죠. 결론적으로 아빠라는 거울에는 제 모습이 비치게 되었습니다.

전하고 싶은 핵심 메시지는 진정한 교육, 즉 에듀카티오는 학교가 아닌 가정에서 가장 잘해 줄 수 있으며 가정 교육을 잘하는 방법은 말이 아닌 행동으로 자녀에게 거울이 되어 주는 것이라는 메시지입니다.

선교와 교육의 본질이 같다고 할 수 있습니다. 얼마 전 제가 출석하는 교회에 유대인 교육을 연구하시는 쉐마교육연구원을 설립하신 현용수 박사님이 초청되셔서 말씀을 들을 기회를 얻어 귀한 말씀을 들었습니다.

현용수 박사님은 '지상명령'이라는 키워드로 신약 시대에 아브라함 같은 인물이 없는 이유에 관해 설명해 주셨습니다. 그 이유는 구약 시대에는 가정 중심의 수직 선교였지만, 신약 시대에는 가정 중심이 아닌 세계를 중심으로 한 수평 선교를 했기 때문이라고 말씀하셨습니다. 수직과 수평 선교 모두 중요하지만 순서의 문제가 있었다는 것입니다. 현용수 박사님은 신약 시대 때는 가정보다 세계 선교에 먼저 초점을 맞췄기 때문에 아브라함과 같은 믿음의 조상이 나오지 않았다는 말씀을 하시며 가정의 중요성을 강조하셨습니다. 진리의 말씀에 가정의 중요성에 대한 이야기가 많이 나오는 것은 우연이라고 볼 수 없습니다.

이런 의미에서 선교와 교육의 본질은 모두 가정으로 같다고 할 수 있습니다. 그리고 가정 안에서는 자녀가 되었으면 하는 모습의 거울이 되어야 하는 것이 핵심이라고 생각합니다.

아빠와 엄마께서 결혼식 축가로 많이 불러 주시면서 알게 된, 저와 형이 어릴 적부터 듣던 CCM 〈거울〉이라는 곡이 있습니다. 그 곡의 가사중에 이런 가사가 있습니다.

> 하나님의 축복이 흘러 세상이 아름다운 거야~
> 하나님을 닮은 우리가 주의 거울이 되어~
> 하나님의 사랑이 흘러 세상이 행복해질 거야~
> 하나님을 닮은 너는 주의 거울이야~

자녀의 거울이 되어 올바르게 자녀 교육을 하는 것도 중요하지만 위의 가사처럼 하나님의 형상을 지닌 우리는 궁극적으로 삶 속에서 하나님을 비추는 주의 거울이 되어야 합니다. 그 거울이 세상에서 가장 존귀하고 중요한 거울이라고 말할 수 있겠죠. 이 책을 읽으신 분들이 한 분 한 분 모두 세상에서 가장 귀한 주의 거울이 되길 원하고 바라고 기도합니다.

부모의 권위가 자녀 교육의 성패를 가른다!

하니

많은 사람들이 권위 있는 사람이 되려고 노력합니다. 그 이유는 무엇일까요? 권위의 사전적 정의를 안다면 그 이유를 단번에 알 수 있을 것입니다. 권위는 '남을 지휘하거나 통솔하여 따르게 하는 힘, 일정한 분야에서 사회적으로 인정을 받고 영향력을 끼칠 수 있는 위신'입니다.

많은 사람들이 권위 있는 사람으로 거듭나고 싶어 하는 이유는 사회적으로 인정을 받고, 영향력을 끼칠 수 있기 때문이죠. 모든 사람은 같은 인간에게 인정받고 싶어 하는 욕구와 사회적으로 영향력을 미치고 싶은 욕구를 가지고 있습니다. 그 욕구를 권위라고 하는 것이 충족시켜 줄 수 있는 것입니다. 덤으로 무력을 쓰지 않고도 말이죠. 한마디로 리더십을 얻는 것입니다.

이 세상 모든 부모는 자녀들이 자신을 잘 따라 줬으면 합니다. 제가 아직 부모가 되어 본 적은 없지만 주변에 계신 부모님들을 관찰하면 모두 이런 욕구가 존재한다는 것을 알 수 있습니다. 그 욕구를 충족하기 위해서는 어떻게 해야 할까요? 위에서 말한 권위 있는 부모가 되어야 합니다.

부모이든 학생이든 직장인이든 권위 있는 사람이 되어야 할 이유는 충분합니다. "그럼 어떻게 권위 있는 사람이 될 수 있을까?"라는 질문을 던져 봐야 합니다. 저는 이 질문에 대해 신뢰를 얻어야 한다고 답하고 싶습니다. 자신을 굳게 믿고 의지할 수 있게 만들어야 권위 있는 사람이 될 수 있는 것입니다.

신뢰를 얻는 3가지 방법이 있습니다.
1. 경청하기
2. 약속 지키기
3. 책임감 있게 행동하기

경청한다면 상대는 존중받고 있다는 기분을 느낄 것이고, 약속을 잘 지키면 상대는 자신을 중요한 사람으로 생각하고 있다고 느낄 것이며, 또한 책임감 있게 행동한다면 믿고 의지할 수 있겠다고 생각할 것입니다. 그리고 이 모든 것을 완벽하게 실천하신 분이 바로 예수님이십니다.

그래서 역사상 가장 권위 있으신 분이며, 지금까지도 수십억 명이 따르는 이유이기도 합니다.

"그들이 여리고에 이르렀더니 예수께서 제자들과 허다한 무리와 함께 여리고에서 나가실 때에 디매오의 아들인 맹인 거지 바디매오가 길가에 앉았다가 나사렛 예수시란 말을 듣고 소리 질러 이르되 다윗의 자손 예수여 나를 불쌍히 여기소서 하거늘 많은 사람이 꾸짖어 잠잠하라 하되 그가 더욱 크게 소리 질러 이르되 다윗의 자손이여 나를 불쌍히 여기소서 하는지라 예수께서 머물러 서서 그를 부르라 하시니 그들이 그 맹인을 부르며 이르되 안심하고 일어나라 그가 너를 부르신다 하매 맹인이 겉옷을 내버리고 뛰어 일어나 예수께 나아오거늘 예수께서 말씀하여 이르시되 네게 무엇을 하여 주기를 원하느냐 맹인이 이르되 선생님이여 보기를 원하나이다 예수께서 이르시되 가라 네 믿음이 너를 구원하였느니라 하시니 그가 곧 보게 되어 예수를 길에서 따르니라"

막 10:46~52

위의 말씀에서 알 수 있듯 많은 사람들은 부르짖는 맹인 바디매오에게 잠잠 하라며 꾸짖었지만 예수님은 바디매오의 말에 경청하셨으며, 결국 그를 치유해 주셨습니다. 그리고 바디매오는 예수님을 따르게 되었습니다. 예수님은 경청을 통해 권위를 얻으신 것입니다.

예수님은 불가능할 것 같은 약속도 지키시는 분이었습니다. 대표적인 사례가 마태복음 20장에 나오는 부활 약속이라고 할 수 있습니다. 예수님은 제자들에게 십자가에 못 박힐 것이나 제삼 일에 부활하실 것이라고 부활을 약속하셨습니다. 그리고 불가능할 것 같던 그 약속을 지키셨고, 그로 인해 더욱 많은 사람이 예수님을 굳게 믿고 의지하며 따랐습니다.

예수님의 책임감은 말할 것도 없습니다. 예수님의 일생 자체가 하나님이 주신 비전과 사명에 대한 책임감 그 자체였기 때문입니다. 모든 순간에 비전을 위한 사명감을 가지고 임하셨으며 한순간도 시간을 허비하지 않으셨습니다. 그 결과가 예수님이 일으키신 모든 기적과 역사라고 할 수 있습니다. 그런 의미에서 책임감 강한 사람이 되기 위해서는 명확한 비전과 정체성이 있어야 한다고 말할 수 있습니다.

예수님의 사례를 통해 알 수 있듯 경청하고, 약속을 지키며, 책임감 있게 행동하면 권위 있는 사람이 될 수 있습니다. 부모의 입장에서는 자녀가 믿고 따를 수 있는 권위 있는 부모가 될 수 있는 것입니다. 믿음이 핵심입니다.

믿음이라는 것은 참 중요한 역할을 하는 것 같습니다. 믿음 덕분에 존재하는 것이 얼마나 많은지 아시나요? 숫자 '0'도 믿음에 의해 탄생했습니다. 실제로는 존재하지도 볼 수도 없기 때문입니다. 그런데 이 '0'이라는 세상에 존재하지 않는 것이 세계 경제의 바탕이 되었습니다. '0'이 없으면 경제는 제대로 순환하지 않을 것입니다.

언어도 마찬가지입니다. 지금 저는 '책'을 쓰고 있습니다. 그런데 여러분은 이것이 '책'이라는 것을 어떻게 아십니까? 이것은 사실 책이 아닙니다. 우리가 책이라고 믿는 것뿐이죠. 믿음이 없었다면 이 세상의 모든 언어는 존재할 수 없습니다.

그렇다면 시간은 어떨까요? 시간이라는 개념은 어디서 나왔을까요? 지금은 1시 39분이라고 나와 있습니다. 그런데 정말 1시 39분일까요? 아닙니다. 대한민국 국민들이 지금이 1시 39분이라고 믿는 것일 뿐입니다. 그런데 이 시간이라는 개념이 없으면 어떻게 될까요? 전 세계 사람들이 혼란을 겪으며 인생을 허비할지도 모릅니다.

어쩌면, 아니 확실히 믿음이라는 요소가 우리가 살고 있는 세상을 지탱하고 있다고 할 수 있습니다.

모든 물질은 원자로 이루어져 있다고 합니다. 그 원자 안에는 아원자들이 존재합니다. 그런데 놀라운 사실은 그 아원자들 사이는 비어 있다는 것입니다. 그리고 그 비어 있는 공간을 무엇이 지탱하는지 발견되지 않아서 과학자들은 그것을 '에너지'라고 정의했다고 합니다. 《히든 솔루션》에서 나온 내용을 조금 빌리자면 제가 앉아서 글을 쓰고 있는 의자도, 제가 누르고 있는 키보드도 모두 거의 '진공 상태'라고 할 수 있죠.

이렇게 생각하면 이 세상은 에너지로 이루어져 있다고 말할 수 있습니다. 그 에너지 중에서 저는 믿음이라는 에너지가 가장 강력하다고 생각합니다. 석탄, 석유, 전기의 공통점이 무엇일까요? 바로 에너지원이라는 것입니다. 모든 국가가 이런 에너지를 얻으려고 애를 씁니다. 심지어 에너지 때문에 전쟁을 일으키기도 하죠. 일본이 제7광구라고 불리는 한일 공동개발 구역 JDZ(Joint Development Zone) 개발을 수십 년째 질질 끌고 있는 이유도 에너지를 선점하기 위해서죠. 물론 이런 에너지도 중요하지만, 개인에게는 이런 에너지 못지않게 믿음이라는 에너지가 중요하다고 생각합니다.

믿음이 신의 존재를 알 수 있게 해 주고, 세상을 만들며, 권위를 얻을 수 있고, 결론적으로 자녀 교육도 성공하게 해 주기 때문입니다. 석유나 전기가 있었더라도 믿음이 없었다면 인류는 아무것도 할 수 없었을 것입니다. 권위 있는 사람이 되어 자녀 교육, 인간관계에 성공하는 것도 다를 바 없습니다. 믿음이라는 가장 강력한 에너지를 얻으면 됩니다. 그것을 가장 잘 실천한 인물이 예수님이십니다. 우리는 예수님의 자녀답게 살아가면 믿음 있으며, 믿음을 얻기까지 하는 사람이 될 수 있을 것입니다.

Today a Reader, Tomorrow a Leader!

비니

　현재 저희 형제는 경제/경영과 투자, 자기계발, 인문학, 심리학, 역사, 수학, 과학, IT/프로그래밍, 건축, 미래 시대, 교육, 영성 등등 다양한 분야의 많은 책을 폭넓게 읽으며 지식과 교양을 쌓아 나가고 있습니다. 최고의 자원인 책을 십분 활용하여 배우고 깨달으며 하루하루 성장하고 있죠.

　이러한 독서를 통해 저희는 4장에서 소개했듯이 여러 프로젝트를 '경영'하며 많은 아이들의 독서 멘토가 될 수 있었고, 이번 글의 제목처럼 Reader(읽는 자)에서 Leader(이끄는 자)로 변화할 수 있었습니다.

　저희 형제를 처음 만나신 대부분 부모님들께서는 스스로 수익을 창출하여 책을 구매함으로써 최고의 투자처인 자신에게 투자하고, 자기주도하여 독서하고, 형제가 함께 나누는 저희의 모습을 보시고는 약간의 부러움이 담긴 질문을 저와 동생 하니에게 던지십니다.

　"비니하니는 어릴 때부터 책을 많이 읽어서 지금 그런 모습이 나올 수 있는 거죠?"

　이 질문에 저희는 이렇게 대답합니다.

"No~!"

많은 분들께서는 저희가 어렸을 때부터 책을 엄청나게 읽었다고 생각하시지만 이는 크나큰 오산입니다. 저희 형제가 지금 이러한 모습을 갖춘 지는 이제 겨우 1년이 되어 가고, 지금만큼은 아니더라도 본격적으로 가족과 함께 독서를 시작한 나이는 현재 18세인 저를 기준으로 6학년 때부터였기 때문이죠.

그전까지는 부모님이 읽어 주시는 동화책과 성경책, 그리고 《Why?》 시리즈나 《마법 천자문》 등의 만화책을 읽은 것이 전부였습니다. 사실 6학년 때도 저는 축구를 광적으로 좋아했었기에 독서는 거의 하지 않았죠. 아마 대부분의 아이가 이러한 모습이지 않을까 싶습니다. 어린아이이기에 당연히 뛰어노는 것이 좋고, 순수하고 자유로운 영혼들이기에 자신들이 원하는 것을 하고 싶을 것입니다. 저희도 마찬가지였습니다. 마냥 뛰어노는 것이 좋았던 어린아이였죠.

그러나 저희에게는 특별한 부분이 하나 있었습니다. 바로 '스마트폰'입니다. 저희에게는 스마트폰이라는 장애물이 없었습니다. 이 글을 쓰고 있는 지금을 기준으로 18세, 학교는 다니지 않지만, 굳이 표현하자면 고등학생 2학년인 저도 아직까지 스마트폰을 사용하지 않고 있죠. 그 대신 폴더블폰……이 아니라 폴더폰을 아주 잘 사용하고 있습니다.

독서에 있어서 가장 큰 장애물은 스마트폰입니다. 저희도 스마트폰을 눈앞에 두지 않았던 환경설정이 없었다면 지금만큼의 독서력은 가지지 못했을 것입니다.

그러므로 이 글을 읽고 계시며, 자녀가 자기주도하는 독서력을 갖추길 원하는 모든 부모님께 조심스럽게 권면드립니다. 아이들이 자연과 운동장, 놀이터와 사람은 가까이하되, 스마트폰만큼은 최대한 거리를 둘 수 있도록 지혜롭게 인도해 주시길 바랍니다.

다시 본론으로 돌아와서, 결국 현재 책을 미친 듯이(?) 읽고 있는 저희도 불과 몇 년 전까지는 책을 거의 읽지 않았다는 것이 지금까지 풀어냈던 이야기의 핵심입니다.

그러면 여기서 근본적인 질문을 던질 수 있죠.

'과연 비니하니 형제는 어떤 이유에서, 어떻게 변화하게 되었는가?'

이 질문에 대한 답은 바로 '부모님'입니다.
의아해하실 수 있습니다. '자기주도'라는데 어떻게 부모님이 변화의 원인인지 의문점을 가지는 분들도 있을 거라 생각합니다. 하지만 부모님께서는 저희 형제에게 책을 읽으라고 말하지 않으셨습니다. 강요도 하지 않으셨고, 그 어떤 조건도 일절 내세우지 않으셨습니다.

저희 부모님께서는 그저 책 읽는 모습을 저희에게 보여 주셨습니다. 그리고 거실에 책상을 세팅함으로써 책 읽을 수 있는 환경을 제공해 주셨습니다. 그게 다였습니다.

솔직히 인간에게 완벽한 '자기주도'를 기대할 수는 없습니다. 인간이 어떤 일을 시작하는 데까지 누군가의 도움이 필요하고, 그 도움을 주는 멘토 중 가장 기초가 되는 분은 부모님이십니다.

멘토의 도움을 받아 모종의 일을 시작할 수 있게 된 사람은 점점 그 일에 흥미를 느끼고, 그때 자기주도를 할 수 있는 역량을 갖추게 되는 것이죠.

결국 저희가 이렇게 자기주도 독서를 할 수 있었던 것은 독서하기 최적화된 환경 속에서 부모님께서 먼저 독서하는 모습을 보여 주셨기 때문입니다.

자녀 교육에는 '그림자 교육'이라는 말이 있습니다. 아빠께서 쓰신 책에서도 '부모의 그림자를 아름답게' 하라고 강조하셨지요. 자녀들은 부모님의 그림자까지도 보고 배웁니다. 앞모습, 옆모습, 뒷모습 등 드러나는 것만 보고 배우는 것이 아니라 드러나지 않는, 정말 티가 나지 않는 그림자까지도 보고 배우는 것이죠. 그래서 부모님이 먼저 삶으로 보여 주는 것이 자녀 교육에 있어서 정말 중요한 것입니다. 저희 가정이 그랬듯이 말입니다.

자녀에게 신앙을 전수하고 믿음의 삶을 권면할 때도 마찬가지라고 생각합니다. 주일 말씀의 은혜와 감동이 교회를 나오면 다시 리셋되는 것이 아니라 일주일 내내 그 말씀의 은혜와 감동을 삶으로 살아 낼 때, 그리고 현용수 박사님께서 말씀하신 '구약의 지상명령'인 '가정'을 세워 가는 일에 누구보다 마음을 다하여 노력하는 모습을 보여 줄 때 자녀들은 진정으로 부모님의 모습에서 하나님을 만나고 그로 인해 믿음의 삶, 복음의 삶을 살아갈 수 있을 것입니다.

 부모님이 가장 중요합니다. 저희 형제 또한 부모님의 관심과 사랑, 변화와 성장을 위한 노력, 지속적인 코칭과 멘토링이 없었다면 지금의 모습은 절대 없었을 것입니다.

 글 초입에서 저는 이렇게 말했었습니다.
 "제대로 독서하면 Reader(읽는 자)에서 Leader(이끄는 자)로 변화할 수 있다."

 물론 이 원리도 중요하지만 저는 한 끗을 바꿔서 새로운 원리를 선포하려 합니다.

 '부모가 Reader의 모습을 보일 때, 아이는 Leader가 된다!"

 그렇기에 부모님이 가장 중요합니다.
 자녀 교육에 있어서 부모님만큼 중요한 존재는 이 세상에 없습니다.

 그리고 이 지면을 빌려 저희 형제를 사랑으로 양육해 주시고 항상 먼저 삶으로 보여 주신 세계 최고의 부모님이신 아빠 심현진, 엄마 이지혜 부모 멘토님께 감사의 말씀을 전합니다.
 또한 세계 최고의 부모님 아래에서 태어나 세계 최고의 CEO라는 비전적 모습을 위해 준비되도록 모든 것을 더하여 주신 하나님께 말로 형용할 수 없는 감사를 드립니다.

사랑의 방향성

비니

　직전 글이 부모님들께 전하는 유의미한 메시지였다면, 이번 글은 세상 모든 자녀에게 던지는 메시지입니다. 특히 다음 세대 자녀들이 만약 이 책을 읽고 있다면 이 글에 특별히 주목해 주시길 바랍니다.

　이 글의 시작은 1년 전으로 거슬러 올라갑니다. 때는 2022년 가을, 저는 책을 빌리기 위해 도서관에 방문했습니다. 도서관에 들어가서 먼저 자전거를 타느라 흐트러진 옷매무새를 정리하러 화장실에 들어갔는데, 그곳에서 운명처럼 한 문장을 보게 되었습니다.

> "사랑이란 서로 마주 보는 것이 아니라
> 둘이 똑같은 방향을 내다보는 것이다."

　이러한 글이 종이에 프린팅되어 화장실 벽에 걸려 있었죠. 이 말을 남긴 사람이 누군지는 나와 있지 않았지만, 저는 이 한 문장을 깊이 묵상하며 수많은 영감을 얻게 되었습니다. 그리고 생각한 것이 이 글의 주제, '사랑의 방향성'이었던 것입니다.

　사실 위 명언을 남기신 분께서 다양한 사랑의 종류 중 어떤 사랑을 말씀하신 건지는 알 수 없지만, 저는 이번 글에서 많은 사랑의 종류 중 가족의 사랑, 부모님의 사랑에 관해서 이야기해 보려 합니다.

세상의 모든 부모는 한 분도 빠짐없이 자기 자녀를 사랑합니다. 그게 사랑 그 자체인 하나님께서 하나님의 형상인 우리에게 주신 하나님의 속성이기 때문이죠.

그러나 대부분의 자녀는 이러한 사실을 모른 채 살아갑니다. 적지 않은 아이들이 "우리 부모님은 나를 사랑하지 않는 것 같아."라고 말하며 살아가는 것을 볼 수 있습니다.

왜 이러한 일이 생기는 것일까요? 부모님은 그 누구보다 자녀를 사랑하시는데 말입니다.
이 질문에 대한 답은 위에서 언급했던 사랑의 방향성, 사랑의 속성과 관련이 있습니다.

사랑은 함께 똑같은 방향을 내다보는 것이기 때문에 부모와 자녀의 사랑 간에 괴리가 생기는 것이죠.

반대의 가설을 세워 보겠습니다. 만약 사랑이 함께 같은 방향을 바라보는 것이 아니라 마주 보는 것이었다면 자녀들도 부모님의 사랑을 손쉽게 인지하고 똑같이 부모님을 사랑할 수 있을 것입니다. 하지만 요즘 아이들을 보면 부모님을 사랑하기는커녕 공경하지도 않는 모습이 너무나 쉽게 보이는 것 같습니다. 이는 사랑이 같은 방향을 바라보는 것임을 방증해 주는 사례이죠.

결론적으로 사랑은 같은 방향을 바라보는 것입니다. 그러나 같은 방향을 바라본다고 하더라도 그 방향에 있는 한 대상을 보는 시각은 모두 다를 것입니다. 바다를 내다본다고 했을 때, 부모님은 섬을 바라보며 '저렇게 아름다운 섬에서 아이들과 함께 살 수 있으면 좋겠다.'라는 생각을 할 수 있지만, 자녀는 수면에 떠 있는 요트를 바라보며 '커서 저런 요트를 사야지.'라는 생각을 할 수도 있습니다. 같은 방향을 바라보너라도 보는 대상이 다른 것, 그리고 그 대상을 소통과 유대감 속에서 점점 하나로 맞춰가는 것이 바로 사랑이라고 생각합니다.

대부분의 부모님은 이러한 사랑의 방향성, 사랑의 속성을 경험을 통해, 인생을 통해 알고 계십니다. 그러나 정작 그 사랑을 받는 자녀들이 사랑의 방향성과 속성을 인지하지 못하니, 소통의 오류가 발생하고 부모님의 말씀을 잔소리라고 생각하며, 부모님이 자신을 사랑하지 않는다고까지 생각하게 되는 것이죠.

결국 자녀인 우리들이 노력하는 수밖에 없습니다. 부모님께서는 지금 이 순간에도 우리에게 사랑을 주고 계시기 때문이죠. 자녀가 부모님의 사랑의 방향성을 인지하여 함께 같은 곳에 초점을 맞출 수 있다면 정말 화목하고 평화로운 사랑의 관계가 완성될 것이라고 저는 굳게 믿습니다.

그러므로 다음 세대 자녀들에게 이런 말을 전하고 싶습니다.

만약 부모님께서 잔소리하시는 것처럼 들린다면 이렇게 다시 생각해 봅시다. '아, 부모님께서 바다를 보시며 발견하신 아름다운 섬에서 함께

살자고 나를 부르시는구나. 그런데 나는 아름다운 섬이 아니라 작은 요트만을 보고 있었네…….'

위의 말처럼 행동하면 사랑의 초점을 맞추는 데 어느 정도 도움이 될 수 있으리라 생각합니다.

> 아버지 당신의 마음이 있는 곳에 나의 마음이 있기를 원해요
> …
> 아버지 당신이 바라보는 영혼에게 나의 두 눈이 향하길 원해요
> 나의 마음이 아버지의 마음 알아
> 내 모든 삶 아버지의 뜻 될 수 있기를…
>
> 유은성 〈하나님 아버지의 마음〉

제가 좋아하는 찬양 가사에서도 고백하고 있듯이 사랑의 방향성은 대면이 아닙니다. 한곳을 함께 바라보는 것이죠. 그렇기에 초점의 오류는 잠시 있을 수 있습니다. 그 어긋난 초점을 다시 맞추기 위해 우리의 부모님께서는 지금도 노력하고 계십니다. 이제는 우리가 초점을 잡을 차례입니다. 사랑의 렌즈를 돌려 봅시다. 흐릿해 보이는 피사체인 사랑을 선명하게 볼 수 있도록 계속해서 렌즈를 돌려 봅시다. 그렇게 계속 렌즈를 돌리다 보면 언젠가는 사랑이라는 것이 뚜렷하게 보일 것입니다. 이것이 바로 화목한 가정의 시작이자 명품가정의 시작입니다.

물론 부모님 또한 자신을 점검해 보셔야 한다고 생각합니다. 말로 사랑이라고 해도. 마음속으로 사랑이라고 해도 행동이 사랑이 아니라면

말짱 도루묵이 되기 때문입니다.

　사실 저희 형제에게 아빠는 현재는 최고의 멘토이시지만, 10년 전까지는 그 누구보다 대하기 어려운 분이셨습니다. 기본을 지키고 예의를 지키는 것에 엄격하고 단호한 분이셨기에 그랬던 것 같습니다. 그러나 아빠께서는 자신의 모습을 항상 돌아보시고 조금 너 사랑의 반응을 저희에게 주시려고 노력하셨습니다.

　아빠의 그러한 노력이 계속되자 저희 형제는 아빠의 모습 속에서 진한 사랑을 느낄 수 있게 되었고, 사랑의 초점을 서로 맞춰 나갈 수 있었습니다. 또한 지금까지의 엄격하고도 단호했던 아빠의 모습도 진정 우리를 사랑해서 나왔던 모습이라는 것을 깨닫게 되었죠.

　결국 관계는 쌍방이고, 서로 합력하여 선을 이루며 사랑의 방향성을 찾아 초점을 맞추는 것, 그것이 하나님께서 우리에게 주신 가장 기본적인 단위의 천국인 가정을 사랑으로 온전히 세워 가는 길이기에 부모님께서도 사랑을 행동으로 보여 주시고, 자녀들은 그 사랑을 발견할 수 있도록 계속해서 렌즈의 초점을 잡으며 서로 노력해야 합니다.

이 땅에서 성공하고 장수할 수 있는 최고의 비결

비니

세상에 성공하고 싶지 않은 사람은 없을 것이고, 건강히 오래 살고 싶은 사람 또한 많을 것입니다. 그런데 성경에 이 땅에서 성공하고 장수할 수 있는 최고의 비결이 있다는 사실, 알고 계셨나요?

이 땅에서 성공하고 장수할 수 있는 최고의 비결, 바로 "네 부모를 공경하라"라는 말씀입니다.

성경에는 이 말씀에 관한 대표적인 구절들이 몇 개 있습니다.

"네 부모를 공경하라 그리하면 네 하나님 여호와가 네게 준 땅에서 네 생명이 길리라"

출 20:12

"너는 네 하나님 여호와께서 명령한 대로 네 부모를 공경하라 그리하면 네 하나님 여호와가 네게 준 땅에서 네 생명이 길고 복을 누리리라"

신 5:16

"하나님이 이르셨으되 네 부모를 공경하라 하시고 또 아버지나 어머니를 비방하는 자는 반드시 죽임을 당하리라 하셨거늘"

마 15:4

십계명에 포함되는 이 말씀의 신기한 점은, '그리하면'이 붙는다는 것입니다. 이는 보상이 약속된 말씀입니다. 십계명에 포함된 말씀 중 보상이 약속된 말씀은 제5계명, "네 부모를 공경하라"가 유일합니다. 그만큼 중요하다는 것이죠.

그리고 "네 부모를 공경하라"라는 말씀은 십계명 중에서도 인간관계로 넘어가는 시점, 그 첫 번째에 자리하고 있습니다. 또한 하나님에 관한 계명과 인간에 관한 계명을 이어 주는 위치에 있기도 하죠. 이는 두 가지 뜻으로 해석할 수 있습니다. 첫 번째는 부모님을 공경하는 것이 인간관계의 1순위라는 점, 그리고 두 번째는 부모님을 공경하는 것은 인간과 하나님의 관계성을 유지하는 중요한 태도라는 점입니다.

많은 성공자들과 세계적인 부자들, CEO들은 '인간관계'가 성공의 가장 중요한 요소라고 합니다. 사업의 본질도 결국 사람이고, 사람이 모였을 때 회사가 만들어지고, 재화를 구매하여 부를 이동시키는 것도 결국 사람이기 때문이죠. 그런데 성경에서는, 십계명에서는 이러한 인간관계의 1순위가 바로 '부모 공경'이라고 말씀하고 계십니다. 인간관계의 가장 기초적 단계인 부모님을 공경하는 것도 못 하는 사람이 과연 어떻게 사회에 나가 좋은 인간관계를 맺고 성공할 수 있겠습니까? 만약 좋은 관계를 맺는 것처럼 보이는 사람이 있더라도, 궁극적으로 그 사람의 말로는 허망할 것입니다.

또한 현용수 박사님께서는 하나님께서 우리에게 부모님을 통하여 하나님의 사랑을 알려 주신다고 말씀하십니다. 그러므로 부모님을 공경하는 것은 하나님의 사랑을 깨닫고 하나님과 관계를 유지하는 데 있어서도 중요한 것이죠.

그리고 우리는 예수님을 닮아 가기 위해서라도 부모님을 공경해야 합니다.

예수님은 우리에게 부모 공경의 최고 수준이 무엇인지 몸소 보여 주셨습니다. 하나님 아버지의 유니버셜한 비전을 위해 자신의 유니크한 비전을 완성하신, 그 비전의 완성이 자신의 목숨을 버리는 것임에도, 하나님을 공경하고 그 말씀에 순종하여 기꺼이 우리를 위해 목숨을 내어 주신 예수님. 최고의 비전 멘토 되시는 예수님을 닮아 가기 위해서는 부모님을 공경하는 태도는 필수적이라고 생각합니다.

결국 우리는 이 땅에서의 성공과 장수를 누리고, 하나님의 유니버셜한 비전을 위해 유니크한 비전을 성취하는 예수님을 닮은 비저너리 되기 위해서라도 부모님을 꼭 공경해야 합니다.

또 우리 자녀들은 아직 불완전하고 감정적이기에 현명하고 지혜로우신 부모님께 순종하는 태도가 필요합니다. 만약 이 글을 읽고 계신 분 중 아동/청소년이 있다면, 아마 모두 비슷한 경험이 있으리라 생각됩니다. 분명 자신은 옳다고 생각하고 행하려고 했지만 부모님께서 그건 현명하지 못한 행동이라고 말리셨던 기억 말입니다. 진정으로 하고 싶은 일이 었지만 부모님께서 이번만 참아 보자고 권유하셨던, 그러한 기억 말이 죠. 이러한 상황들의 결과는 어떠했나요? 자신의 고집대로 행했든, 부모님 말씀에 순종했든 결국 부모님의 말씀이 맞았다고 생각하지 않았나요? 저도 이러한 기억이 정말 많았습니다. 물론 부모님을 공경했기에 순종하여 좋은 결과를 얻은 적이 더 많았지만요.

4장에서 소개했듯, 저는 2021년 제5회 씽크와이즈 유저 컨퍼런스에서 10대 대표로서 제 삶의 열매를 나누었습니다. 그런데 이러한 기회를 저는 놓쳐 버릴 뻔했는데요, 당시 씽크와이즈 본사에서 10대 대표로 선정되었다고 연락이 오게 되었고, 그 소식을 들은 저는 기쁘기도 했지만, 개인적으로 해야 할 일도 있었고, 연말이기에 맘 편히 쉬고 싶기도 하여 '굳이 해야 할까?'라는 생각을 하게 되었습니다. 그런데 그때 아빠께서 저에게 이는 하나님께서 제 비전을 위해 저에게 주신 아주 큰 자원이라는 사실을 다시 한번 상기시켜 주셨습니다. 만약 제가 부모님을 공경하지 않는 아이였다면 제 고집대로 행했겠지만 부모님을 공경했기에 그 말씀을 숙고하여 순종하였고, 저는 그 하나의 선택으로 인해 더욱 많은 엄청난 기회들을 얻을 수 있게 되었습니다.

사실 이 글은 지난 글처럼 저희 형제와 비슷한 또래의 다음 세대 아이들에게 메시지를 던지고 싶어 쓰게 되었습니다. 최근 부모님을 공경하지 않고, 부모님께 공격적인 언행을 취하는 아이들을 많이 보아 마음이 아팠기 때문입니다. 물론 그 아이들의 마음도 충분히 이해할 수 있습니다. 간혹 부모님이 나를 사랑하지 않는다고 생각이 들 수 있을 것입니다. 그러나 이전 글 '사랑의 방향성'에서 말했던 것처럼 자기중심적인 우리의 초점을 조금만 재설정해 보면 부모님의 모든 언행에는 하나님의 사랑이 담겨 있다는 것을 알 수 있을 것입니다.

사랑은 서로 마주 보는 것이 아니라 같은 방향을 함께 바라보는 것입니다. 같은 방향을 바라보는 것이기에 그 시야각은 너무나 넓고, 그 넓은 시야각 안에서 초점을 하나로 모으기는 쉽지 않습니다. 그러나 부모님께서는 우리를 언제나 사랑의 초점으로 보고 계십니다. 우리가 그 초점을 찾지 못할 뿐이죠.

부모님께서 우리의 초점에 맞춰 주길 바라는 그런 이기적인 생각은 버려야 합니다. 우리의 초점은 부모님에 대한 사랑이 아니지만 부모님의 초점은 우리에 대한 사랑이기 때문이죠. 그러므로 우리가 바뀌어야 합니다. 부모님 사랑의 초점에 우리를 맞춰 나가야 합니다. 내리사랑의 반의어가 무엇인지 아시나요? 아마 대부분이 모를 것입니다. 그만큼 손윗사람이 손아랫사람을 사랑하는 내리사랑은 당연하게 생각하면서도 손아랫사람이 손윗사람을 사랑하는 것에 대해서 우리는 너무나 무관심했던 것이 아닐까 생각해 봅니다. 내리사랑의 반의어는 '치사랑'입니다. 이 치사랑을 할 수 있어야 합니다.

부모님을 공경할 때, 하나님께서는 우리에게 성공과 장수의 축복을 주신다고 약속하셨습니다. 그리고 우리는 삶으로 살아 내고, 성공함으로써 하나님의 이름을 영화롭게 해야 합니다. 그렇기에 성공과 장수를 위한 "네 부모를 공경하라"라는 이 계명은 목숨 걸고 지켜야 한다고 생각합니다.

물론 부모님을 공경한다고, 부모님을 사랑한다고 무조건적인 복종과 순종을 하라는 것은 아닙니다. 그럴 일은 없겠지만, 부모님이 은행에서 돈을 훔치라고 말씀하신다면 여러분은 순종하실 건가요? 아닐 겁니다.

이는 무조건적인 순종과 복종이 답이 아니라는 것을 알려 줍니다.

그러면 우리는 어떻게 부모님을 공경해야 할까요? 이번에도 이찬수 목사님께서는 저에게 위대하고 영적인 깨달음을 주셨는데요, 목사님께서는 공경이 두 가지로 이루어져 있다고 말씀하셨습니다.

그 첫 번째는 '존중'입니다. 출애굽기 20장 12절의 '공경'은 사실 공경이 아닙니다. 이 말씀을 히브리어 원어로 보면, 공경의 위치에는 '카베드'라는 단어가 사용되었다고 합니다. 이는 '무겁다'라는 뜻을 가지고 있습니다. 결국 부모님을 경히 여기지 않고, 존중하는 것이 진정으로 공경하는 모습입니다.

두 번째는 '격려'입니다. 현재 우리 사회는 인정과 격려에 인색한 모습으로 변하였습니다. 그렇기에 대부분 우리의 부모님들은 밖에서 인정과 격려, 그리고 사랑을 받지 못하시죠. 그래서 우리는 부모님께 격려와 사랑을 드려야 합니다.

저희 형제는 부모님을 '세계 최고의 부모님이시자 세계 최고의 비전 멘토'라고 부모님을 부르고, 항상 공식적인 자리에서도 이를 당당히 선포하며 '격려'하고 있습니다. 남들이 어떻게 생각하든 저희는 상관하지 않죠. 저희에게 부모님은 언제 어디서든지 세계 최고의 부모님이시자 최고의 비전 멘토이십니다. 또한 저희는 부모님 말씀을 존중하되 분별하고 있습니다. 물론 부모님께서는 99.9% 하나님의 비전적 진리 안에서 말씀하시기에 거의 모든 부분에 있어서 감사함으로 순종하지만 말이죠.

제대로 알아야 제대로 살아 낼 수 있는 것이 삶의 이치라고 볼 때, 어린 나이에 성경적 '부모 공경'과 '형통의 원리'를 깨닫게 해 주신 주님께 감사드립니다. 다시 한번 정리해 봅니다. 공경은 무조건적인 순종과 복종이 아닙니다. 부모님 말씀을 경히 여기지 않고 존중하며 격려해 드리는 것이 바로 '공경'입니다.

그러므로 우리 모두가 부모님을 존중하고 격려하며 '공경'을 실천할 수 있기를, 그리하여 하나님 여호와께서 우리에게 주신 땅에서 장수하고 복을 누리게 되기를 원하고, 바라고, 기도합니다!

또한 매주 주일마다 거룩하고 영적인 깨달음을 주시는 이찬수 목사님, 그리고 이 글의 부족함을 깨닫게 해 주시고 뼈밖에 없던 이 글에 살을 덧붙일 수 있도록 피드백해 주신 아빠께 이 지면을 빌려 특별히 감사를 전합니다!

256조짜리 관점의 재해석

하니

제가 한창 블로그 글을 열심히 쓸 때 〈256조짜리 관점〉이라는 제목의 글을 쓴 적이 있습니다. 그 당시 아마존 닷컴의 창립자인 제프 베이조스의 개인 재산이 256조로 추정되었는데요. 256억도 아니고 256조라니 실감 되지 않으실 것입니다. 이 돈은 하루에 70억씩 100년을 써도 모두 소진할 수 없는 금액입니다. 평생 70억, 아니 7억도 모으기 힘든데 하루에 70억씩 100년을 써도 남는 금액이라니 실로 엄청나다고 할 수 있습니다.

"평범했던 아메리칸 아저씨는 어떻게 256조라는 부를 축적할 수 있었을까요?"

제프 베이조스의 모든 노하우를 전수받을 수는 없지만 제프 베이조스 인생의 터닝 포인트를 통해 얻을 수 있는 지혜는 있습니다. 그의 인생의 터닝 포인트는 누가 봐도 창업을 결정하고, 원래 다니던 직장에서 퇴사했을 때라고 생각합니다. 제프 베이조스가 직접 인생의 터닝 포인트라고 말한 것은 아니지만 한 인터뷰에서 256조의 거부를 얻을 수 있었던 이유에 대해서 그 순간에 얻은 지혜 덕분이라고 언급했습니다.

그 인터뷰 내용을 대화 형식으로 요약해 보았습니다.

질문자: 당신이 30살 때, 좋은 직장을 다니고 있었을 때 어떻게 사업을 하겠다는 결정을 한 건가요? 지금 보면 당연히 잘한 선택이죠. 리스크가 보상되었으니까. 하지만 그때는 성공할 줄 몰랐잖아요.

제프 베이조스: 당연히 몰랐습니다. 저는 제 직업이 좋았지만 상사에게 인터넷 북 스토어를 만들 거라고 했어요. 아내에게도 말했는데 그녀는 저를 응원해 주었습니다. 그리고 그만둔다는 말을 상사에게 했는데 상사도 엄청 좋은 아이디어라고 말해 줬습니다. 그러고는 이렇게 말했습니다. "그런데 사업 아이템의 도전은 좋은 직장을 가지지 않은 사람이 하는 게 맞지." 그 말을 듣고 있자니 논리적이고 타당하더라고요. 그리고 이틀간 더 생각해 보라기에 다시 생각해 보기 시작했습니다. 그때 제가 배우게 된 개인적 결정을 내리는 방법이 있습니다. 내면에서 말하는 무언가를 결정할 때 내가 생각해 낸 최고의 방법은 '미래의 80세 관점에서 생각하는 것'입니다. 내가 80세가 되었다고 가정하면 살아온 날들의 후회를 최소화하고 싶을 것입니다. 그런데 '가장 큰 후회는 행동하지 않는 것'에서 시작됩니다. 가지 않았던 길이나 기회들, 그 후회들은 우리를 계속 쫓아옵니다. 그리고 '했으면 어땠을까?'라는 상상을 하죠. 그래서 그 관점으로 상황을 바라봤고, 생각을 해 보자마자 너무 분명해졌습니다.

'내가 80세가 되었을 때 절대 후회하지 않을 일은 나의 가슴을 뛰게 하는 도전이라는 것'이었습니다. 비록 실패하더라도 말이죠. 실패해도 후회는 하지 않았을 것 같았습니다. 오히려 도전한 나에게 자랑스러울 것 같더라고요. 그리고 동시에 느꼈습니다. 후회가 평생 쫓아오리라는 것을, 시도조차 안 한다면 말이죠. 그리고 80세에 후회할 것을 알았습니다. 시도조차 안 한다면 100% 후회할 것이 뻔했습니다. 그런데 도전을 한다면 실패해도 0% 후회할 생각을 하니 도전하게 되었고, 지금 이 자리까지 왔습니다.

그때 제프 베이조스가 80세 관점에서 생각하지 않았다면 지금의 아마존 제국과 세계적인 부자 제프 베이조스는 존재할 수 없었을 것입니다. 사람은 실패보다는 시도하지 않은 것에 대한 후회를 더 크게 받아들입니다. 그렇기 때문에 '내가 80세가 되었을 때 후회하는 것은 무엇일까?'라는 제프 베이조스의 질문은 강력한 것 같습니다. 그 강력한 질문을 가지고 살아간다면 분명 매 순간 현명한 선택을 하는 사람이 될 수 있을 것입니다.

이러한 관점은 창업과 퇴사같이 중대한 선택과 결정을 할 때만 적용해야 하는 것이 아닙니다. 오히려 삶을 살아가며 아주 작은 순간순간마다 이런 질문과 관점을 적용할 수 있어야, 제프 베이조스처럼 중대한 선택을 해야 할 때 올바른 방향으로 나아갈 수 있을 것입니다. 그래서 우리는 매 순간 삶에서 '80세의 나는 무엇을 후회할까?'라는 질문을 품고 살아가야 합니다.

이 질문은 성공과 부에만 초점이 맞춰진 것이 아닙니다.

사람이 가장 후회하는 순간이 언제인지 아시나요? 바로 가족, 그중에서도 부모님이 세상을 떠나셨을 때입니다. 평소에 항상 곁에 계셨기에 앞으로도 그럴 것이라고 생각해서 사랑 표현도 잘 못하고, 해 드리고 싶은 것들도 잘 못해 드리기 때문입니다.

하지만 80세가 되었을 때 무엇을 후회할지 생각해 보면 부모님께 사랑을 표현하고, 해 드리고 싶은 모든 것을 해 드릴 수 있을 것입니다. 부모를 사랑하고, 존경하고, 공경하는 사람이 될 수 있는 것이죠. 그러면 부모도 자식을 더욱 사랑하게 되고, 이렇게 가족 모두가 서로를 사랑하게 되는 선순환이 생깁니다. 모두가 원하는 화목한 명품 가정이 되는 것입니다.

그런데 선물은 화목한 가정에서 끝이 아닙니다. 하나님은 모세를 통해 십계명을 주셨습니다. 그중에서 부모 공경에 대한 말씀이 있는데요.

"네 부모를 공경하라 그리하면 네 하나님 여호와가 네게 준 땅에서 네 생명이 길리라"

출 20:12

이 말씀을 주의 깊게 살펴보면 "그리하면 네 하나님 여호와가 네게 준 땅에서 네 생명이 길리라"라는 조건을 붙이십니다. 십계명 중에서 보상이 보장되는 계명은 부모 공경 계명뿐입니다.

그 말은 부모를 공경하는 것을 하나님이 그만큼 중요하게 생각하시며, 그것을 잘 실천하면 하나님 안에서 형통하고, 장수하는 인생을 살 수 있다는 것입니다. 부모 공경을 하면 화목한 가정이라는 축복과 장수와 형통이라는 축복을 모두 받을 수 있는 것입니다.

이렇게 크나큰 보상이 약속되어 있으나 많은 사람들이 이를 알지 못하고, 부모를 공경하지 않습니다. 그런 사람들을 위해 80세 관점에서의 질문이 필요한 것 같습니다. 후회하지 않는 인생을 살았다면 확실히 성공한 인생이라고 할 수 있습니다. 그런 인생을 살기 위해서는 관점의 전환을 요구하는 질문하는 습관을 만들어야 합니다.

그 질문이 바로 "80세에 내가 가장 후회할 것은 무엇일까?"이죠. 이 질문에 대한 솔직한 답을 실천하고, 실행하는 인생을 살아간다면 하나님 안에서 장수와 형통을 누리는 축복받은 사람이 될 수 있을 것입니다. 실패로 인한 아픔은 날이 갈수록 흐려지고 자신을 강하게 하지만, 후회로 인한 아픔은 시간이 갈수록 선명해진다는 사실을 기억하시며 형통하는 인생을 살아가시길 축복합니다.

감사 회로 공사를 시작합니다!

하니

"그러므로 너희가 그리스도 예수를 주로 받았으니 그 안에서 행하되 그 안에 뿌리를 박으며 세움을 받아 교훈을 받은 대로 믿음에 굳게 서서 감사함을 넘치게 하라"

골 2:6~7

이 말씀은 2023년 5월 14일 분당우리교회 이찬수 목사님이 설교하신 말씀의 주제입니다. 평소에도 감사의 중요성에 대하여 익히 알고 있었지만, 이날의 설교 말씀을 통해 더 많은 인사이트를 얻을 수 있었습니다.

뇌과학이 발달하며 이전에는 발견하지 못했던 뇌의 신비들이 속속 밝혀지고 있습니다. 예전에는 그저 막연하게 "웃으면 복이 와요!"라고 말하고 다녔지만, 현재는 과학기술을 통해 왜 웃으면 복이 온다고 하는지를 알 수 있게 되었습니다.

동기부여 인스타그램 계정이나, 동기부여 유튜브 채널에서 '부자들의 공통점 10가지', '자수성가 부자의 비밀 3가지' 등의 게시물을 보신 적이 있으리라 생각됩니다. 그 몇 가지 중 가장 많이 등장하는 단골손님이 있는데 바로 감사입니다.

옛날에는 과학적 근거가 없었기 때문에 성공자들이 감사가 비결이라고 말하면, '이미 성공한 사람들이 이미지 관리하기 위해 말하는 것'이라며 단정 짓곤 했습니다. 하지만 이제는 근거가 명확합니다. 뇌과학에 전문적이지 않기 때문에 설명이 조금 부실할 수 있지만, 우리 몸에는 감정 행동, 기분, 수면 등의 조절에 관여하는 신경 전달 물질인 세로토닌이라는 것이 존재합니다. 그리고 이 세로토닌 분비의 정도가 감사를 할 때 달라진다는 연구 결과가 있죠. 정리하자면 뇌과학적으로 감사를 하면 더 좋은 감정 상태와 기분, 질 좋은 수면을 할 수 있다는 것입니다.

이찬수 목사님은 감사를 통해 신경 전달 물질인 세로토닌이 뇌로 이동하는 경로를 '감사 회로'라고 말씀하셨습니다. 뇌는 타고나는 것이 아니라 훈련되는 것입니다. 그렇기 때문에 감사 회로를 뚫고, 활성화하려면 훈련을 통해 감사를 습관으로 만들어야 합니다.

저는 보통 사람들보다 자유를 더 추구합니다. 그래서 '억지로'라는 말을 별로 좋아하지 않습니다. 그런데 짧지만 굵은 삶을 살다 보니 더 큰 자유를 위해 억지로 해야 할 일이 있다는 것을 깨달았습니다. 감사도 그런 일 중 하나입니다. 처음부터 감사가 절로 나오는 사람은 존재하지 않기 때문이죠.

감사는 고속도로를 뚫는 것과 비슷합니다. 공사를 할 때는 많은 인부와 자본, 에너지가 소비됩니다. 여간 힘든 일이 아닙니다. 하지만 한번 뚫고 나면 그 도로가 활성화되어 여러 상호작용이 일어나게 되고, 그 상호작용이 공사 비용보다 더 많은 이익을 창출해 냅니다. 보수 작업 외에는 큰돈을 다시 들일 일이 없기 때문에 남는 장사라고 할 수 있습니다.

감사 회로 공사도 똑같습니다. 처음 공사를 시작할 때는 시간과 에너지, 감정을 많이 소모해야 합니다. 그리고 공사 기간이 몇 년이 될 수도 있습니다. 하지만 완공이 되면 감사와 뇌라는 도시를 왕래하는 세로토닌이라는 자동차들이 활성화될 것입니다. 뇌는 하나님이라는 세계 최고의 크리에이터가 설계하신 완벽하면서도 신비로운 CPU(중앙 처리 장치)입니다. 즉 뇌가 자신의 인생을 결정한다고 말할 수 있죠. 그런 뇌에 활발한 상호작용을 할 수 있는 감사 회로를 만든다는 것은 인생을 바꾸는 행동이라고 할 수 있습니다.

이찬수 목사님은 감사 회로를 만드는 것의 중요성을 아시기에 참기름을 짜듯 감사를 쥐어짜라고 말씀하셨습니다. 감사할 것이 없다고 생각되어도 억지로 감사를 해 보라는 것이죠. 저는 참기름을 짜 본 적이 없는 세대이기 때문에 그 느낌이 어떤 느낌인지는 모릅니다만 목사님이 전하시려는 메시지는 이해할 수 있었습니다. 뇌는 훈련이 필요하니 억지로라도 훈련할 수 있게 만들라는 메시지라고 생각합니다.

억지로, 힘들게 감사 회로를 완공하면 엄청난 일들이 일어납니다. 이찬수 목사님은 감사함으로 받으면 버릴 것이 없다고 말씀하셨습니다. 저는 그 말에 적극 동의합니다. 하나님은 우리가 하나님이 주신 비전을 발견하기만 하면 그 비전을 실현할 수 있게 온 우주의 모든 자원을 활성화시켜 주십니다. 그런데 많은 사람들이 감사하지 못해서 그 자원들을 버리고 있습니다. 비전이 있다면 실패와 고난도 자원이라는 것을 알 수 있습니다. 그리고 실패와 고난을 통한 성장에 감사할 수 있죠.

감사는 모든 것을 리사이클링할 수 있게 해 줍니다. 감사하지 않는 사람들은 버리는 것들을 감사하는 사람들은 자원으로 재활용할 수 있다는 것입니다. 우리는 환경 보호를 위한 재활용에 신경을 쓰는 만큼, 어쩌면 그 이상으로 감사를 통한 자원 재활용에 신경을 써야 합니다.

여러분은 인간의 가장 큰 죄가 뭐라고 생각하시나요? 이찬수 목사님은 인간의 가장 큰 죄에 대해 '감사하지 못함'이라고 말씀하셨습니다. 하나님을 믿지 않는 사람들도 알고 있는 선악과 사건이 이를 증명합니다. 많은 사람이 단편적으로 뱀의 유혹 때문에 선악과를 먹었다고 생각합니다. 단편적으로 생각하면 그 관점이 맞을 수 있지만, 본질적으로는 감사하지 못했기 때문에 선악과를 먹은 것입니다. 선악과처럼 탐스러운 열매는 에덴동산에 아주 많이 있었기 때문이죠. 이러한 이유로 이찬수 목사님은 인간의 가장 큰 죄가 '감사하지 못함'이라고 말씀하신 것입니다.

우리는 하나님의 자녀로서 인간이 지을 수 있는 가장 큰 죄를 짓지 않기를 바랍니다. 그렇게 하기 위해서는 관점의 전환을 훈련해야 합니다. 사람들은 대부분 외모에 대한 콤플렉스를 하나씩 가지고 있습니다. 그런데 반대로 자신이 외모적으로 가장 내세우는 부분은 없는 사람이 많습니다. 좋은 것은 당연하게 생각하며, 안 좋은 것에는 불만을 품는 것이죠. 우리가 당연하게 생각하는 것은 사실 감사해야 하는 것입니다. 불만인 것에 초점을 맞추면 그 초점대로 믿으며 그런 삶을 살아갈 수밖에 없습니다.

이전에 언급했던 장미와 하나님의 스토리는 우리에게 큰 교훈을 줍니다.

어느 날 장미가 하나님께 말했습니다. "하나님! 왜 이렇게 예쁜 저에게 못생긴 가시를 주셨어요?" 그러자 하나님이 이렇게 답하셨습니다. "장미야, 나는 가시나무였던 너에게 예쁜 장미를 선물한 것이란다."

이 이야기를 통해 얻을 수 있는 교훈은 우리는 가시나무 같은 존재이지만 하나님의 은혜로 장미와 같은 것들을 선물 받았다는 것입니다. 사람들은 가시가 있음에도 예쁜 장미를 좋아합니다. 마치 죄가 많음에도 우리를 사랑하시고, 좋은 면에 초점을 맞춰 주시는 하나님과 같죠. 우리는 이렇게 사랑이 많으신 하나님의 자녀입니다. 대통령의 자녀, 기업가의 자녀, 부자의 자녀를 부러워할 것이 아니라 이 세상을 주관하시는 하나님의 자녀 됨에 감사할 수 있는 여러분이 되시길 축복합니다.

궁극적 비저너리 = 궁극적 사명자

하니

    이 책에서는 계속해서 비전의 중요성을 강조하고 있습니다. 당연한 말이지만 너무 중요하기 때문입니다. 저는 항상 '속도보다는 방향'이라는 말을 합니다. 아무리 열심히 살아 봐도 방향이 올바르지 않다면 다시 돌아가는 데에만 더 큰 에너지가 필요하기 때문입니다. 이제는 너무 식상한 비유가 되었을 수 있지만 올바른 곳에 사다리를 놓지 않으면 다시 내려와 다른 곳에 사다리를 다시 놓고 올라가야 하는 것입니다.

    비전이 중요한 이유는 꿈이 중요한 이유와 비슷합니다. 둘 다 목적지의 역할을 하기 때문입니다. 다만 비전은 더 특별합니다. 우리는 구매할 물건을 고를 때 원산지를 고려합니다. 원산지에 따라 품질이 달라지고, 그것이 믿음의 정도를 결정하기 때문입니다. 비전이 꿈과 차별화된 이유도 이와 같습니다. 원산지로 비유하자면 비전의 원산지는 하나님이시며, 꿈의 원산지는 인간이기 때문입니다. 어느 원산지에 더 믿음이 갈까요? 불완전한 인간일까요? 완전하신 하나님일까요? 이러한 이유로 비전은 특별한 것입니다.

    꿈은 인간이 막연히 바라는 것이라고 할 수 있습니다. 하지만 비전은 이미 이루어진 미래라고 볼 수 있습니다. 비전 멘토링의 창시자이신 샬롬 김 박사님의 저서 《비전의 서》에서는 비전에 대해 이렇게 말하고 있습니다.

> 인간은 존재적으로 현재라는 시간과 여기라는 공간 속에서 살아가도록 되어 있다. 현재가 아닌 시간은 과거를 기억을 통하여 활용할 뿐이고, 미래에 대하여는 알 수가 없다. 그러나 미래를 유일하게 알 수 있는 방법이 비전이다. 소망 차원의 꿈은 미래에 대하여 되었으면 하는 것이지만, 하나님께서 주시는 비전은 미래라는 시간에 이미 완성된 실체이다. 그 실체를 오늘 보는 것이 비전이다.

이처럼 우리는 비전을 통해 인간의 영역이 아닌 미래를 볼 수 있습니다. 하나님의 자녀로서 하나님의 능력의 특권을 누릴 수 있는 것이죠. 비전은 하나님의 비저너리만 누릴 수 있는 특권이자 우리의 삶을 이끄는 가장 완전한 목적입니다. 그래서 계속해서 강조하는 것이고요.

그런데 비전에 대해 강조하면 이런 말을 하는 사람이 꼭 있습니다. "너무 미래에 대해서만 말하는 거 아니야? 나는 현재의 변화가 필요하다고." 요즘 사람들이 열광하는 MBTI로 정의해 보자면 저는 직관적이고 추상적인 N 성향이고, 이런 말을 하는 사람은 감각적이고 구체적인 S 성향인 것입니다. 저는 이런 말을 하는 사람들에게 이렇게 말합니다. "명확하고 온전한 비전이 있으면 현재의 변화는 일어날 수밖에 없습니다." 비유를 하자면 세트 메뉴와 같은 것이죠.

그 이유를 알려면 비전과 더불어 아주 중요한 사명의 정의를 알아야 합니다. 《비전의 서》에서는 사명을 "비전의 정의는 사명이 가장 이상적으로 완성되었을 때의 아름다운 모습이라고 했다. 그에 비해 사명은 비전을 완성하기 위하여 헌신하고 집중해야 할 어떤 일이라고 할 수 있다."라고 정의합니다. 또한 "비전이 존재의 목적지라고 한다면, 사명은 존재의 목적이다."라고도 정의합니다. 비전은 목적지에 대한 모습이며, 사명은 그곳으로 가기 위한 최선의 행동이라고 할 수 있는 것이죠.

비전과 사명의 정의를 이해했으면 제가 왜 "명확하고 온전한 비전이 있으면 현재의 변화는 일어날 수밖에 없습니다."라고 말하는지 조금이나마 이해하셨을 것입니다.

《비전의 서》에는 뇌와 비전, 사명의 연관성에 대해 이렇게 설명되어 있습니다. "우뇌는 미래적이고 직관적이다. 그래서 추상적인 사고를 하는 비전을 잘 지원한다. 반면 좌뇌는 구체적이고, 현재적, 현실적인 것을 더 잘 지원하기에 현재를 중심으로 한 사명을 잘 지원한다."

저는 얼마 전까지 저 스스로를 사명적인 사람으로 정의하며 살았습니다. MBTI 검사를 했을 때 감각 성향인 S가 나왔으며, 좌우 뇌 특성 검사를 했을 때도 좌뇌 성향으로 나왔기 때문입니다. 그래서 삶에서도 사명적인 것에 초점이 맞춰졌고, 저 자신이 비전에는 약하다고 생각했습니다.

하지만 간과하고 있던 것이 있었습니다. 바로 비전과 사명은 이분법적으로 나눌 수 없다는 것입니다. MBTI가 위대한 연구인 것은 사실이지만 제가 좋지 않게 보는 이유 중 하나는 사람을 이분법적으로 구분한다는 것입니다. 자신의 성향을 파악하고 보완하기에는 좋은 도구이지만 많은 사람들이 과몰입하여 자신과 타인을 2개의 잣대로 구분하고 단정 짓기 때문에 오히려 역효과가 난 것 같다고 생각했습니다.

사회의 이분법적인 사고에 익숙해져 있었던 탓에 저는 비전과 사명도 이분법적으로 분류하려고 한 것이었습니다. 하지만 비전과 사명, 비저너리와 사명자는 양 갈래 길이 아닙니다. 물론 사람마다 한쪽 뇌가 더 발달하고, 비전적 또는 사명적 특성을 지닌 사람이 있습니다. 하지만 비전과 사명을 구분할 이유와 필요는 없는 것이죠. 저는 한동안 이 중요한 사실을 모르고 살았지만, 여러분들은 이 사실을 비전과 사명을 알게 되었을 때 함께 깨달은 축복받은 사람입니다.

하나님이 주신 비전, 즉 가장 아름다운 미래의 모습을 알면 너무나 설레기 때문에 사명적인 사람이 될 수밖에 없습니다. 그렇기 때문에 궁극의 비저너리는, 궁극의 사명자라는 것입니다. 이 책을 읽은 모든 사람이 하나님이 주신 온전하고 명확한 비전을 발견하여 궁극의 비저너리로서 비전을 추구하고, 궁극의 사명자로서 주어진 미션에 목숨을 다하는 사람이 되길 바랍니다.

"내일보다는 오늘, 오늘보다는 지금!"이라는 말이 있습니다. 해야 할 일을 미루지 말고 지금 하자는 의미의 문장이죠. 하지만 너무 실천하기 어려운 문장입니다. 이 세상 모든 사람, 모든 좋은 일에 해당하는 문장인데 말이죠. 이 문장을 비전이 실천할 수 있게 해 줍니다. 이 정도면 '비전 만능설'을 제기할 것 같다는 생각도 듭니다. 그런데 정말 하나님으로부터 온 완전한 비전이라면 만능이라고 할 수 있습니다. 하나님은 만능이시기 때문이죠.

다시 본론으로 돌아와, 비전은 지극히 미래적인 표현이라고 할 수 있지만 현재를 좌우하는 요소이기도 합니다. 이상적인 비전을 위해서는 사명이 이상적인 모습으로 이루어져야 하기 때문이죠. 그래서 명확한 비전을 찾는다면 "내일보다는 오늘, 오늘보다는 지금!"을 실천할 수 있습니다.

인생은 주식과 비슷하면서 다른 부분이 많은 것 같습니다. 대표적으로 비슷한 점은 성장인데요. 증권가에서 유명한 말이 있습니다. "수익의 90%는 투자 기간의 10%에서 나온다."라는 말인데요. 수익의 기하급수적인 성장이 10% 정도의 기간에서 일어난다는 말입니다.

마이크로소프트의 주가와 빌 게이츠의 인생을 비교해 보면 쉽게 이해할 수 있습니다. 빌 게이츠는 어릴 때 독서도 많이 하고, 컴퓨터를 잘 다룰 줄 알았습니다. 하지만 그것이 빌 게이츠의 몸값을 크게 성장시킨 것은 아니죠. 때로는 컴퓨터를 고장 내기도 하고, 사고도 많이 쳤습니다. 그런 실수가 빌 게이츠의 인생을 끝내지는 않았습니다. 그저 성장과 실패를 반복했을 뿐이죠. 그러다가 터닝 포인트가 찾아옵니다. 마이크로소프트 창업이 그 터닝 포인트입니다. 초기에는 어려움을 겪었지만 그 터닝 포인트가 엄청난 수십만 %의 성장을 안겨 주었습니다.

마이크로소프트의 주가도 비슷합니다. 초기에는 미미한 성장과 실패를 반복했으며 닷컴버블로 인한 폭등과 폭락도 겪었습니다. 하지만 계속해서 버텼고 결국 2010년을 넘어가며 기하급수적인 주가 성장을 보여 주었습니다.

이처럼 주식과 인생은 닮은 점이 있습니다. 큰 성장까지는 인내가 필요하다는 것이죠. 많은 사람들이 인내하지 못하고 주가가 폭등하기 전에 다른 주식으로 갈아탑니다. 인생도 마찬가지고요. 주식과 인생의 다른 점도 있습니다. 주식을 하는 사람들은 이런 말을 합니다. "아… 이때 살걸." 하지만 인생을 사는 사람은 이런 말을 합니다. "아… 하루라도 빨리 할걸." 주식은 정확한 타이밍이 중요하지만 인생에서는 한 시라도 빨리하는 것이 중요합니다. 그리고 그것을 명확한 비전이 도와줄 것입니다. 여러분이 궁극의 비저너리, 궁극의 사명자로서 기하급수적으로 성장하시길 원하고 바라고 기도합니다.

한 번 더의 복리효과

하니

2021년부터 2022년까지 1년 동안은 금융 공부에 전념했다고 말할 수 있을 정도로 경제와 금융에 관한 공부를 열심히 했습니다. 금융 공부를 하다 보니 꼭 부자가 될 목적이 아니더라도 투자를 해야 내 돈을 인플레이션으로부터 지켜 낼 수 있다는 사실을 깨달았습니다.

그래서 접근성이 높아 미성년자도 할 수 있는 주식에 투자해야겠다고 생각해서 주식에 대한 공부와 투자를 병행하기 시작했습니다. 그 과정에서 투자와 사업 분야의 롤 모델 중 한 분인 워런 버핏을 알게 되었죠. 워런 버핏은 자신이 복리의 마법을 통해 부자가 되었다고 말씀하셨습니다. 물론 워런 버핏의 거대한 부를 복리로만 정의할 수는 없지만, 워런 버핏의 부를 복리로 설명할 수 있습니다.

저도 투자를 잘하고 싶었기 때문에 이 세상에서 가장 성공한 투자가라는 평가를 받는 워런 버핏이 강조한 복리에 관해 공부했습니다. 복리에 대해 알아보니 괜히 복리의 마법이라는 말이 있는 것이 아니라는 것을 알 수 있을 정도의 큰 힘을 가지고 있었습니다.

그렇게 복리의 마법에 대해 알게 되고 계속해서 지금까지도 투자를 하고 있으며, 미래에도 투자를 하고 있을 것입니다. 그런데 저는 복리의 마법을 알게 된 후 이런 질문을 계속 머릿속에 저장한 채 살아가고 있었습니다.

"복리는 돈에 나타나는, 즉 금융권에서만 사용할 수 있는 단어일까?"
"어쩌면 복리라는 법칙은 어느 분야에서나 적용되지 않을까?"

"질문하는 자는 답을 피할 수 없다."라는 카메룬의 격언은 이번에도 틀리지 않았고, 저는 답을 우연히, 아니 질문을 했기에 얻을 수 있었습니다.

평소 책을 구매하거나 구경하기 위해 교보문고를 자주 방문하는데 어느 날 에드 마일렛이라는 사업가이자 동기부여 전문가의 《한 번 더'의 힘》이라는 책을 발견했습니다. 내용이 좋아서 구매하여 책을 읽던 중 이런 문장을 발견했습니다.

> 성공이란 기대치를 충족한 상태가 아니다. 진정한 성공, 연속적인 성공이란 '기대치를 뛰어넘은 상태'를 뜻한다. '한 번 더 시도'는 타인이 100퍼센트 성과를 거둘 때 110퍼센트의 성과를 올리게 한다. 이 '10퍼센트'가 모여 더 크고 더 뛰어난 결과물을 만들어 낸다.

이 문장을 보자마자 복리는 금융권에만 국한된 용어가 아니라는 것을 확신했습니다. 그리고 이 현상을 저의 나름대로 '한 번 더의 복리효과'라고 재정의했습니다.

도전이든, 시도든, 실행이든, 실천이든 남들보다 한 번 더 한다는 것은 남들이 100을 할 때 자신은 110을 하는 것이라고 할 수 있습니다. 한 번일 때는 자연수 10이라는 크지 않은 수입니다. 여러 번이라고 하더라도 복리의 반대 개념이라고 할 수 있는 단리로 계산한다면 기하급수적으로 늘어나지는 않습니다. 정해진 만큼씩만 늘어나는 것이죠.

하지만 지식과 기술 등의 성장은 단리가 아니라 복리와 같습니다. 배경지식이 축적될수록 새로운 분야에 발을 들이는 것은 점점 수월해지기 때문이죠. 그 복리의 마법을 누리느냐 마느냐를 결정하는 것은 한 번 더 하느냐 마느냐에 따라 좌우된다고 할 수 있죠.

한 번 더 하지 않는 사람들은 100에서 계속 머물게 됩니다. 명목적인 성장률은 0%인 것이죠. 하지만 한 번 더 해서 10을 계속 축적하는 사람은 기하급수적 성장을 이루게 됩니다. 한 번 더를 10번 반복하면 100은 259.37이 됩니다. 즉 159.37%의 성장 이루게 되는 것입니다. 100번을 반복하면 어떻게 될까요? 1,378,061이 되고, 성장률은 1,377,961%가 됩니다.

1,000번을 반복하면 어떻게 될까요? 결과는 뻔합니다. 더 엄청난 성장을 하게 되는 것이죠. 인생은 단리가 아닌 복리와 같습니다. 지식과 지혜, 기술과 스킬의 성장 모두 처음에는 미미한 듯해도 시간이 지날수록 기하급수적으로 성장하기 마련입니다. 공부와 인간관계도 모두 마찬가지이죠.

그렇기 때문에 우리는 성장하고 싶다면 한 번 더 하면 됩니다. 물론 올바른 방향성인 비전과 명확한 정체성을 전제로 말입니다. 더 빠른 길은 있어도 힘들지 않은 길은 없습니다. 그 빠른 길로 가는 것이 비전과 정체성을 찾는 것이며, 힘든 길은 꾸준함, 성실함, 한 번 더 하는 것과 같은 일입니다. 하나님이 주신 비전을 추구하는 삶을 산다고 꾸준함과 성실함, 한 번 더 하는 것들을 감내하지 않아도 되는 것은 아닙니다. 오히려 기쁨으로 받아들여야 하죠.

"손을 게으르게 놀리는 자는 가난하게 되고 손이 부지런한 자는 부하게 되느니라"

잠 10:4

"자기의 토지를 경작하는 자는 먹을 것이 많거니와 방탕한 것을 따르는 자는 지혜가 없느니라"

잠 12:11

"게으른 자여 네가 어느 때까지 누워 있겠느냐 네가 어느 때에 잠이 깨어 일어나겠느냐 좀 더 자자, 좀 더 졸자, 손을 모으고 좀 더 누워 있자 하면 네 빈궁이 강도같이 오며 네 곤핍이 군사같이 이르리라"

잠 6:9~11

그래서 지혜의 서 잠언에는 이와 같이 꾸준함과 성실함을 강조하는 말씀이 많습니다.

우리는 하나님의 비저너리로서 명확한 비전과 정체성, 그리고 꾸준함과 성실함을 바탕으로 나 자신의 한계를 돌파하는, 100에 만족하지 않고 110을 해내는 사람이 되어야 합니다.

때로는 100이 자신의 한계라고 생각할 때도 있을 것입니다. 하지만 저는 한계라고 생각하는 것은 한계가 아니라는 반증과 같다고 생각합니다. 또한 한계라는 것은 인생을 살며 딱 한 번 느낄 수 있는 것이라고도 생각합니다. 그 이유는 한계는 자신이 더 이상 아무것도 할 수 없을 정도인 상태를 뜻하는데 아무것도 할 수 없는 상태면 한계라는 생각도 할 수 없기 때문이죠. 한계라는 생각을 할 수 있으면 차라리 할 수 있다는 믿음을 가지는 것이 더 좋다고 생각합니다. 제가 생각하는 한계는 죽음밖에 없습니다. 어쩌면 하나님의 자녀로서 죽음도 저의 한계는 아닐 수 있습니다.

저는 여러분들이 한계라는 허상을 스스로 만들어 가까이 두지 않으시길 바랍니다. 그렇게 해야 꾸준히 한 번 더를 축적할 수 있게 되고, 그로 인해 하나님이 주신 비전에 다가갈 수 있기 때문입니다. 이 책을 읽으시는 모든 분들이 한계를 한 번도 느끼지 않고 한 번 더 실행하고 시도하는 하나님의 비저너리가 되시길 축복합니다.

형통하기 위한 최고의 원리, '비전 멘토링'

비니, 하니

저희 형제는 예전부터 지구 온난화와 기후 변화에 대해 많은 관심을 가지고 있었습니다. 저희는 일상 속에서 하나님이 인간에게 선물해 주신 가장 완벽한 집인 지구를 보호하기 위해 노력하고 있습니다. 분리수거도 열심히 하고, 물도 최대한 아껴 쓰며, 일회용품보다는 다회용품을 사용하려는 등 다양한 노력을 하는 중입니다. 더 나아가 친환경적인 제품 아이디어나, 사업 계획 또한 구상하고 있습니다.

'나 하나쯤이야.'라는 생각을 가지면 안 된다는 것은 많은 사람들이 익히 알고 있는 사실입니다. 그렇지만 슬프게도 나 하나가 바뀐다고 세상이 바뀌지 않는 것은 사실이죠. 그 사실을 알고 있고, 나날이 기후 변화의 피해가 늘어나고 있는 것을 보니 마음이 아픕니다. 당장 내 앞에 있는 문제가 산처럼 크게 다가오는데 지구 멸망 같은 이야기는 자신과는 거리가 멀다고 생각하는 것이 어쩌면 당연하다고 생각합니다.

개개인의 노력과 의지가 필요하지만, 비극적으로 그것만으로는 해결될 수 없는 문제가 되어 버렸습니다. 19세기 말부터 지구과학 전문가들이 말하던 작아 보이던 눈이 구르고 굴러서 집채만 한 눈덩이가 되어 인류에게 찾아온 것이죠. 전문가들은 기술의 발전으로 초래된 문제이니 기술의 발전밖에 막을 방법이 없다고 합니다.

그리고 지구 멸망을 막을 수 있는 기술들이 개발될 수 있는 기간의 마지노선이 있습니다. 그 마지노선을 결정하는 것은 지구의 평균 온도입니다. 2023년인 지금으로부터 지구의 평균 온도가 1.5도 오르게 된다면 되돌릴 수 없는 상황이 초래된다고 합니다. 전문가들은 이를 티핑 포인트라고 합니다. 최근 유엔 세계기상기구(WOM)의 발표에 의하면 5년 안에, 그러니까 2030년 선에 지구의 평균 온도가 1.5도가 상승할 확률이 66%로 높아졌다고 합니다. 5년 안에 티핑 포인트에 도달한다는 의미입니다.

이처럼 지구 온난화와 지구 멸망은 먼 미래의 이야기가 아니게 되었습니다. 지금까지 인류의 행보 때문에 지구는 티핑 포인트를 앞두고 있습니다. 티핑 포인트는 '작은 변화들이 어느 정도 기간을 두고 쌓여, 이제 작은 변화가 하나만 더 일어나도 갑자기 큰 영향을 초래할 수 있는 상태가 된 단계'라는 뜻을 가지고 있습니다. 즉 우리가 큰 문제를 초래하지 않아도, 지구를 멸망시킬 만한 영향을 미칠 수 있는 상태인 것이죠.

우리는 인류의 존망이 달린 이 문제를 해결해야만 합니다. 전문가들은 어렵다고 보는 경우가 많지만 저는 가능하다고 생각합니다. 전문가는 전문 지식 때문에 오히려 시야가 좁아지는 경우가 있기 때문이죠. 그렇기에 서로 다른 분야에 있는 많은 사람들이 변화해야 한다고 생각합니다. 사람들의 개인적인 문제가 해소되지 않으면 그 문제 뒤에 있는 더 큰 문제를 보지 못할 것입니다. 인간은 자신에게 가장 긴급한 것에 초점을 맞추기 때문이죠.

어처구니없게 들릴지 모르겠지만, 그래서 지구 온난화를 해결하기 위해서는 개인의 문제를 해결시킬 수 있는 비전 멘토링이 먼저입니다. 정말 전심으로 비전 멘토링에 임하여 비전을 찾으면 개인의 인생 문제는 1년 정도면 해결할 수 있다고 생각합니다. 특별한 상황에 놓인 사람은 더 걸릴 수 있겠지만, 반대로 더 빨리 해결하는 사람도 있을 것입니다.

비전 멘토링을 통해 개인의 문제가 해결되면, 하나님의 비저너리는 인류의 문제에 초점을 맞출 수밖에 없습니다. 그렇게 여러 사람들이 자신의 문제를 해결하고, 인류의 문제에 대해 머리를 맞대고 고민하면 충분히 해결할 수 있다고 믿습니다. 아직 5년이나 남았습니다. 지구의 티핑 포인트를 막기 위해서는, 여러분 인생의 티핑 포인트를 맞이해야 합니다. 비전 멘토링을 통해 말이죠. 어쩌면 이것이 저희가 이 책을 쓴 이유 중 하나일 수도 있습니다.

역사 속에서 수많은 사례를 통해 확인할 수 있듯이, 인생의 티핑 포인트를 맞이하고 성공적인 인생을 살아가기 위해서는 비전을 찾는 것이 중요합니다. 하지만 정작 주변을 돌아보면 자신의 비전이 무엇인지는 고사하고 비전이 왜 중요한지조차 모르고 시간 가는 대로 열심히만 살아가는 사람들이 대부분입니다. 그 이유는 아마도 비전을 찾는다는 것이 그리 쉬운 일이 아니기 때문이지 않나 싶네요. 그러나 감사하게도 그 비전을 찾는 가장 하나님적이고 효과적인 방법이 있습니다. 바로 '비전 멘토링'입니다.

이 비전 멘토링은 샬롬 김 박사님께서 수십 년간 기도하며 준비하신 것으로, 가장 성경적이고 하나님적인 멘토링 방법이자 예수님께서 제자들을 멘토링하셨던 원리이기도 합니다. 그러므로 이는 우주 최고의 멘토링 원리라고 할 수 있죠.

비전 멘토링은 크게 정체성 알기 과정과 비전 찾기 과정으로 나뉘는데요, 먼저 가장 기초가 되어야 할 정체성은 3S와 1H4B를 통해 알게 됩니다. 3S는 하나님의 자녀(Son), 예수님을 위한 일꾼(Servant), 그리고 성령님의 의인(Saint)으로서 존재하는 우리의 정체성입니다. 다음으로 알게 되는 1H4B는 우리의 영적인 신분(BEING), 영적인 소유(HAVING), 영적인 소속(BELONGING), 영적인 성장(BECOMING), 영적인 행동(BEHAVING)을 통한 정체성을 알려 줍니다.

또한 비전 찾기 과정을 진행하면서는 I.A.D.D.R.E.S.S. M.A.P.S 시스템을 활용하여 우리가 삶을 살아오면서 경험했던 것들, 하나님께서 주신 기질과 은사 그리고 자원들, 또 고난과 결핍 등등을 되짚어 보며 이를 통해 한 걸음, 한 걸음 비전을 향해 나아가게 됩니다.

그렇다면 이러한 비전을 찾는 것은 왜 중요할까요? 성공은 지속적으로 시도할 때 오는 것인데 인간은 열정과 의지만을 가지고는 지속할 수 없기 때문입니다. 인간에겐 목표가 필요합니다. 하지만 우리들은 너무나도 연약하여 그 목표마저도 지키지 못하죠.

지금 가슴에 손을 얹고 생각해 봅시다. 지난 2023년 1월 1일에 계획한 목표들을 얼마나 이루셨나요? 아마 그 목표들의 대부분을 이루지 못했을 것입니다. 물론 아닌 분들도 있겠지만, 그 목표를 이루신 분들께 다시 질문드리고 싶습니다. 그 목표를 이룸으로써 여러분들의 삶이 티핑 포인트를 맞이하게 되었고 삶이 뒤바뀌는 경험을 하셨나요? 만약 이 질문까지 Yes라고 답할 수 있는 분들은 지금 당장 이 책을 덮으셔도 됩니다. 하지만 그렇지 않다면 지금부터 나누는 메시지에 조금 더 집중해 주시기 바랍니다.

인간이 아무리 목표를 세우고 성취해도 궁극적인 목적이 없다면 이보다 허망한 것은 없을 것입니다. 크나큰 빌딩을 청소하는 청소부가 이 빌딩의 끝이 어딘지 모른다면, 청소를 끝마치고 성취감을 느끼는 자신의 모습을 생생하게 그리지 못한다면 일할 맛이 날까요? 절대 아닙니다. 빌딩의 끝을 알고 자신의 최종적인 모습을 생생하게 그릴 수 있을 때 청소를 더 효율적이고 기쁘게 할 수 있을 것입니다. 우리의 인생도 마찬가지입니다. 하나님께서 우리를 이 땅에 보내신 궁극적인 목적이 무엇인지, 그 끝은 어디인지, 우리의 최종적인 모습은 어떠한지 알아야 자잘한 목표들의 성취가 허망한 것이 되지 않고 더욱 빛을 발할 수 있습니다. 그렇기에 우리는 하나님께서 우리에게 주신 비전을 찾아야 합니다.

또 우리가 비전을 알아야 할 이유가 4가지 더 있습니다.
첫째, 인간은 미래를 보지 못하지만, 유일하게 비전을 통하여 하나님께서 알게 하신 만큼의 미래를 알 수 있기 때문입니다.
둘째, 우리가 미래에 그 비전대로 완성될 것이기 때문입니다.
셋째, 비전은 목적지를 설정해 주기에, 목적지를 알고 떠나는 여행처럼 효율적인 삶을 살 수 있게 하기 때문입니다.

넷째, 비전은 우리로 하여금 철저한 준비와 자원 활용을 통해 효율적으로 인생의 궁극적인 목적을 달성할 수 있게 하기 때문입니다.

감사하게도 저희는 일찍이 이런 비전의 중요성을 부모님의 지속적인 멘토링을 통해 인지할 수 있었고, 아빠께서 인도해 주시는 비전 멘토링 과정에 꾸준히 참여하며 명확한 비전과 정체성, 사명과 경영 원리를 세움에 따라 티핑 포인트를 지나 감히 상상할 수 없었던 엄청난 삶의 열매들을 맺어 가고 있습니다.

저희는 각각 3S와 1H4B 정체성 안에서

'세계 최고의 CEO이자 세계 최고 수준의 자산가가 되어 시간, 재정, 건강의 자유를 누리고 예수님을 닮은 비전 멘토로서 12명의 비전 멘티를 세워 지속적으로 후원하며 비전 멘토링하는 모습'

'Nomad Polymath Professional Student가 되어 전 세계를 자유롭게 여행하며 사업과 투자를 통해 세계적인 자산가가 되고, 끊임없는 공부와 연구를 통해 사회적 문제들을 해결해 나가고, 비전 멘토 되어 나보다 매력적인 12명의 비전 멘티를 양성하는 모습'

이러한 비전을 가지고 있습니다.

이는 하나님께서 저희에게 주신 비전이자 인생의 최종 목표입니다. 샬롬 김 박사님께서는 삶의 열매, 그리고 형통함과 자원의 활성화를 통해 내가 찾은 비전이 하나님께서 주신 비전인지 아닌지 알 수 있다고 말씀하시는데요, 저희는 현재 삶의 열매, 형통함, 하나님께서 주시는 자원의 활성화를 모두 경험하고 있고, 이 책에 그 일부를 담아내었습니다. 또한 때론 절박하게 기도하며, 또 눈물도 흘리며 이 비전에 한 걸음씩 다가섰기에 저희는 이 원대한 비전이 하나님께서 주신 비전이라고 확신합니다.

남들은 비웃을 수도 있고 불가능하다며 손가락질할 수도 있습니다. 하지만 행함과 믿음의 진리를 알기에 저희는 삶으로 증명할 것입니다. 믿고 행하면, 그리하여 진정 모든 행사를 여호와께 맡기는 삶을 살 수 있다면 하나님께서는 저희가 경영하는 모든 것을 이루어 주실 것입니다.

삶의 티핑 포인트를 맞이하게 해 주고 더욱 위대하고 의미 있는 삶을 살아가게 해 주는 '비전', 그리고 가장 온전한 하나님적인 비전을 찾을 수 있도록 멘토님과 함께 길을 찾아나가는 '비전 멘토링'은 정말 정말 중요합니다.

방금까지 설명드린 비전 멘토링의 진리와 원리는 사실 맛보기 수준입니다. 비전 멘토링은 철저히 하나님의 진리이자 원리이기 때문에 인간의 머리와 손으로는 감히 담아낼 수 없는 수준이죠. 비전 멘토링의 진정한 가치와 그 깊이는 에베레스트 산보다 높고 마리아나 해구보다 깊습니다.

그렇기에 제대로 된 멘토님과 평생 함께하며 그 위대한 진리와 원리들을 삶으로 체득해야 합니다. 삶으로 살아 내지 않고서는 비전의 진가를 경험할 수 없기 때문입니다.

또한 예수님의 방식인 '멘토링'은 교회 공동체에게 새로운 패러다임을 선물해 줍니다.

많은 크리스천들이, 그리고 많은 교회가 제자화를 이야기하고 있지만 정작 명쾌한 제자화 방법에 대한 해답은 제시하지 못하고 있는 것이 현실입니다. 그러나 예수님의 멘토링은, 비전 멘토링은 그 해답을 명확하게 제시합니다.

비전 멘티가 비전 멘토 되고, 그 비전 멘토가 비저너리의 삶을 살아 내며 예수님의 방식처럼 12명의 비전 멘티를 세우고, 그 12명이 각각 12명의 비전 멘티를 세우고, 그 12명이 또 다시 12명의 비전 멘티를 세운다면, 그리고 그 대물림이 9번만 온전히 이어진다면 50억 명의 하나님의 자녀들이 멘토링되어지는 놀라운 거듭제곱의 효과가 생깁니다. 이는 예수님의 열두 제자가, 그리고 사도 바울이 이스라엘, 아시아를 넘어 로마, 그리고 세계로 뻗어 나갔던 것과 같은 원리이죠.

그러나 이러한 제자화, 그리고 에덴화를 위해서는 각자가 유니크한 비전을 이루며 하나님의 유니버셜한 비전에 기여하는 것이 중요합니다. 자신이 먼저 비전 멘티로서 성장하고, 누군가의 비전 멘토가 되어야 하는 것입니다.

이제 막연한 전도의 시대는 저물고 있습니다. 크리스천은 이찬수 목사님의 말씀처럼 꽃 피우는 삶이 아닌 열매 맺는 삶을 살아가며 삶으로 증명하고, 삶으로 멘토링해야 합니다. 그러므로 명확한 정체성과 비전을 하나님 안에서 찾고, 비전 멘토 되어 멘티들을 양육해야 합니다.

이제 마무리할 시간이 되었는데요, 이 책에 정말 많은 내용을 썼고, 다양한 사례들과 성취, 그리고 교훈과 원리들을 담았지만, 이 모든 것의 본질은 비전 멘토링의 핵심인 네 가지 단어로 요약됩니다.

'비전'
'사명'
'정체성'
'경영'

그만큼 명확한 비전과 사명, 그리고 정체성과 하나님의 경영원리는 정말 중요합니다. 그리고 이 모두를 알 수 있게 해 주는 비전 멘토링은 정말 저희에게 주어진 최고의 자원이라고 생각합니다.

아! 저희 형제가 '나쁜 형제'에서 '참 형제'로 거듭날 수 있었던 것도 하나님을 제대로 알 수 있는 비전 멘토링을 통해서였답니다.

그렇기에 감사함으로 마무리하고 싶습니다.

먼저 이 책을 끝까지 읽어 주신 모든 분들께 감사의 말씀 전합니다.

저희를 항상 사랑으로 양육해 주시고 최고의 부모님이자 멘토 되시는 부모님, 감사합니다!

형통하기 위한 최고의 원리인 비전 멘토링을 세상에 전해 주신 샬롬 김 박사님, 감사합니다!

저희 형제의 영적 조부모님 되어 주신 백향목교회 박상완 목사님, 장석란 사모님 감사합니다!

저희 형제, 저희 가족에게 '하나 비전'의 소망을 전해 주신 하나비전교회 김종복 목사님, 감사합니다!

만나 뵌 못했지만 매주 진리의 말씀 전해 주시는 분당우리교회 이찬수 목사님, 감사합니다!

또 여기에 다 쓰진 못했지만, 저희를 항상 지지해 주시고 함께해 주시는 모든 분들께 감사드립니다!

마지막으로, 저희의 진정한 아버지 되시며 비전을 주시고, 세상을 주관하시며, 비저너리 자녀들에게 모든 것을 더하여 주시는 우주 최고의 CEO 하나님, 정말 정말 감사드립니다!!

* 위에서 소개한 비전 멘토링의 과정과 열매들을 이 글에 모두 담아내는 것은 어려울 듯하여 저희 형제의 삶 속 열매와 비전 멘토링의 구체적인 과정이 소개된 글을 아래 첨부하오니, 필요하신 분들은 참고하신다면 도움이 되리라 생각합니다.

비전멘토링 과정

초격차 인性.지性.영性
<실천과 사색, 토론을 위한 질문>

1. 자녀의 '인性.지性.영性' 상태를 비추는 거울을 개선할 근본적인 방법은 무엇인가?

2. 하나님이 디자인하신 미래를 이끄는 리더로 성장하기 위해, 성장시키기 위해 할 수 있는 단 하나의 일은 무엇인가?

3. 이 땅에서 성공하고 장수하게 해 주신다는 하나님의 약속의 선물을 받기 위해 해야 할 단 하나의 일은 무엇인가?

4. 80세가 되었을 때, 더 나아가 사후에 가장 후회할 일은 무엇인가? 그 후회를 하지 않기 위해서는 어떤 선택을 해야 하는가?

5. 나의 뇌에 감사 회로 인프라 확충을 위해 지금 당장 할 수 있는 일은 무엇인가?

6. 비전 실현이라는 온전한 행복을 누리기 위해 지금 현재 어떤 선택을 해야 하는가?

7. 인생의 복리 효과를 누리기 위해, 한 번 더 할 수 있는 일과 해야 하는 일은 무엇인가?

8. 현재 나 자신이 멘토로서 멘토링해 줄 수 있는 '단 한 사람'은 누구인가? 그들에게 무엇을 줄 수 있는가?

에필로그

'IDOL' 영성이란?

2023년인 지금은 '춘추 아이돌 시대'라고 할 수 있을 정도로 아이돌 그룹이 많이 나오는 시대입니다. 그 덕분에 K-POP이 세계로 진출할 수 있었고, 더 나아가 한국의 문화가 세계로 알려지며 국가의 영향력이 올라가는 계기가 되었습니다. 아이돌이 문화적으로, 경제적으로도 대한민국에 선한 영향력을 미친 것이죠.

국내, 국외로 널리 활약하는 아이돌들 덕분에 사람들은 '아이돌'이라는 단어에 익숙해졌습니다. 그런데 놀랍게도 'IDOL'이라는 단어가 우상이라는 뜻을 지니고 있다는 사실을 아는 사람이 많지 않습니다. 기독교인들은 우상을 아주 잘 알고 있을뿐더러 우상이라는 단어에 거부감을 느끼기까지 합니다.

충격적인 사실은 우상이라는 말에 거부감까지 느끼는 기독교인들 중 많은 사람이 'IDOL' 영성을 가지고 있다는 것입니다.

"너를 위하여 새긴 우상을 만들지 말고 또 위로 하늘에 있는 것이나 아래로 땅에 있는 것이나 땅 아래 물속에 있는 것의 어떤 형상도 만들지 말며"

출 20:4

이 말씀을 보면 하나님은 인간에게 이 세상의 무엇도 우상으로 삼지 말라고 말씀하셨습니다. 그 무엇도 말이죠. 이 말씀을 이해하고, 실천하기 위해서는 우상의 기준을 알아야 합니다. 우상의 기준은 '하나님보다 우선시되는 것'입니다. 온 우주에 있는 모든 것은 하나님보다 우선시되면 우상이 될 수 있는 것입니다.

이제 "왜 많은 기독교인, 크리스천이라고 하는 사람들의 영성이 'IDOL' 영성인가?"에 대한 첫 번째 퍼즐이 맞춰졌습니다. 하나님보다 우선시하는 것이 있기 때문입니다. 간단하게 교회에 가는 이유에 대해서만 알아봐도 진짜 영성이 있는 사람인지 알 수 있습니다. 청소년들의 경우에 부모님의 강요로 인해, 친구들을 만나기 위해 가는 경우가 많습니다. 청년의 경우도 비슷합니다. 그렇다면 성인은 어떨까요? 습관적으로 가는 경우, 원하는 것을 얻기 위한 기도를 하려고, 위로받으려고, 끝나고 사람들과 커피를 마시려고 가는 등 교회에 가는 이유는 다양합니다.

물론 원하는 것을 기도할 수도, 위로받기 위해 교회에 갈 수도 있습니다. 하지만 그것이 우선시 된다면 그것 자체가 우상이 될 수 있습니다. 교회에 가는 목적은 예배를 통해 하나님께 영광을 돌리기 위함이 되어야 합니다.

가장 영적인 공간인 교회에서도 'IDOL' 영성인 사람들이 인간관계적, 물질적 변수가 훨씬 많은 교회 밖에서는 어떨까요? 지식, 주식, 부동산, 이성, 자녀, 게임, 미디어 등이 하나님보다 우선시되는 경우가 허다합니다. 교회 밖에서는 더욱 이중적인 'IDOL' 영성을 띄는 것이죠.

저희가 존경하는 참 영성인의 삶을 살려고 노력하시는 이찬수 목사님이 '아는 것보다 사는 것!'을 강조하시는 이유도 사람들이 'IDOL' 영성이 아닌, 참된 영성을 가질 수 있게 도우시려고 그러는 것 같습니다.

'IDOL' 영성이 아닌 참된 영성을 소유한 사람이 되기 위해서는 아는 것보다는 사는 것, 교회 안에서보다는 교회 밖에서의 행실이 중요합니다. 그렇게 하기 위해서는 명확한 비전과 정체성이 중요합니다. 결국에는 비전과 정체성인 것이죠.

하나님의 자녀, 예수님의 일꾼, 성령님에 의한 의인으로서의 명확한 정체성이 있다면 교회 안이든 밖이든, 어떤 상황이든 상관없이 하나님이 원하시는 선택과 행동을 할 수 있습니다. 또한 하나님께 받은 명확한 비전이 있다면 절대로 게을리 인생과 시간을 허비하며 살아갈 수 없습니다.

물론 비전과 정체성이 명확하다고 실수와 실패, 고난을 겪지 않는 것은 아닙니다. 성장통 없이는 성장을 기대할 수 없는 것과 마찬가지죠. 하지만 명확한 비전과 정체성은 4차 산업혁명 시대 덕목 중 하나로 꼽히는 회복탄력성을 선물해 줍니다. 하나님이 다시 일으켜 주시기 때문입니다.

결국 명확한 비전과 정체성을 가지고 있는 사람은 하나님 안에서, 그리고 세상 속에서 성공적인 인생을 살아갈 수밖에 없습니다. 그것이 진정한 영성이기 때문입니다. 온전하지는 않지만, 그 사례 중 하나가 책에 담아낸 저희의 인생이며, 아직 책에 담기지 않은 저희의 미래입니다.

"죄인들이 이루고 있는 세상에서는 하나님의 선한 방식으로 성공할 수 없어!"라고 말하는 사람이 있습니다. 그런 말을 하는 사람은 세상을 하나님이 창조하고, 주관하신다는 것을 모르는 것입니다. 그 말은 그저 자기합리화일 뿐이죠.

하나님의 형상으로 빚어진 인간은 온전한 하나님의 방식으로 살아간다면 성공할 수밖에 없습니다. 저희는 이 원리를 깨달았고, 깨달은 대로 앞으로의 삶을 살아갈 것입니다.

형 심규빈은 하나님의 방식으로 경영하는 세계 최고의 CEO가 되어 경영을 통해 기업을 넘어 세상에 선한 영향력을 끼칠 것이며, 동생 심규한은 하나님의 관점으로 살아가며 세계적인 석학, 지성이 되어 사회적 문제들을 해결하여 선한 영향력을 끼칠 것입니다.

많은 사람들이 '아는 것이 전부'라고 생각하지만, 실상은 '모르는 것이 전부'입니다. 이 사실을 깨달으면 세상을 다른 시각으로 바라볼 수 있으며, 그 시각에 맞게 삶도 변화할 것이라 확신합니다. 모르는 것이 전부라는 생각 뒤집기를 통해 인성, 지성, 영성도 뒤집어 많은 분들이 '초격차 인性.지性.영性'의 삶을 살아가시길 소망합니다.

참고문헌

- 심현진, 《자기주도 교육으로 체인지하라》, 바이북스, 2020
- 샬롬 김, 《비전의 서 : 비전 있어?》, 비전멘토링코리아, 2020
- 샬롬 김, 《나의 비전의 서 : 비전찾기 워크북》, 비전멘토링코리아, 2020
- 샬롬 김, 《GOD The CEO 최고 경영의 신》, 비전멘토링코리아, 2021
- 밥 버그, 존 데이비드 만, 《기버 1(The Go Giver)》, 안진환 역, 포레스트북스, 2020
- 다니엘 R.카스트로, 《히든 솔루션》, 이영래 역, 유노북스, 2017
- 크래그 힐, 《다섯 가지 부의 비결》, 김민희 역, 하늘양식, 2013
- 팀 켈러, 《팀 켈러의 탕부 하나님》, 윤종석 역, 두란노서원, 2016
- 팀 켈러, 《팀 켈러의 내가 만든 신》, 윤종석 역, 두란노서원, 2017
- 팀 켈러, 《일과 영성》, 최종훈 역, 두란노서원, 2013
- 이찬수, 《아는 것보다 사는 것이 중요하다》, 규장, 2018
- 박성재, 《당신을 바꿀 138가지 놀라운 이야기》, 토파즈, 2016
- 에드 마일렛, 《한 번 더의 힘》, 박병화 역, 토네이도, 2022
- 손웅정, 《모든 것은 기본에서 시작한다》, 수오서재, 2021
- 제프 켈러, 《모든 것은 자세에 달려있다(Attitude is Everything)》, 김상미 역, 아름다운사회, 2015
- 이민규, 《실행이 답이다》, 더난출판, 2019
- 케빈 크루즈, 《계속하게 만드는 하루관리 습관》, 김태훈 역, 프롬북스, 2017

- 이나모리 가즈오, 《왜 사업하는가》, 김지영 역, 다산북스, 2021
- 김승호, 《돈의 속성》, 스노우폭스북스, 2020
- 보도 섀퍼, 《열두 살에 부자가 된 키라》, 김준광 역, 원유미 그림/만화, 을파소, 2014
- 조시 링크너, 《아웃사이더》, 이종호 역, 와이즈맵, 2022
- 고든 뉴펠드, 가보 마테, 《아이의 손을 놓지 마라》, 김현아 역, 북라인, 2018
- 김종원, 《부모 인문학 수업》, 청림라이프, 2022
- 유현준, 《도시는 무엇으로 사는가》, 을유문화사, 2015
- 현용수, 《잃어버린 구약의 지상명령 쉐마》, 쉐마, 2009